JOSE ANTONIO GARCÍA BORREGO
TOMÁS FERNÁNDEZ VILLAZALA

INTRODUCCIÓN AL DERECHO PROCESAL PENAL

(especialmente dirigido a Policía Judicial y Criminólogos)

GOBIERNO DE ESPAÑA
MINISTERIO DEL INTERIOR
DIRECCIÓN GENERAL DE LA GUARDIA CIVIL

Dykinson, S.L.

1.ª reimpresión: 2009
2.ª reimpresión: 2013

Catálogo general de publicaciones oficiales
http://publicacionesoficiales.boe.es/

Edita: Editorial DYKINSON, S.L. Meléndez Valdés, 61 - 28015 Madrid
Teléfono (+34) 91544 28 46 - (+34) 91544 28 69
e-mail: info@dykinson.es
http://www.dykinson.com http://www.dykinson.com
Consejo editorial: véase www.dykinson.com/quienessomos

Edita: Ministerio del Interior, Secretaría General Técnica
NIPO (papel): 126-13-119-5

ISBN: 978-84-9772-519-4
Depósito legal: M-17543-2009

Impresión:
SAFEKAT, S.L.
Laguna del Marquesado, 32 - Naves J, K y L - 28021 Madrid
www.safekat.com

Impreso en papel reciclado.

Página

ÍNDICE

Página

Página

Página

Página

PRÓLOGO

El presente libro, el cual tengo el honor de prologar, es el resultado de un profundo estudio del Derecho Procesal Penal por parte de sus autores, en el que han conseguido la difícil tarea de concebir un manual de texto desde una vertiente sencilla, sin con ello sacrificar el rigor jurídico que siempre debe imperar en este tipo de obras, en la búsqueda de intentar llegar a un grupo lectores más heterogéneo, independientemente de que tengan conocimientos previos sobre la materia. Este motivo, entre otros, hace que este trabajo pueda resultar de gran utilidad a los componentes de la Policía Judicial y otras profesiones que necesitan, además de un conocimiento de las actuaciones procesales en las que participan, una visión general sobre el Derecho Procesal Penal y, concretamente, a los alumnos de las distintas academias de formación y especialización de las Fuerzas y Cuerpos de Seguridad.

En este sentido, al realizar una lectura detenida del libro, quiero destacar la extraordinaria labor realizada, al observar la dificultad que existe en la actualidad de encontrar una obra de estas características, que efectúe un estudio de manera tan sistemática e integrada sabiendo, en todo momento, el personal al que va dirigido y, sin olvidar los diversos aspectos de fondo, las novedades legislativas, jurisprudenciales y doctrinales.

Se advierte, igualmente, la pretensión de sus autores de crear un manual de estudio para la Policía Judicial y otros profesionales que intervienen en el proceso penal, pudiendo, con ello, conocer todos los prolegómenos que existen en los diversos procedimientos del Proceso Penal y que puede resultar de gran utilidad en el devenir de su trabajo. De esta forma, intentan acabar con el tradicional antagonismo formativo existente entre la Policía Judicial y los órganos jurisdiccionales, acometiendo la necesidad del correspondiente acercamiento entre ambos organismos a través de trabajos como el que propugnan.

El lector se halla ante un trabajo teórico de los conceptos generales del Derecho Procesal Penal realizado con gran esmero, al cual se unen algunos matices de índole práctico cuando se desarrollan las distintas fases existentes en cada uno de los procedimientos penales, reflejando la importancia que, unos y otros conocimientos, tienen para la Policía Judicial.

Finalmente, me es grato manifestar mi más sincera felicitación a los autores por el esfuerzo realizado y mi deseo de que la presente obra sea un "punto y seguido" en su labor, de tal forma que sigan trabajando con la finalidad de ampliar las nociones, tanto prácticas como teóricas, sobre el Derecho Procesal Penal, que tanto ayudan a los miembros de la Guardia Civil y de otros cuerpos policiales en su función como Policía Judicial.

Pascual Solís Navarro

ABREVIATURAS

AATC	Autos del Tribunal Constitucional.
AATS	Autos del Tribunal Supremo.
ATS	Auto del Tribunal Supremo.
Art.	Artículo.
CC	Código Civil.
CE	Constitución Española.
CEDH	Convenio Europeo de Derechos Humanos.
Cit.	Cita.
CP	Código Penal.
Ed.	Edición.
EOMF	Estatuto Orgánico del Ministerio Fiscal.
INTERPOL	Organización Internacional de Policía Criminal.
JRD	Juicio Rápido con Detenido.
JRSD	Juicio Rápido Sin Detenido.
JIF	Juicio Inmediato de Faltas.
LECrim	Ley de Enjuiciamiento Criminal.
LEC	Ley de Enjuiciamiento Civil.
LO	Ley Orgánica.
LOFCS	Ley Orgánica de Fuerzas y Cuerpos de Seguridad.
LOPJ	Ley Orgánica del Poder Judicial.
LOTC	Ley Orgánica del Tribunal Constitucional.
LOTJ	Ley Orgánica del Tribunal del Jurado.
LORPM	Ley Orgánica de Responsabilidad Penal del Menor.
Núm.	Número.
Núms.	Números.
Ob.	Obra.
OTAN	Organización del Tratado del Atlántico Norte.
Pag.	Página.
Pags.	Páginas.
PIDCP	Pacto Internacional de Derechos Civiles y Políticos.
RDPJ	Real Decreto sobre regulación de la Policía Judicial.
S.A.	Sociedad Anónima.
S.L.	Sociedad Limitada.
STC	Sentencia del Tribunal Constitucional.
STS	Sentencia del Tribunal Supremo.
Ss.	Siguientes.
SSTEDH	Sentencias del Tribunal Europeo de Derechos Humanos.
SSTC	Sentencias del Tribunal Constitucional.
SSTS	Sentencias del Tribunal Supremo.
TC	Tribunal Constitucional.
TEDH	Tribunal Europeo de Derechos Humanos.
Vid.	Véase.

A nuestros familiares por el tiempo
que les hemos robado
y a los alumnos de la Academia de Oficiales
por lo que de ellos hemos aprendido.

INTRODUCCIÓN

En el presente libro se realiza una introducción al derecho proceso penal, en la que se estudian todos los conceptos básicos de esta materia, teniendo en cuenta que se dirige a un público no necesariamente formado en derecho.

El contenido de las lecciones se inicia con el estudio de los principios procesales penales derivados, la mayoría de ellos, de la Constitución Española, continúa con las exenciones jurisdiccionales, la competencia, el objeto del proceso penal, las partes procesales, la imputación policial y judicial, deteniéndose especialmente en el desarrollo de la fase de instrucción, en el que la Policía Judicial, en el proceso penal, participa de una forma más amplia. Además, se estudian las distintas clases de procedimiento penal y, finalmente, se desarrolla la fase del Juicio Oral, con especial detenimiento en la intervención que, en la misma, realiza la Policía Judicial.

Se trata de un estudio que repasa los principios del proceso y del procedimiento, como cuestiones básicas y pilares donde se sostiene el propio proceso penal, pasando por la fase de instrucción y finalizando con la exposición de la fase de plenario.

En relación con el capítulo de exenciones jurisdiccionales se estudian las personas que por razón de su cargo no están sometidas al proceso penal de forma absoluta, o en cambio, estando sometidas, tienen especialidades en el procedimiento que se sigue contra ellas.

Igualmente, en el contenido de otros conceptos jurídicos procesales incluidos en esta obra, se encuentra la competencia, donde se estudian todos los órganos judiciales penales y las normas que determinan el Juez o Tribunal para la instrucción y fallo de un determinado hecho delictivo.

Sigue el trabajo, con el desarrollo del objeto del proceso penal, donde se afrontan cuestiones relativas a la doble responsabilidad que surge de un hecho delictivo, a saber, la pretensión penal y la pretensión civil; y, por otra parte, cuando se pueden exigir conjunta o separadamente.

En el capítulo que recoge las partes procesales, se abordan las diferencias entre la parte activa y pasiva, así como sus actuaciones en el procedimiento, haciendo especial hincapié en el acusador oficial, es decir, el Ministerio Fiscal del que la Policía Judicial puede recibir instrucciones en las funciones de averiguación del hecho delictivo y de la detención del presunto culpable.

Como se ha visto, el contenido de este trabajo, contiene de forma sistematizada y sencilla los conceptos generales del proceso penal español, los cuales resultan de singular importancia para la Policía Judicial en su función de auxilio a los operadores de justicia en el desempeño de sus funciones. Y ello, porque en la actualidad y cada vez en mayor medida, los Jueces, el Ministerio Fiscal y la propia sociedad demandan una Policía Judicial mejor preparada, que cumpla sus funciones aplicando el principio de legalidad y los demás principios constitucionales que se exigen en el proceso penal interpretados por la jurisprudencia.

El libro está organizado en lecciones, con objeto de que puedan ser estudiadas en las distintas Academias de formación y especialización de la Guardia Civil y de otros cuerpos policiales, así como, en los distintos centros donde se imparten estudios de Criminología y de Detectives Privados que incluyan dentro de su programa la asignatura de Derecho Procesal Penal.

Igualmente, al constituirse una obra de conocimiento general de la asignatura de Derecho Procesal Penal, estudiada en las distintas facultades de derecho, es para los miembros de la Policía Judicial una herramienta que pueden utilizar con la finalidad de adquirir conocimientos jurídicos en este ámbito, que le permitan plasmarlos en su actuación dentro del proceso penal y, a la vez, les resulte de utilidad en sus relaciones con los Jueces, el Ministerio Fiscal y juristas en general.

LECCIÓN I

LA JURISDICCIÓN

1.- FUNDAMENTO:

Cuando se trata de estudiar una asignatura como el "Derecho Procesal Penal", la amplitud del asunto exige hacer unas introducciones previas antes de sumergirnos en la materia. Ello obliga, sin duda, a conceptuar términos o conceptos que se irán repitiendo a lo largo del presente libro.

El presupuesto inicial, para que el derecho procesal penal entre en acción, es que se dé una situación de hecho que obligue a los organismos e instituciones a actuar legalmente. Estas instituciones, a las que nos referimos, son en España la Policía Judicial, el Ministerio Fiscal y las Autoridades Judiciales principalmente.

La situación de hecho referida es el conocimiento de un "hecho con la apariencia delictiva". A partir del cual, se pone en marcha el proceso penal cuya finalidad principal es la determinación del hecho punitivo y la averiguación de los partícipes en el mismo, a los cuales se le impondrá la pena.

Para que este procedimiento se cumpla de una forma completa y adecuada, se establecen las normas en la LECrim y en la LOPJ. Pero antes de entrar en detalles sobre las mismas, se puede decir que en la Constitución existen referencias al repetido proceso. De esta forma, en el artículo 1 de la CE se establece que España se constituye en un Estado de Derecho, cuya soberanía reside en el pueblo, del que emanan los todos los poderes del Estado:

- El Legislativo que lo ejercen las Cortes.

- El Ejecutivo o Reglamentario que corresponde al Gobierno.

- Y el que en la presente obra nos interesa en mayor medida, el **Poder Judicial**, atribuido a los Jueces y Magistrados, que ejercen la potestad jurisdiccional, consistente en juzgar y hacer ejecutar lo juzgado. [1]

Pues bien, de "cómo y por qué camino" se llega a ejercer dicha potestad jurisdiccional por los órganos que constitucionalmente la tienen atribuida en exclusiva, es de lo que se encarga el Derecho Procesal que estudiaremos.

[1] Vid. Artículo 117.3 CE.

En otras palabras, la función judicial de averiguación del delito y descubrimiento y aseguramiento del delincuente, debe ajustarse a unas normas que regulan exhaustivamente el procedimiento a seguir. Este procedimiento es lo que llamamos **Derecho Procesal Penal**, que debe respetar ciertos principios y derechos, entre los cuales podemos citar el Principio de legalidad, derecho al juez legal, derecho de defensa, presunción de inocencia y garantía de ejecución, a los que posteriormente nos referiremos.

Todo ello, con la idea de que la Policía Judicial actúa en auxilio de Jueces, Tribunales y Ministerio Fiscal, participando de una manera activa y decisiva en la obtención de pruebas necesarias para la imputación de ilícitos penales o para demostrar la inocencia del inicialmente imputado. Actuaciones, que en ningún caso pueden quedar fuera de la legalidad, cuestión que en derecho procesal penal, en ocasiones, es complejo pues en la LECrim no se encuentran reguladas todas las actuaciones que la Policía Judicial realiza. Debido a ello, se debe acudir a la Jurisprudencia del Tribunal Supremo y del Tribunal Constitucional al objeto de complementar el ya adelantado vacío al que en numerosas ocasiones se hará referencia.

Antes de profundizar en la materia que nos ocupa y al objeto de complementar esta breve introducción, a continuación se trascriben dos definiciones de Derecho Procesal:

"Ciencia que trata de la actividad jurisdiccional del estado". [2]

"Normas reguladoras de la actividad jurisdiccional del Estado". [3]

"El conjunto de normas que regulan los requisitos y los efectos del proceso". [4]

Conviene por último recordar, siguiendo al profesor GIMENO SENDRA, que en

---

[2] Vid. DICCIONARIO BÁSICO JURÍDICO; Ed. Comares S.L., 5ª Edición, Granada 1997, pág. 178.

[3] Vid. VILLA-REAL MOLINA R. Y DEL ARCO TORRES M.A.; Diccionario de Términos Jurídicos, Ed. Comares S.L., Granada, 1999, págs. 147 y 148.

[4] GIMENO SENDRA Y OTROS; Introducción al Derecho Procesal, 3ª Edición, Ed. Colex, Madrid, 2000, pág. 326.

el derecho procesal se puede dividir la parte general de la parte especial, de modo parecido a como se hace en el derecho penal.

La parte general está constituida por la Ley Orgánica del Poder Judicial y la Ley de Enjuiciamiento Civil; y la parte especial por las normas procesales que afectan a la rama del derecho donde se esté dirimiendo la cuestión, en nuestro caso la Ley de Enjuiciamiento Criminal.

2.- CONCEPTO:

Cuando se ha trascrito el concepto de Derecho Procesal, se ha hecho referencia al *proceso*, institución que deviene en fundamental cuando se estudia el Derecho Procesal en general.

En la lección siguiente se estudiarán los conceptos de proceso y procedimiento. No obstante, antes conviene definir **la jurisdicción**, otro de los conceptos a que se ha hecho referencia en una de las definiciones del derecho procesal. Esta aclaración, posteriormente nos ayudará a comprender mejor las definiciones de proceso y procedimiento y sus diferencias.

Como se ha comprobado, el Derecho Procesal va unido al concepto de Jurisdicción, como ese tercer poder del Estado que recae sobre los Jueces y Magistrados. Éstos son los únicos que pueden y deben conocer, a través del proceso, de los delitos y faltas e imponer en su caso las penas y medidas de seguridad legalmente establecidas, ya que sobre ellos recae la potestad jurisdiccional atribuida por el artículo 117.3 CE. Todo ello, se realiza a través del cumplimiento de la función jurisdiccional, consistente en "juzgar y hacer ejecutar lo juzgado", [5] no pudiendo asumir otras funciones diferentes, a no ser que les sean confiadas mediante ley en garantía de cualquier derecho. [6]

Tal y como establece GIMENO SENDRA, *"La jurisdicción puede ser definida como el Poder Judicial, integrado por Jueces y Magistrados, a quienes, por su*

---

[5] Vid. Artículos 117.3 CE y 2.1 LOPJ.

[6] ORMAZABAL SÁNCHEZ; Introducción al Derecho Procesal, segunda edición, Ed. Marcial Pons, ediciones jurídicas y sociales, S.A., Madrid, 2004, pág. 61, en relación con el sentido negativo de la exclusividad y los artículos 117.4 CE y 2.2 LOPJ.

independencia y sumisión a la Ley y al Derecho, la soberanía nacional ha otorgado en exclusiva la potestad jurisdiccional y, en consecuencia, expresamente les ha legitimado para la resolución jurídica, motivada, definitiva e irrevocable de los conflictos intersubjetivos y sociales, para la protección de los derechos subjetivos, el control de la legalidad y la complementación del ordenamiento jurídico." [7]

Los Jueces y Magistrados, para ejercer su función, están amparados por varios principios, cuyo conocimiento resulta de gran importancia desde el inicio de la asignatura: El Principio de Independencia, el de Unidad, de Exclusividad y el de Juez Legal Predeterminado por la Ley. [8]

En primer lugar, el **Principio de Independencia**, supone que los Jueces y Tribunales son independientes, no sólo frente a las partes y a la sociedad en general, sino también frente al Gobierno y a los órganos jurisdiccionales superiores. [9] De los tres poderes del Estado, el Judicial es el único que disfruta de esta independencia que le otorga el título VI de la Constitución de 1978.

Este calificativo supuso, sin duda, la separación absoluta del Poder Judicial del Poder Legislativo y del Poder Ejecutivo. Su infracción por cualquier órgano jurisdiccional supondría la violación del Derecho fundamental al Juez Legal del artículo 24 de la CE. Por lo tanto, el Poder Judicial pasó de *"ser un poder casi nulo a convertirse en el baluarte esencial de la libertad de los ciudadanos."* [10]

Esta independencia se manifiesta en dos aspectos, el primero es que el Poder Judicial dispone de su propio gobierno instaurado por la propia Constitución, [11] y el segundo, aún más importante, el que las decisiones que los Jueces y Tribunales adoptan no se encuentran sometidas más que al imperio de la ley. De tal manera que sus decisiones no pueden ser fiscalizadas por ningún órgano jurisdiccional superior, sino es a través del sistema de recursos. [12]

[7] GIMENO SENDRA Y OTROS; ob. Cit. Pág. 29.

[8] Establecidos, fundamentalmente, en el artículo 117 CE y desarrollados por la LOPJ.

[9] Vid., en este sentido, RUIZ VADILLO; La independencia y la imparcialidad de los jueces en la CE, Diario La Ley, núm. 6, Madrid, 1996, págs. 1640 y ss.

[10] GIMENO SENDRA Y OTROS; ob. Cit. Pág. 47.

[11] Vid. Artículo 122 CE.

[12] Vid., en este sentido, PEDRAZ PENALVA; Organización Judicial y Ministerio Fiscal, Revista de Derecho (Valdivia), vol. VI, Valdivia, 1995, pág. 39.

El segundo de los principios aludidos, es el **Principio de Unidad**, el cual significa que en España la Jurisdicción es única e indivisible, según establecen el apartado 5º del citado artículo 117 de la CE y el artículo 3.1 LOPJ. [13] Ello, no quiere decir, que no existan varios órdenes jurisdiccionales identificados con las salas existentes en el Tribunal Supremo, a saber, Orden Civil, Penal, Administrativo y Social.

La jurisdicción militar merece un separado comentario, pues aunque no rompe el principio de Unidad Jurisdiccional, sí supone una excepción relativa, ya que no se integra en el Poder Judicial sino en la Sala 5ª del citado Tribunal Supremo, donde pierde su carácter especial para convertirse en el quinto orden jurisdiccional. Dicha excepción queda limitada al ámbito "estrictamente castrense", cuya principal finalidad es "asegurar la disciplina" dentro de la organización militar.

Otro de los Principios es el de **Exclusividad**, que quiere decir que la potestad jurisdiccional se atribuye en exclusiva a Jueces y Magistrados integrados en el Poder Judicial, como únicos que pueden "juzgar y hacer ejecutar lo juzgado".[14]

Bien es cierto que existen algunas excepciones, como los Tribunales Eclesiásticos, el Tribunal de las Aguas de Valencia y otros Tribunales consuetudinarios, reconocidos en los Acuerdos del Estado español con la Santa Sede [15] y en el artículo 125 de la Constitución de 1978, respectivamente.

Este principio supone, en sentido positivo, *"que no pueden ejercer la potestad jurisdiccional ni los órganos del Poder Legislativo ni los del Poder Ejecutivo"*, [16] y

---

[13] Vid. Artículo 3 LOPJ: 1. La jurisdicción es única y se ejerce por los juzgados y tribunales previstos en esta Ley, sin perjuicio de las potestades jurisdiccionales reconocidas por la Constitución a otros órganos.
2. La competencia de la jurisdicción militar quedará limitada al ámbito estrictamente castrense respecto de los hechos tipificados como delitos militares por el Código Penal Militar y a los supuestos de estado de sitio, de acuerdo con la declaración de dicho estado y la Ley Orgánica que lo regula, sin perjuicio de lo que se establece en el artículo 9, apartado 2, de esta Ley.

[14] Vid. Artículos 117.3 CE y 2.1 LOPJ.

[15] Vid., en esta línea, los Acuerdos del Estado Español con la Santa Sede de 3 de enero de 1979.

[16] GIMENO SENDRA Y OTROS; ob. Cit. Pág. 73.

en sentido negativo, *"que los órganos del Poder Judicial sólo podrán ejercer precisamente la potestad jurisdiccional, estándole vedado el cumplimiento de cualesquiera otras misiones, salvo si le son encomendadas por la ley en garantía de derechos"*. [17]

El último de los principios a que están sometidos los Jueces y Tribunales es **el Juez Legal Predeterminado por la Ley**, cuya aplicación significa que cualquier delito o falta cometido es conocido por *un Juez o Tribunal preexistente y predeterminado por la ley*. De tal forma, que no sea posible crear Jueces con posterioridad al hecho para enjuiciarlo, es decir, la prohibición expresa de Tribunales de excepción que hace la Constitución en su artículo 117.6 de la CE.

Este principio, es tan básico, que tiene carácter de derecho fundamental para los ciudadanos y se encuentra regulado en el artículo 24.2 de la CE. Por lo tanto, susceptible de ser invocado en amparo. [18]

GIMENO SENDRA lo define como *"el Derecho fundamental que asiste a todos los sujetos de derecho a plantear sus pretensiones o a ser juzgados por auténticos órganos jurisdiccionales creados por LO, pertenecientes al Poder Judicial, respetuosos con los principios constitucionales de igualdad, independencia y sumisión a la ley y constituidos con arreglo a las normas comunes de competencia establecidas"*. [19]

Con carácter previo, a realizar la definición de proceso y procedimiento, conviene igualmente estudiar los conceptos relativos al **Derecho de Acción y el Derecho a la Tutela Judicial Efectiva**, ambos recogidos en el artículo 24 de la CE.

---

[17] GIMENO SENDRA Y OTROS; obra cit. Pág. 77.

[18] Vid. Artículo 24 CE: 1. Todas las personas tienen derecho a obtener la tutela efectiva de los jueces y tribunales en el ejercicio de sus derechos e intereses legítimos, sin que, en ningún caso, pueda producirse indefensión.

2. Asimismo, todos tienen derecho al Juez ordinario predeterminado por la Ley, a la defensa y a la asistencia de letrado, a ser informados de la acusación formulada contra ellos, a un proceso público sin dilaciones indebidas y con todas las garantías, a utilizar los medios de prueba pertinentes para su defensa, a no declarar contra sí mismos, a no confesarse culpables y a la presunción de inocencia.

La Ley regulará los casos en que, por razón de parentesco o de secreto profesional, no se estará obligado a declarar sobre hechos presuntamente delictivos".

[19] GIMENO SENDRA Y OTROS; ob. Cit. Pág. 96.

La Tutela Judicial Efectiva es el derecho de todo ciudadano a acceder a un Juez o Tribunal. Mediante este derecho, los ciudadanos comunican formalmente a los órganos jurisdiccionales el conflicto que tienen con otra persona, pidiéndoles que lo resuelva y poniendo en marcha **el proceso**, en el que desarrollará la mencionada función jurisdiccional de "juzgar y hacer ejecutar lo juzgado".

En el ámbito penal, en el que nos movemos, y según GIMENO SENDRA, [20] **Derecho de Acción Penal** es *"un derecho fundamental, que asiste a todos los sujetos de derecho, y se ejercita mediante la puesta en conocimiento del Juez de Instrucción de una noticia criminis, haciendo surgir en el órgano jurisdiccional la obligación de dictar una resolución motivada y fundada sobre su admisión o sobre la finalización del proceso penal."*

En la práctica se traduce en el libre acceso de los particulares a los órganos jurisdiccionales a fin de obtener de ellos una resolución motivada, fundada en derecho, a ser posible de fondo, pero no necesariamente debe tener forma de sentencia. Pues, se puede finalizar el procedimiento con una resolución de archivo de las actuaciones en forma de auto, por no cumplirse con los presupuestos procesales que condicionan la apertura del juicio oral. [21]

La forma concreta de esa comunicación depende del tipo de proceso que se vaya a iniciar. En el Derecho Procesal Penal las formas de iniciación, más comunes, son la denuncia, la querella y la iniciación de oficio.

Como se ve enseguida por lo expuesto anteriormente, la acción penal difiere de la acción civil, puesto que la primera se puede poner en marcha mediante la denuncia de cualquier persona o mediante la iniciación de oficio, formas de iniciación en las que el perjudicado no interpone la citada acción penal, cuestión impensable en el proceso civil, en el que necesariamente las actuaciones se inician siempre por la interposición de la demanda en la que se ejerce la acción civil desde el primer momento. [22]

---

[20] GIMENO SENDRA Y OTROS; ob. Cit. Pág. 47.

[21] Vid. SSTC núms. 4/1984 y 68/1984.

[22] PRIETO-CASTRO Y FERRÁNDIZ, Y DE CABIEDES; Derecho Procesal Penal, Editorial Tecnos Pág. 63.

El Derecho de Acción, es por tanto, un derecho fundamental susceptible de recurso de amparo del artículo 53.2 de la CE. Es un derecho que según el Tribunal Constitucional tiene los siguientes **derechos contenidos**: [23]

- A iniciar el proceso penal y obtener la tutela efectiva de los órganos jurisdiccionales sin que se pueda producir indefensión.

- A un proceso con las debidas garantías.

- A que se dicte sentencia resolviendo la cuestión de fondo planteada.

- Al recurso.

- A la ejecución de la condena, en su caso.

En el Derecho español se reconoce, con carácter general para toda clase de procesos, el derecho a la tutela judicial efectiva, entendido como derecho a acceder a un Tribunal y a obtener una resolución de fondo. Sin embargo, en el proceso penal, el contenido de este derecho se reduce significativamente. Ya que no incluye el derecho a un procedimiento de fondo, sino que garantiza únicamente un mero "ius ut procedatur", es decir, el derecho a constituirse en parte acusadora, formular acusación y realizar aquellas actividades procesales de alegación, de prueba, de interposición de recursos y otros que el legislador haya establecido.

En síntesis, en el proceso penal, el derecho a la tutela judicial efectiva coincide con el contenido de la acción penal. No obstante, la acción penal no garantiza en absoluto el derecho a que se juzgue a la persona acusada. El ejercicio de la acción penal, es perfectamente compatible con las potestades judiciales que habilitan a poner fin al proceso de forma anticipada a través de resoluciones judiciales distintas a una sentencia, por apreciar el órgano judicial, bien porque el hecho imputado no constituye infracción penal alguna, bien porque no existen indicios suficientes para imputar el hecho a persona alguna. [24]

---

[23] Vid. STC núm.148/1987.

[24] DÍEZ PICAZO GIMÉNEZ; "Garantías procesales" en Comentarios a la Constitución española de 1978, Tomo III, (Director Oscar Alzaga Villaamil), Editorial Edersa, Madrid, 1996, pág. 41.

3.- FUNCIONES:

Ya se ha hecho referencia en varias ocasiones a las funciones que tiene la Jurisdicción, o lo que es lo mismo el Poder Judicial. Funciones que vienen marcadas por la imposición que la Constitución hace en el, repetido, artículo 117.3 trascrito.

Lo que se va a intentar aclarar en las siguientes líneas, es en qué consiste "el juzgar y hacer ejecutar lo juzgado", como funciones principales de la jurisdicción.

Si hablamos en un plano general, se puede decir que la función que los Jueces y Tribunales realizan es la de "resolución de conflictos intersubjetivos y sociales" [25] mediante la aplicación del derecho.

Sin embargo, la Jurisdicción no es la única que pone fin a los conflictos entre partes, pues existen órganos de carácter administrativo y cuasi judicial que realizan dicha función con carácter residual, como son los arbitrajes o las resoluciones de los Tribunales consuetudinarios, a los que se ha hecho referencia. Pero sí, es el Poder Judicial el único que pone fin a tales cuestiones con una resolución llamada judicial en general y sentencia en particular. Resolución a través de la cual se aplica el derecho existente en ese momento aplicable al caso controvertido y que pone fin al mismo. De dicha sentencia o resolución, ya se ha dicho que debe ser motivada y de fondo, con objeto de no ir en contra del derecho fundamental a la "tutela judicial efectiva". [26]

Si concretamos la función jurisdiccional en el ámbito penal, se puede afirmar que la función principal de los Jueces y Tribunales se encuentra en este ámbito en la aplicación del *"ius puniendi"* [27] del Estado. Es decir, en imponer penas contenidas en el Código Penal, aplicando unas determinadas reglas reguladas en la LOPJ y la LECrim.

Así, a través de esta función, se ponen en conexión el derecho sustantivo, el

---

[25] GIMENO SENDRA; ob. Cit. Pág. 35.

[26] Vid. Artículo 248 LOPJ.

[27] Vid., para un estudio en profundidad, SERRANO MAÍLLO; Ensayo sobre el Derecho Penal como ciencia, acerca de su construcción, Ed. Dykinson, Madrid, 1999, págs 99 y ss.

Código Penal; con el derecho adjetivo, la LECrim, con la doble finalidad de proteger a la comunidad de los delincuentes y resguardar a éstos, de los posibles abusos y arbitrariedades. De tal forma, que se construya un sistema de garantías que constituye el "Principio de Legalidad", en su doble aspecto: [28]

- **Garantía penal**, "nulla poena sine lege", [29] recogido en el artículo 25 de la CE, *"Nadie puede ser condenado o sancionado por acciones u omisiones que en el momento de producirse no constituyan delito, falta o infracción administrativa, según la legislación vigente en aquel momento".*

- **Garantía procesal**, "nulla poena sine iudicio",[29] contenida en el artículo 1 de la LECrim, *"No se impondrá pena alguna por consecuencia de actos punibles cuya represión incumba a la jurisdicción ordinaria, sino de conformidad con las disposiciones del presente Código o de Leyes especiales y en virtud de sentencia dictada por Juez competente".* Y cuya expresión constitucional queda recogida en el artículo 24. [30]

Ahora bien, siendo, estas funciones mencionadas, las principales de la Jurisdicción, en un estado democrático y de derecho no pueden ser las únicas que cumpla este tercer poder, el Judicial. Junto con ellas, o mejor dicho para que esas funciones de "juzgar y hacer ejecutar lo juzgado" sean completadas y se hagan de acuerdo con la Constitución y las leyes, se deben añadir otras funciones, que siendo secundarias no son menos importantes, si consideramos la función jurisdiccional y el proceso penal de una forma conjunta.

A estas funciones se refiere GIMENO SENDRA, [31] cuando habla que la concreción de las mismas se hace a su vez en otras tres, a saber:

- La protección de lo derechos subjetivos.

- El control normativo de los actos y disposiciones de la administración.

---

[28] GÓMEZ DE LIAÑO; El Proceso Penal, Editorial Forum, Oviedo, 1989, pág. 15.

[29] Vid., sobre sus orígenes, DEDES; Sobre el origen del principio «nullum crimen nulla poena sine lege», (traducción de María Carmen Alastuey Dobón), en Revista de Derecho Penal y Criminología, 2ª Época, núm. 9, Madrid, 2002, págs. 141 y ss.

[30] Vid. STC de 18 de mayo de 1.981.

[31] GIMENO SENDRA Y OTROS; ob. Cit. Pág. 37.

- La complementación del ordenamiento jurídico.

La protección de los derechos subjetivos viene igualmente recogida en el repetido artículo 24 de la CE, donde se establece que cualquier ciudadano puede acudir a la jurisdicción con objeto de ver restituidos sus derechos, bien porque han sido limitados por la administración, bien por otro particular. El cumplimiento de dicha función es encargada a los Jueces y Tribunales en el artículo 7.3 de la LOPJ que desarrolla lo contenido en la Constitución. Esta protección se realiza, como insiste la LOPJ, con la finalidad de que no se produzca en el ciudadano indefensión alguna.

En la jurisdicción penal, donde muchos de los derechos que se ven afectados son derechos fundamentales, se debe dar con la máxima amplitud esta función. En particular, cuando se ve afectado un derecho como el de la libertad, que además es un "valor superior del ordenamiento jurídico", [32] la Constitución ordena que se regule un procedimiento especial y sumarísimo, que se estudiará con detalle en la presenta obra, el "habeas corpus". [33]

A lo largo de la redacción del Código Penal, se puede comprobar, desde el principio, que muchos de los ilícitos penales protegen los derechos fundamentales contenidos en la Constitución Española, buen ejemplo de ello, es el derecho a la vida. Pero además, el Código Penal no se conforma con esto únicamente y recoge en el capítulo IV del título XXI, los delitos relativos al ejercicio de los derechos y libertades públicas, realizando una protección expresa de algunos de ellos. Función de protección en el ámbito penal a la que se alude expresamente en la exposición de motivos de la LO 10/1995 que introdujo el vigente Código Penal. [34]

---

[32] Vid. Artículos 1.1 y 17 CE.

[33] Vid. Artículo 17.4 CE y LO 6/1984, sobre Regulación del procedimiento de Hábeas Corpus.

[34] Vid. Exposición de Motivos del CP: "En tercer lugar, se ha dado especial relieve a la tutela de los derechos fundamentales y se ha procurado diseñar con especial mesura el recurso al instrumento punitivo allí donde está en juego el ejercicio de cualquiera de ellos: sirva de ejemplo, de una parte, la tutela específica de la integridad moral y, de otra, la nueva regulación de los delitos contra el honor. Al tutelar específicamente la integridad moral, se otorga al ciudadano una protección más fuerte frente a la tortura, y al configurar los delitos contra el honor del modo en que se propone, se otorga a la libertad de expresión toda la relevancia que puede y debe reconocerle un régimen democrático.

Asimismo, para el caso de que estos derechos se vean afectados, tienen otra doble protección especial. Por un lado, el procedimiento especial y sumario que se debe regular en la jurisdicción ordinaria para su pronta restitución, y de otro, la posibilidad de acudir al Tribunal Constitucional a través del Recurso de Amparo, si la jurisdicción ordinaria no ha restablecido el derecho fundamental afectado.

La segunda de las funciones a las que hemos hecho referencia, es el **control normativo de los actos y disposiciones de la administración**. Ello consiste en que los Jueces y Tribunales realizan un control de los actos y disposiciones reglamentarias de las administraciones. Su finalidad es que dichas disposiciones respeten el "principio de jerarquía normativa", así como que se elaboren de acuerdo con el procedimiento legalmente establecido para cada una de ellas. Esta función se ordena a la Jurisdicción en los artículos 106 y 6, de la CE y la LOPJ, respectivamente.

La última de las funciones citadas de la jurisdicción es **la complementación del ordenamiento jurídico**. En principio, dicha función parece reservada al Poder Legislativo y que el Poder Judicial no participa de la misma. Muy al contrario, el ordenamiento señala la obligación de que la Jurisdicción, realice, no la creación del derecho, sino su complementación, esto es, su interpretación a través de la Jurisprudencia del Tribunal Supremo. [35]

A través de esta Jurisprudencia se van definiendo conceptos indeterminados de las normas jurídicas o se van especificando otros conceptos generales citados en numerosas leyes y que no tienen una conceptuación clara en las mismas. Buenos ejemplos de estos últimos, son la definición del "buen padre de familia", de la "imprudencia", de la "buena fe" y del "abuso de derecho", por citar algunos.

Si bien, dos consideraciones se deben hacer sobre esta Jurisprudencia que complementa el derecho. La primera, es que "debe ser reiterada", es decir, que deben existir, al menos dos sentencias del Tribunal Supremo en un mismo sentido, para que se puedan invocar y aplicar de una forma generalizada. Y a segunda, es que esta Jurisprudencia, como no puede ser de otra manera, puede y debe ser cambiante, como cambiante son los criterios que la sociedad tiene de todos estos conceptos que hemos mencionado anteriormente.

---

[35] Vid. Artículo 1.6 CC.

Esta función de interpretar el derecho, es sin duda la que con menor intensidad se puede apreciar en la Jurisdicción Penal, ya que en esta Jurisdicción debe aplicarse con carácter casi absoluto, el Principio de Legalidad. [36]

Sin embargo, en el orden penal se afirma, siguiendo a GIMENO SENDRA, [37] existen otras funciones adicionales que no se dan en ningún otro orden, la **"protección de la víctima" y "la rehabilitación del imputado".**

De la protección de la víctima, se puede decir que, aunque en principio ha sido la gran olvidada del sistema penal, a través de reformas y nuevas normas , el ordenamiento se ha ido completando con objeto de que dicha protección sea lo más cercana a la real y tienda a restituir las cosas al momento anterior a la comisión del hecho delictivo. Cuestión que se entenderá en la mayoría de los ilícitos penales harto difícil.

Estas reformas, se han hecho particularmente patentes en el ámbito de las víctimas de los delitos en el ámbito doméstico. Las cuales han tenido, por la alarma social que causan, especial atención del legislador. [39]

Sin embargo, no es una cuestión cerrada, pues, el "estatus de la víctima" en el proceso penal todavía tiene que mejorar bastante. Así lo demuestra la continua preocupación del legislador por seguir introduciendo normas que palien la victimización de los sujetos pasivos de los delitos y faltas. Así, en la nueva modificación del Código Penal anunciada, según el informe realizado por el Gobierno en junio de 2006, se intentará mejorar la repetida protección a las víctimas con carácter general. [40]

---

[36] Vid. Artículos 25 CE y 1 LECrim. Vid., sobre el tema, MUÑOZ CONDE Y GARCÍA ARÁN; Derecho penal, Parte General, 6ª Edición, Ed. Tirant lo blanch, Valencia, 20004, págs. 102 y ss.

[37] GIMENO SENDRA; ob. Cit. (Procesal Penal, Ed. Colex, Madrid, 2004), pág. 46.

[38] Vid. Artículos 13, 100, 109, 110, 544 bis y ter, entre otros, de la LECrim, así como la Ley 35/95, de 11 de diciembre, de ayudas y asistencia a las víctimas de delitos violentos y contra la libertad sexual.

[39] Vid. Ley 27/2003 reguladora de la "Orden de Protección" y la LO 1/2004 de Medidas Integrales contra la Violencia de Género. Vid., igualmente, la LO 11/1999 y LO 14/1999, de 9 de junio, de modificación del Código Penal de 1995, en materia de protección a las víctimas de malos tratos y de la Ley de Enjuiciamiento Criminal, por citar algunas.

En relación con **la rehabilitación del imputado**, desde la Constitución [41] se envía un mensaje al legislador y a la sociedad en general para que, unos legislen y otros comprendan, que el Derecho Penal no puede en un "estado social y democrático de derecho" apuntar hacia "el castigo por el castigo". Al contrario, debe estar orientado a la reinserción social, por imposible o difícil que ésta resulte en ocasiones. Buenos ejemplos de esta función, son la aparición en el Código Penal de 1995 de las instituciones como la "suspensión de la pena privativa de libertad" y la "sustitución por otras limitativas de otros derechos". [42]

Tanta importancia le da el Código Penal a esta rehabilitación que en su escueta exposición de motivos, lo señala en sus primeros puntos. [43]

---

[40] Informe sobre el Anteproyecto de Ley de Reforma del Código Penal, consultado en la página web http://www.la-moncloa.es/ActualidadHome/140706-codigopenal.htm:
"Mejoras en la protección de las víctimas: La reforma del Código Penal incide de manera especial en la mejora del trato dispensado a la víctima del delito, y en la protección de sus intereses. Si en la actualidad existe en la opinión pública un convencimiento muy extendido de que al delincuente le resulta sencillo burlar su obligación de indemnizar, el Código presenta varias medidas para evitarlo.
Destaca el nuevo tratamiento de la responsabilidad civil que se deriva del delito. Se mejora su aseguramiento facilitando a los jueces la investigación del patrimonio de aquél que ha delinquido.
En esta misma dirección se propone la tipificación como delito de la actuación del testaferro, o de las llamadas "sociedades tapadera", que pretenden, en realidad, ocultar los patrimonios de los verdaderos responsables penales.
También incide en una mayor protección de la víctima el nuevo tratamiento de las imprudencias leves con resultado mortal, o de lesiones, muy habituales en los accidentes de tráfico. Ahora serán perseguibles de oficio, y no a instancia de parte, y se asegura la intervención del Ministerio Fiscal."

[41] Vid. Artículo 25.2 CE

[42] Vid. Artículos 80 y 94 CP

[43] En primer lugar, se propone una reforma total del actual sistema de penas, de modo que permita alcanzar, en lo posible, los objetivos de resocialización que la Constitución le asigna. El sistema que se propone simplifica, de una parte, la regulación de las penas privativas de libertad, ampliando, a la vez, las posibilidades de sustituirlas por otras que afecten a bienes jurídicos menos básicos, y, de otra, introduce cambios en las penas pecuniarias, adoptando el sistema de días-multa y añade los trabajos en beneficio de la comunidad.

LECCIÓN II

LOS PRINCIPIOS DEL PROCESO PENAL (I)

1.- TIPOLOGÍAS PROCESALES:

Antes de estudiar otros conceptos, se deben comentar las tipologías procesales que existen. Ello, nos hará situarnos de una forma adecuada cuando se estudien los principios del proceso y procedimiento, ya que estos principios son diferentes dependiendo de la tipología procesal de la cual se esté hablando. Por consiguiente, si se lee que se aplica un determinado principio, el de publicidad por poner un ejemplo, se debe ubicar lo tratado en el proceso Acusatorio.

La doctrina clasifica y distingue tres tipos de procesos o sistemas procesales: El Acusatorio, el Inquisitivo y el Mixto o Acusatorio formal. No obstante, para simplificar su estudio, nosotros sólo vamos a estudiar dos: El Inquisitivo y el Acusatorio Formal o Mixto, entendiendo como Acusatorio el actual sistema Mixto, toda vez que el Acusatorio, en su sentido estricto, es propio del Proceso Civil.

En el cuadro expuesto a continuación [44] se han señalado, de manera resumida, las diferencias más importantes entre ambos tipos de procesos, teniendo en cuenta que, en la actualidad en nuestro país, el sistema seguido en el proceso penal es el **Acusatorio Formal o Mixto**, introducido en la LECrim de 1882, por influencia francesa, transformando el antiguo sistema Inquisitivo vigente hasta entonces [45] y del que conviene diferenciarlo.

2.- CONCEPTO DE PROCESO Y PROCEDIMIENTO:

Una vez conocidos los conceptos de jurisdicción y de acción, en el tema anterior, GIMENO SENDRA define **el Proceso:** como *"el conjunto de derechos constitucionales de incidencia procesal, posibilidades, obligaciones y cargas, que asisten a lo sujetos procesales como consecuencia del ejercicio del derecho de acción y de la interposición de la pretensión, cuya realización, a través de los*

[44] Resumen extraído de diversas fuentes, Vid. como más significativos DE LA OLIVA SANTOS Y OTROS; Derecho Procesal Penal, Ed. Centro de Estudios Ramón Areces S.A., Madrid, 1994, pág. 37 y MONTERO AROCA Y OTROS; "Derecho Jurisdiccional", Editorial Bosch, Editor S.A., Barcelona, 1991, pág. 17.

[45] Vid., PEDRAZ PENALVA; Sobre el Poder Judicial y la LOPJ, en Constitución, Jurisdicción y Proceso, Ed. Akal/Iure, Madrid, 1990, págs. 1121 y ss., cuando hace referencia a que el monarca a través del sistema inquisitivo, pretendía acrcentar su poder absolutista, por lo que el Juez actuaba en nombre y por delegación del titular de la justicia que es el principe (eventualmente el señor).

ACUSATORIO FORMAL O MIXTO	INQUISITIVO
Instruye el Juez de Instrucción. Falla órgano distinto (salvo en Juicios de Faltas / Juez de Paz e Instrucción)	El Juez que instruye: investiga dirige y acusa.
Igualdad de partes y defensa (Principio de Contradicción) Art. 118 LECrim: conocimiento inmediato a la imputación (excepto secreto sumario con plazos)	No igualdad de partes, no defensa (no contradicción) No conocimiento de la imputación hasta terminada la instrucción o cuando el Juez lo estima conveniente.
Oral y Público	Escrito y Secreto.
Libre convicción en apreciación de pruebas practicadas (Art. 741 LECrim)	Sistema legal de valoración (Prueba tasada).
Actividad probatoria propuesta por las partes (Art. 728 LECrim) con alguna excepción. (Arts. 708 y 729 LECrim)	Iniciativa total de pruebas del Juez (con la aplicación del artículo 730 de la LECrim, dándose por reproducidas las pruebas que se habían practicado en la Instrucción).
Pruebas de cargo deben ser obtenidas en el Juicio Oral bajo los principios de Contradicción, Inmediación, Publicidad y Oralidad.	Las pruebas se obtienen en fase de instrucción. Juicio oral era un simple formulismo.
Libertad de acusado, como regla general.	Estado de prisión del acusado, como regla general.
La sentencia firme tiene valor de cosa juzgada.	No había cosa juzgada. (Reabrir juicio por los mismos hechos incluso tras la absolución).

oportunos actos procesales, origina la aparición de sucesivas situaciones procesales, informadas por el principio de contradicción, desde las que las partes examinan sus expectativas de una sentencia favorable que ponga fin al conflicto mediante la satisfacción definitiva de sus respectivas pretensionesy resistencias".[46]

Es, en definitiva, el conjunto de herramientas de las que se vale la jurisdicción para responder a la petición formulada por el interesado, que ha ejercido su derecho de acción, para cumplir con su función de juzgar y hacer ejecutar lo juzgado.

En palabras de MONTERO AROCA es "el instrumento o medio puesto por el Ordenamiento Jurídico para que la Jurisdicción, y en concreto, sus órganos realicen su función". [47]

Por otra parte, los procesos se pueden sistematizar [48] en declarativos y de ejecución, que como es lógico tienen diferentes finalidades. Si los declarativos tienen por objeto declarar la existencia de un derecho subjetivo, los de ejecución tienen por objeto la ejecución de ese derecho reconocido judicialmente y que no ha sido cumplido por el obligado de una forma voluntaria.

A su vez, dentro de los procesos declarativos, si los clasificamos en relación a la amplitud o limitación de su objeto y la extensión de los efectos de su sentencia, se encuentran divididos en procesos ordinarios, sumarios y especiales.

Igualmente los procesos, dependiendo de la naturaleza de su objeto, se pueden clasificar en públicos y privados. Dentro de los primeros están contenidos el Proceso Penal, el Constitucional y el Contencioso-Administrativo. En los procesos privados, se incluyen proceso civil y el laboral o social.

Cuestión diferente es **el Procedimiento**, entendido como el conjunto de normas que regulan los diferentes actos del órgano jurisdiccional y de las partes, cuya última finalidad es determinar la pena. Estas normas son distintas para cada clase

---

[46] GIMENO SENDRA Y OTROS; ob. Cit. Pág. 242.
[47] MONTERO AROCA Y OTROS; ob. Cit. ("Derecho Jurisdiccional", Editorial Bosch, Editor S.A., Barcelona, 1991).
[48] GIMENO SENDRA Y OTROS; ob. Cit. Pág. 315.

de proceso, aún a pesar de que existen normas comunes que se aplican a varias clases de procedimientos y otras que se aplican subsidiariamente a todos por directa aplicación de la LEC. [49]

Para diferenciar de una forma definitiva ambos conceptos, se trascriben seguidamente las definiciones conjuntas de GÓMEZ DE LIAÑO: [50]

"Procedimiento es el método de ejecutar algunas cosas, norma que regula un acontecimiento que se desarrolla en el tiempo, regla por la cual se producen modificaciones en una realidad para obtener un determinado resultado."

"El proceso consiste en una sucesión de actos mientras que el procedimiento es el método o canon para desarrollar esa secuencia de actos."

Sin embargo, en la práctica, se puede observar que estos dos conceptos se utilizan a veces de forma indistinta por parte de la doctrina. Seguramente porque a pesar de ser conceptos diferentes, se mueven en terrenos muy cercanos y sobre todo porque comparten finalidades comunes:

- Por una parte, dar respuesta al "ius Puniendi" del Estado.

- Por otra, dar protección a los Derechos Fundamentales del ciudadano reconocidos fundamentalmente en el artículo 24 de la Constitución Española de 1.978.

3.- LOS PRINCIPIOS DEL PROCESO-PROCEDIMIENTO: SISTEMATIZACIÓN:

3.1.- Introducción:

Antes de efectuar una sistematización, se debe definir lo que se entiende por principios:

---

[49] Vid. Artículo 4 LEC; carácter supletorio de la Ley de Enjuiciamiento Civil: En defecto de disposiciones en las leyes que regulan los procesos penales, contencioso-administrativos, laborales y militares, serán de aplicación, a todos ellos, los preceptos de la presente Ley.
[50] GÓMEZ DE LIAÑO; "El Proceso Penal", Ed. Forum, Oviedo, 1989, pág. 27.

Principios, según el diccionario de la Real Academia Española de la Lengua, *"son las ideas fundamentales que sirven de base a un orden determinado de conocimiento o conducta"*.

En cambio, si se prefiere una definición exclusivamente jurídica, DE LA OLIVA SANTOS afirma que: [51]

"Estaremos ante un verdadero principio, esto es, ante un elemento de veras originario de lo esencial, de aquello que pertenece a la naturaleza de una cosa: en este caso, el proceso penal."

De estos Principios y siguiendo la anterior definición dependerá, como no, todas las características relativas a los procesos o procedimientos, o lo que es lo mismo, a diferentes principios, diferentes procesos y procedimientos.

Los iusnaturalistas propugnan que los principios son inherentes al Derecho Natural, es decir, que le pertenecen a la persona por el hecho mismo de ser persona y revelan el sistema de convicciones en el que reposa la Organización Social.

Para los iuspositivistas es distinto, entienden por principios, aquellas abstracciones jurídicas que se infieren del ordenamiento jurídico, fundamentalmente derivadas de la Constitución.

Tras la entrada en vigor de la Constitución Española, esto último es lo que se entiende en España por principios, es decir, "principios" serían todas las abstracciones normativas que se infieren, fundamentalmente, de los artículos 14 al 29 y secundariamente del 30 al 52, de la Constitución Española; siendo los primeros susceptibles de ser invocados directamente por medio del Recurso de Amparo o mediante el procedimiento sumarísimo de los artículos 53 de la CE y 5 de la LOPJ. Los segundos, sólo informan la legislación positiva y para poder ser invocados es necesaria una ley de desarrollo. [52]

---

[51] DE LA OLIVA SANTOS Y OTROS; ob. Cit. Pág. 7.

[52] Vid., en esta línea, ARRIETA GALLEGOS; Lecciones de Derecho Penal, Ed. Jurídica Salvadoreña, San Salvador, 1994, pág. 23.

Sin estos medios de invocación y protección que la actual Constitución contempla en sus artículos 53 y del 161 a 165, los citados derechos fundamentales resultarían ineficaces y sólo servirían de declaraciones de buena voluntad. [53]

3.2.- Clasificación de los principios relativos al proceso y al procedimiento:

La doctrina no se pone de acuerdo a la hora de clasificar los distintos principios penales siguiendo un mismo criterio, lo que no es óbice para afirmar lo que casi todos los autores definen y desarrollan como principios del proceso y del procedimiento penal.

---

[53] Vid. Artículo 53 CE:
"Los derechos y libertades reconocidos en el Capítulo II del presente Título vinculan a todos los poderes públicos. Sólo por Ley, que en todo caso deberá respetar su contenido esencial, podrá regularse el ejercicio de tales derechos y libertades que se tutelarán de acuerdo con lo previsto en el artículo 161.1ª).
Cualquier ciudadano podrá recabar la tutela de las libertades y derechos reconocidos en el artículo 14 y la Sección primera del Capítulo II ante los Tribunales ordinarios por un procedimiento basado en los principios de preferencia y sumariedad y, en su caso, a través del recurso de ampara ante el Tribunal Constitucional. Este último recurso será aplicable a la objeción de conciencia reconocida en el artículo 30.
El reconocimiento, el respeto y la protección de los principios reconocidos en el Capítulo III, informara la legislación positiva, la práctica judicial y la actuación de los poderes públicos. Solo podrán ser alegados ante la Jurisdicción ordinaria de acuerdo con lo que dispongan las Leyes que los desarrollen".
Vid. Artículo 5 LOPJ:
1. La Constitución es la norma suprema del Ordenamiento Jurídico, y vincula a todos los jueces y tribunales, quienes interpretarán y aplicarán las Leyes y los reglamentos según los preceptos y principios Constitucionales, conforme a la interpretación de los mismos que resulte de las resoluciones dictadas por el Tribunal Constitucional en todo tipo de procesos.
2. Cuando un órgano judicial considere, en algún proceso, que una norma con rango de Ley, aplicable al caso, de cuya validez dependa el fallo, pueda ser contraria a la Constitución, planteará la cuestión ante el Tribunal Constitucional, con arreglo a lo que establece su Ley Orgánica.
3. Procederá el planteamiento de la cuestión de inconstitucionalidad cuando por vía interpretativa no sea posible la acomodación de la norma al ordenamiento constitucional.
4. En todos los casos en que, según la Ley, proceda recurso de casación, será suficiente para fundamentarlo la infracción de precepto constitucional.
En este supuesto, la competencia para decidir el recurso corresponderá siempre al Tribunal Supremo, cualesquiera que sean la materia, el derecho aplicable y el orden jurisdiccional.

En la presente obra se va a seguir la didáctica estructuración desarrollada por el profesor GIMENO SENDRA: [54]

3.2.1.- Principios del proceso:

PRINCIPIOS RELATIVOS A LA **ESTRUCTURA** DEL PROCESO:

- De contradicción.

- De Igualdad.

PRINCIPIOS RELATIVOS AL **OBJETO** DEL PROCESO:

- Dispositivo.

- Acusatorio-inquisitivo.

PRINCIPIOS RELATIVOS A LA **INTRODUCCIÓN DE LOS HECHOS:**

- Aportación.

- Investigación.

PRINCIPIOS RELATIVOS A LA **VALORACIÓN DE LA PRUEBA:**

- De Prueba libre.

- De Prueba tasada.

PRINCIPIOS RELATIVOS AL RÉGIMEN DE LOS **RECURSOS:**

- Única Instancia.

- Doble Instancia.

---

[54] GIMENO SENDRA Y OTROS; ob. Cit. Pág. 253.

OTROS PRINCIPIOS:

- Publicidad.

- Celeridad y Eficacia.

3.2.2.- Principios del procedimiento:

- Oralidad.

- Inmediación.

- Publicidad.

- Concentración.

- Preclusión.

- Motivación de las Sentencias.

De todos estos principios expuestos, los que se van a tratar con mayor profundidad en el próximo tema, son los considerados más importantes: los Principios del Proceso relativos a la estructura del proceso y al objeto del proceso.

LECCIÓN III

LOS PRINCIPIOS DEL PROCESO PENAL (II)

1.- PRINCIPIOS RELATIVOS A LA ESTRUCTURA DEL PROCESO:

Siguiendo la clasificación realizada en el tema anterior, dentro de los principios relativos a la estructura del proceso existen, el Principio de Contradicción y el Principio de Igualdad. Son los llamados *"principios consustanciales"* a la idea misma del proceso, que se deben dar siempre si se estudia el concepto de proceso. Tanto es así, que alcanzan una dimensión constitucional por encontrarse implícitamente recogidos en el derecho fundamental a un proceso con todas las garantías del artículo 24.2 de la Constitución Española.

1.1.- Principio de contradicción:

Quiere decir que ambas partes, acusadora y acusada, tienen la posibilidad de acceder a la jurisdicción a fin de poder hacer valer sus respectivas pretensiones, y se materializa en la posibilidad de acceso a los Tribunales, la adquisición del status de "parte" y el Derecho a la "última palabra". [55]

Dicho de otra forma, un proceso está informado por el principio de contradicción [56] cuando los actos de la parte activa y pasiva son simétricos o correlativos, para que cada una de ellas pueda discutir o por contrario argumentar lo esgrimido por la parte contraria. [57]

Este Principio, se manifiesta con más intensidad que en el proceso civil. Asimismo, en el proceso penal, a la parte pasiva no sólo se le da la posibilidad de estar presente en los actos de investigación y prueba que puedan ir contra él, con objeto de respetar este principio de contradicción, sino que en ocasiones se les "obliga", con objeto de que no se produzca indefensión. [58]

Como anteriormente se apuntó, este principio tiene dimensión constitucional y su inobservancia produce la nulidad del trámite o resolución correspondiente, con la consiguiente repetición de los actos afectados por dicha violación. [59] Por este

[55] Vid. Artículo 739 LECrim.

[56] ARMENTA DEU; Lecciones de Derecho Procesal, segunda edición, Ed. Marcial Pons, ediciones jurídicas y sociales, S.A., Madrid, 2004, pág. 46.

[57] Vid., en este sentido, SSTC núms. 176/1998, 86/1999 que recuerda la núm. 31/1981.

[58] Vid. STC de 8 de febrero de 1982.

[59] DE URBANO CASTRILLO; El principio de contradicción, en el proceso penal, Diario La Ley, Nº 5474, Año XXIII, Ref.º D-35, Madrid, 2002, pág. 1710.

motivo, se debe respetar escrupulosamente en el proceso penal, a riesgo de que si no se hace se pueda causar indefensión y por lo tanto que las actuaciones queden sin efecto, como afirma el Tribunal Constitucional: [60]

"Asimismo, hemos declarado que por indefensión constitucionalmente relevante sólo puede entenderse la situación en la que, normalmente con infracción de una norma procesal, el órgano judicial en el curso del proceso impide a una parte el ejercicio del derecho de defensa, privando o limitando, bien su facultad de alegar y justificar sus derechos e intereses para que le sean reconocidos, bien de replicar dialécticamente las posiciones contrarias en el ejercicio del indispensable principio de contradicción, produciendo un efectivo y real menoscabo del derecho de defensa."

Este Principio de Contradicción tiene las siguientes notas esenciales: [61]

1º/ El derecho de acceso al proceso:

Que da derecho a las partes al libre acceso a los Tribunales a fin de que acusador e imputado, puedan ejercitar sus respectivos derechos de acción y defensa, sin que en ningún caso pueda producirse indefensión, tal y como establece el artículo 24 de nuestra Constitución de 1.978.

2º/ La adquisición de "status de parte":

Lo quiere decir que las partes, una vez personadas, puedan hacer valer con eficacia sus respectivas pretensiones y defensas. Principio que en el proceso penal se da con mayor intensidad que en otros procedimientos y se manifiesta, principalmente, en la necesaria presencia de las partes en el juicio oral, salvo las excepciones de los juicios celebrados en rebeldía. [62]

3º/ El derecho a la última palabra:

Se considera este derecho consecuencia directa del principio constitucional de

[60] Vid. STC núm. 2/2002, de 14 de enero.
[61] GIMENO SENDRA Y OTROS; ob. Cit. Pág. 254.
[62] Vid. Artículos 747, 775 y 786 LECrim.

que "nadie puede ser condenado sin ser oído". Tiene una significación especial en el proceso penal y esta regulado en el artículo 739 de la LECrim. Es un derecho potestativo, personalísimo y voluntario, de tal forma que puede renunciar a su ejercicio. Sin embargo, no por ello, se considera un mero "formulismo", sino como parte del ejercicio de la defensa personal que debe separarse del ejercido por el letrado de la parte pasiva, pues es ésta quien de esa forma personal, viva voz, debe completar, corregir o contradecir lo expuesto por su letrado; e incluso es una última oportunidad para reconocer los hechos de los que viene siendo acusado. Si el derecho a la "última palabra" del acusado no es respetado, se declarará la nulidad del juicio y se ordenará su repetición con un Tribunal diferente, tal y como ocurrió en el siguiente caso: [63]

"el derecho a la defensa comprende no sólo la asistencia de letrado libremente elegido o nombrado de oficio, en otro caso, sino también a defenderse personalmente en la medida en que lo regulen las leyes procesales de cada país configuradoras del derecho. Así resulta del art. 6.3 c) del Convenio Europeo para la Protección de los Derechos Humanos de 1.950 y artículo 14.3 d) del Pacto Internacional de Derechos Civiles y Políticos de 1.966. Y es así, que dos sentencias del Tribunal Constitucional, las 181/1994, de 20 de junio, y 29/1995, de 6 de febrero, destacan que, en nuestro Derecho, el artículo 739 de la L.E.Cr. ofrece al acusado el <<derecho a la última palabra>>, no como una mera formalidad, sino por razones íntimamente conectadas con el derecho a la defensa que tiene todo acusado al que se brinda la oportunidad final para confesar los hechos, ratificar o rectificar sus propias declaraciones o las de sus coimputados o testigos, o incluso discrepar de su defensa o completarla de alguna manera. La raíz profunda de todo ello no es sino el principio de que nadie puede ser condenado sin ser oído, audiencia personal que, aun cuando mínima, ha de separarse como garantía de la asistencia letrada, dándole todo el valor que por sí misma le corresponde. La viva voz del acusado es un elemento personalísimo y esencial para su defensa en juicio. De lo que se trata en el fondo, con independencia de que no se excluya la defensa letrada, es de que quede garantizado también el derecho de la defensa por sí mismo, particularmente a la vista de las circunstancias subyacentes del delito debatido. Las normas que rigen el proceso permiten el derecho a expresar directamente y sin mediación alguna cuantas alegaciones estime el acusado puedan contribuir al ejercicio y reforzamiento de ese derecho. Estamos ante una

[63] Vid. STS núm. 745/2004, de 10 de junio, entre otras.

nueva garantía del derecho de defensa del acusado entroncada con el principio constitucional de contradicción, que permitirá, a la vez, suministrar al Tribunal elementos dignos de advertencia y reflexión que los defensores hubieren omitido."

1.2.- Principio de igualdad:

De poco serviría, seguramente, el Principio de Contradicción si el proceso se llevara entre desiguales. Si la parte activa tuviera más facultades y posibilidades de actuación que la parte pasiva, o viceversa; lo que ocurriría es que a pesar de existir una "contradicción formal", no existiría la llamada "contradicción real" que es la que trata de garantizar este principio de igualdad.

Por lo tanto, este segundo principio relativo a la estructura del proceso complementa al Principio de Contradicción, ya que no es suficiente que exista contradicción en el proceso, sino que como dice el Tribunal Constitucional, *"para que ésta sea efectiva es necesario que ambas partes procesales, acusación y defensa, tengan los mismos medios de ataque y defensa e idénticas posibilidades de alegación, prueba e impugnación".* [64]

Como indica la exposición de motivos de nuestra LECrim, redactada por la inigualable pluma del Ministro por entonces ALONSO MARTÍNEZ, es en el juicio oral, donde las partes deben hacer valer los elementos de cargo y descargo en igualdad de condiciones, porque *"Es difícil de establecer la igualdad absoluta de condiciones jurídicas entre el individúo y el Estado en el comienzo mismo del proceso, por la desigualdad real que en momento tan crítico existe entre uno y otro; desigualad calculadamente introducida por el criminal y de la que éste sólo es responsable. Desde que surge en su mente la idea del delito, o por lo menos desde que, pervertida su conciencia, forma el propósito deliberado de cometerle, estudia cauteloso un conjunto de precauciones para sustraerse a la acción de la justicia y coloca al Poder público en un posición análoga a la de la víctima, la cual sufre el golpe por sorpresa, indefensa y desprevenida. Para restablecer, pues la igualdad en las condiciones de la lucha, menester es que el Estado tenga alguna ventaja en los primeros momentos siquiera para recoger los vestigios del crimen y los indicios de la culpabilidad de su autor. Al inicio del procedimiento es difícil de establecer, teniendo en cuenta que la <<desigualdad real>> ya existe, ya que ha*

[64] Vid., entre otras, las SSTC núms. 66/1989 y 186/1990.

sido calculadamente introducida por los autores de los delitos, que tienen las ventajas de la actuación por sorpresa al margen de la ley procurándose impunidad."

De esta forma, en la fase de instrucción el principio aplicado con carácter general es el Principio de Publicidad relativa, conforme a cual se veda la posibilidad de dar vista del sumario a quien no esté personado en la causa.

Todo ello, sin perjuicio de lo establecido en la propia LECrim, cuando se dan las circunstancias pertinentes en el caso para acordar el secreto de sumario, [65] que evidentemente supone un desequilibrio de las fuerzas en la instrucción aún mayor del comentado. Es decir, se impide el conocimiento de lo actuado a todas las partes, personadas o no en el procedimiento, exceptuando, eso sí, al Ministerio Fiscal para quien no se puede decretar el citado secreto.

Dentro del Juicio Oral, especialmente en la fase probatoria, es donde tiene que estar presente sin excepción el "Principio de Igualdad". Si por imposibilidad material la prueba se realiza en la "fase instructora", caso de las pruebas anticipadas y preconstituidas, el Principio de Igualdad se debe respetar de la misma forma. [66]

El Tribunal Constitucional exige que para considerar infringido el Principio de Igualdad, que encuentra su fundamento constitucional en el artículo 14 de la CE, es necesario que dicha vulneración produzca también indefensión. Por lo tanto, no se vulnera confiriendo a algunas personas determinados privilegios procesales, si se tiene la suficiente justificación objetiva y razonable.

2.- PRINCIPIOS RELATIVOS AL OBJETO DEL PROCESO:

Con respecto a los principios relativos al *objeto del proceso,* se clasifican en el **Principio Dispositivo y Principio Acusatorio**. Son aquellos que nos indican a qué sujetos procesales, si a las partes o al juez, les corresponde la t*itularidad de la pretensión* y cual es el grado de vinculación que con respecto a ésta tenga el Juez o Tribunal.

---

[65] Vid. Artículo 302, in fine, LECrim.

[66] Vid. Artículos 333, 448 y 476 LECrim.

2.1.- Principio dispositivo:

El Principio Dispositivo supone que las partes disponen de un poder de disposición del derecho de acción y del objeto del proceso.

Es el principio que se da principalmente en el proceso civil, donde las partes tienen, salvo excepciones, la plena disponibilidad de los derechos subjetivos en conflicto.

Son *notas esenciales* de este Principio Dispositivo: [67]

1º/ El poder de disposición sobre el derecho material:

Esto quiere decir, que en proceso civil cuando surge una discrepancia entre partes, éstas son libres de acudir a juicio entablando la correspondiente acción o por el contrario solucionar sus conflictos de una manera extrajudicial.

2º/ Poder de disposición sobre la pretensión:

Significa, que las partes además son dueñas también de la pretensión y del proceso mismo, pudiendo disponer de él a través de toda una serie de actos que, con fuerza de cosa juzgada, (allanamiento, renuncia y transacción), o sin el, (desistimiento y caducidad), ocasionan la terminación anormal del procedimiento, es decir "sin sentencia".

3º/ Vinculación del Juez a la pretensión:

Esto, obliga al juez competente en la causa a dictar resoluciones con congruencia respecto de la pretensión del actor y la resistencia del demandado. Como dice el artículo 218.1 de la LEC: *"las sentencias deben ser congruentes con las demandas y con las demás pretensiones deducidas oportunamente en el pleito"*. Dicho Principio de Congruencia será tratado igualmente como una nota característica del Principio Acusatorio.

2.2.- Principio Acusatorio:

[67] GIMENO SENDRA Y OTROS; ob. Cit. Pág. 258.

La existencia de la acusación es la base fundamental del sistema que rige en todo proceso penal, incluso en los juicios de faltas. La doctrina del Tribunal Constitucional ha elevado este principio a derecho fundamental implícito en el "derecho a un proceso con todas las garantías", del artículo 24.2 de la CE.

Un proceso penal está presidido por el Principio Acusatorio cuando las fases de instrucción y de juicio oral se encomiendan a dos órganos jurisdiccionales distintos. Uno encargado de la investigación y de la introducción de hechos y pruebas y el otro encargado de dictar sentencia, respectivamente.

Otra característica del sistema acusatorio es, que la acusación, o lo que es lo mismo el ejercicio de la acción penal, es encomendada a un sujeto distinto de los otros mencionados y que no pertenece al Poder Judicial; el Ministerio Fiscal.

De lo afirmado, se desprende que este principio tiene varias notas características, de las que las dos primeras son las esenciales: [68]

1º/ Desdoblamiento de la función instructora y decisoria:

Esto supone que las funciones de instrucción y las de enjuiciamiento y decisión están encomendadas a dos órganos distintos.

En el ordenamiento español, a partir de la STC núm. 145/1988, el Juez de Instrucción y el Fiscal instruye y el Jurado o el Tribunal o Juez de lo Penal enjuicia y falla. Ya que consideró que la acumulación de estas funciones es contraria al derecho al Juez Legal Imparcial [69] y al Principio Acusatorio, [70] incluido en el derecho constitucional a un "proceso con todas las garantías".

---

[68] GIMENO SENDRA, ob. Cit. Pág. 80.

[69] Vid., sobre el tema, GOLDSCHMIDT WERNER; La Ciencia de la Justicia, Ed. Aguilar, Madrid, 1958, pág. 107, cuando afirma que "el ejercicio de la Justicia consiste en el reparto de todos los objetos susceptibles del mismo, por personas autorizadas entre todos y cada uno de los receptores en determinada forma y según ciertos criterios; entendiendo por Justicia el conjunto de criterios que se refieren a los hombres como repartidores y receptores, a los objetos del reparto y a la forma adecuada de realizarlo."

[70] Vid., en este sentido, LÓPEZ BARDA DE QUIROGA; El principio "el que instruye no debe juzgar" desde un punto de vista axiológico, Revista del Poder Judicial, Madrid, 1983, págs. 129 y ss.

Esta nota del principio acusatorio se encuentra implícitamente recogida en el artículo 6.1 del Convenio de Derechos Humanos, que según el Tribunal Europeo de Derechos Humanos debe ser aplicado a todas *"las infracciones penales de carácter grave"*. Esto explica, porqué se admiten excepciones, aunque relativas, donde el Juez Instructor [71] es también Juez Sentenciador, como sucede en España en el juicio de faltas.

Este principio conlleva, como se ha insistido, la prohibición de que el Juez Instructor o miembro del Ministerio Fiscal que haya realizado funciones instructoras pueda formar parte del Tribunal sentenciador. [72] Si esta prohibición se incumple, estaríamos en una vulneración del derecho a un "proceso con todas la garantías". Por lo tanto, susceptible de recurso ante el Tribunal Constitucional.

2º/ Distribución de funciones de acusación y de decisión:

Al igual que ocurre con las funciones instructora y decisoria, en estas funciones deben ser diferentes los órganos encargados de la acusación y de la decisión. En cambio, en este caso, la separación de ambas funciones es aún mayor que en el caso anterior. Pues si bien, las funciones instructora y decisoria se le daban al Juez de Instrucción y al Juez de lo Penal respectivamente, pertenecientes ambos al Poder Judicial; en este caso la función de acusación escapa de la Jurisdicción. Su ejercicio es desempeñado, principalmente, por el Ministerio Fiscal que tiene esta función constitucionalmente atribuida.

No obstante, hay que tener en cuenta que, la función de la acusación no es ejercida exclusivamente por el Ministerio Fiscal, sino que también puede ser ejercida por los ciudadanos mediante la acusación particular, en sus dos manifestaciones "popular y privada". [73]

Tan importante es esta separación, que como propugna GÓMEZ DE LIAÑO, *"la existencia de la acusación, en cualquiera de la formas admitidas, es la base*

[71] Teniendo en cuenta que en realidad el Juez de Instrucción poco o nada "instruye" en el procedimiento de faltas, Vid., en este sentido, las Lecciones 15 y siguientes.

[72] Vid. SSTEDH, Asuntos Pierzack, S., de 1 de noviembre de 1982 y De Cubre, de 26 de noviembre de 1984.

[73] Vid. Artículo 125 CE.

fundamental del sistema, que rige en todo proceso penal, incluso en el de las faltas." [74]

Cuando se tienen que dar esta separación de funciones con carácter absoluto, es en la fase del juicio oral. Aunque la fase instructora haya sido iniciada de oficio, es decir iniciada por órganos distintos del Ministerio Fiscal, no se iniciará el juicio oral sino es a instancia de la acusación formalizada y mantenida por éste a lo largo de todo el juicio. [75]

Como consecuencia de ello, no resulta admisible la atribución al juzgador de la posibilidad de sancionar infracciones penales, **ni siquiera faltas**, en caso de inexistencia de pretensión acusadora. [76]

Procedimiento que aunque el legislador quiso introducir una excepción al reformar el artículo 969.2 de la LECrim, que concedía a la denuncia valor de acusación en los juicios de faltas a los que no asista el Fiscal. Este criterio fue posteriormente modificado, [77] y en la redacción actual del citado artículo se exige la afirmación de los hechos sostenida por el denunciante en el mismo acto del juicio para que éste se pueda celebrar. Sin dicho sostenimiento de los hechos previamente declarados en la denuncia, no existe acusación formal y por lo tanto, no se respeta el principio de acusación explicado.

3º/ Congruencia:

Aunque con diferencias, esta nota es común al proceso civil. En resumen, se vulneraría el principio acusatorio, por falta de congruencia, cuando en la sentencia se condena al acusado por un hecho punible que no ha sido objeto de acusación. Con ello, no se le ha permitido al acusado articular la correspondiente prueba de cargo.

---

[74] GÓMEZ DE LIAÑO; ob. Cit. Pág. 29.

[75] Vid. Artículos 303 y 308 LECrim y SSTC núms. 54/1985, 320/1993, 60/1995.

[76] Vid. SSTC núms. 163/1986, 53/1989, 100/1992.

[77] Vid. redacción actual del artículo 969.2 regulada por la Ley 38/2002, de 24 de octubre, de reforma parcial de la LECrim, sobre el procedimiento para el enjuiciamiento rápido e inmediato de determinados delitos y faltas, y de modificación del procedimiento abreviado.

Por lo tanto, la congruencia presenta una doble manifestación. La primera es, que el acusado tiene derecho a ser informado de la acusación que se formula contra él, con tiempo suficiente para articular su defensa. Y la segunda es, el derecho no sólo a conocer que existe una acusación contra él, sino a conocer el hecho concreto del cual se le está acusando. [78]

Por hecho, no debe entenderse hecho punible, sino hecho histórico. Puesto, que cabe la posibilidad, mínima y no siempre admitida, de que la acusación formule una acción penal diferente en las "conclusiones definitivas" sobre la base de unos hechos introducidos y suficientemente definidos en los escritos de calificación provisionales. Dicha modificación se le permite igualmente de "oficio" al Tribunal sentenciador, con la condición de que, en ambos casos, se modifique sobre los mencionados hechos y que los delitos sean de los llamados "homogéneos". [79]

Si esa modificación se realiza fuera de los límites y requisitos citados, que se especifican en las sentencias referenciadas, se produce una quiebra del derecho fundamental a la Tutela Judicial Efectiva. Esto, llevará consigo la anulación de la sentencia y que las actuaciones se retrotraigan al momento procesal oportuno para subsanar los defectos. [80]

4º/ Prohibición de la "reformatio in peius":

Se podría formular, esta característica del principio acusatorio, como el "principio de congruencia en segunda instancia". Ya que, siendo necesaria la comentada correlación entre acusación y fallo en la primera instancia, es exigible, igualmente, en la segunda y sucesivas instancias. Consecuencia de ello, es que no se pueda gravar más a un apelante de lo que estaba por la sentencia recurrida.

Esto tiene sus excepciones, pues si el apelado impugna también independientemente la sentencia o se adhiera a la apelación ya iniciada, [81] de tal suerte que el órgano "ad quem" ha de estar vinculado por los límites, subjetivos y objetivos, trazados por la acusación y la defensa en la segunda instancia.

---

[78] Vid. SSTC núms. 3/1996, 120/1995, 279/1994, 153/1990.

[79] Vid. STC núm. 11/1992, de 27 de enero, y STS de 2 de abril de 2004.

[80] Vid. STC de 18 de julio de 2005.

[81] Vid. SSTC núms. 202/88, 200/2000 y 218/2003.

La doctrina constitucional de la "reformatio in peius," modalidad ésta que se encuadra dentro del contenido del derecho fundamental a la Tutela Judicial Efectiva recogido en el artículo 24.1 de la CE, [82] constituye una modalidad de incongruencia procesal. Esta tiene lugar cuando la decisión, de un concreto medio de impugnación, ocasiona un empeoramiento o un agravamiento de la situación jurídica en que ha quedado el recurrente con la resolución impugnada. El cual produce el efecto contrario al perseguido con el ejercicio del recurso, que no es otro que el de eliminar o aminorar el gravamen impuesto por la resolución objeto de impugnación.

Si se pudiera empeorar la situación jurídica del recurrente, se iría además, en contra del ejercicio del derecho constitucional a los recursos establecidos en la ley, que es incompatible con la Tutela Judicial Efectiva, pues se introduciría un elemento disuasorio a ejercer ese derecho.

En definitiva y como ha tenido ocasión de establecer en numerosas sentencias [83] el Tribunal Constitucional, la reformatio in peius supone una modalidad de incongruencia procesal que tiene lugar cuando se ocasionan un empeoramiento o un agravamiento de la situación jurídica en que ha quedado el recurrente, que impugna una determinada resolución, el cual, así, experimenta el efecto contrario al perseguido con el ejercicio del recurso, introduciéndose, por tanto, un elemento disuasorio al ejercicio del derecho constitucional a los recursos establecidos en la Ley.

La prohibición de reforma peyorativa impide, en definitiva, que los órganos judiciales, mediante una extralimitación en su actividad decisora, más allá de los concretos extremos de la resolución impugnada expresamente cuestionados por las partes litigantes, puedan ocasionar al recurrente la indefensión constitucionalmente proscrita por el artículo 24.1 de la CE.

3.- PRINCIPIOS RELATIVOS A LA INTRODUCCIÓN DE LOS HECHOS:

Como consecuencia lógica de los Principios Acusatorio-Inquisitivo surge en el proceso el binomio **Aportación-Investigación**, que son principios relativos a la

---

[82] Vid., con carácter general, la STC núm.120/1995.

[83] Vid. SSTC núms. 143/1988, 15/1987, 91/1988, 242/1988 y 279/1994.

introducción de los hechos en el proceso. Estos nos vienen a indicar a qué sujetos procesales, si al Juez o a las partes, les corresponde la labor de la formación del objeto procesal. Dicho de otra forma más sencilla, a quien corresponde construir la "historia" sobre la que va a decidir la Autoridad Judicial.

3.1.- Principio de Aportación:

Denominado, de una forma más completa, **Principio de Aportación de Parte**, en virtud del cual se confía todo a las partes para introducir el material de hecho enjuiciable en el proceso. De esta introducción, de la cual únicamente son responsables las partes, depende en gran medida el éxito de su pretensión.

Si rige este principio, estaremos en un proceso regido por el Principio Acusatorio, y ni la Autoridad Judicial, ni ningún otro órgano oficial, como el Ministerio Fiscal, pueden introducir hechos distintos de los que las partes han querido que sea su objeto del proceso. [84]

Este principio se da fundamentalmente en el proceso civil, aunque en el proceso penal tiene sus manifestaciones, sobre todo, en la fase del Juicio Oral. Esto es así, porque en la primera fase, en la de instrucción, las partes tienen menos facultades de introducción de hechos y de realizar propuestas de prueba. De tal forma que, se somete a "decisión" última del Juez, la realización de las mismas. Ya que es éste, junto con el Ministerio Fiscal, el que tiene la responsabilidad de introducir los hechos en estos primeros momentos.

Sin embargo, es en la "fase de plenario" donde en el proceso penal se da con mayor amplitud este Principio de Aportación de parte. Aquí es donde las partes, necesariamente, tienen que intervenir con objeto de sostener sus pretensiones de acusación y de defensa, respectivamente. Para hacerlas efectivas, a las partes se les concede la iniciativa de solicitud de realización de pruebas, que la Autoridad enjuiciadora tiene la obligación de admitir, siempre que estén relacionadas con el fondo del asunto.

Pero no por ello, en esta fase de Juicio Oral, al Juez se le veda la posibilidad de instar diligencias para la comprobación de hechos que hayan sido objeto de los

[84] DE LA OLIVA SANTOS Y OTROS; ob. Cit. Pág. 15.

escritos de calificación. Todo lo contrario, en virtud de este principio de **"Investigación de Oficio"**, el Juez puede ordenar que se realicen cuantas diligencias sean necesarias para la comprobación de los mencionados hechos. Posibilidad, por otra parte, que no se suele utilizar en la práctica.

Las Notas esenciales del Principio de Aportación son:

1º/ A las partes les corresponde exclusivamente la labor de introducir los hechos al procedimiento.

2º/ La actividad probatoria recae también en las propias partes, de tal manera, que son ellas quienes tienen la carga de acreditar los hechos que han afirmado dentro del proceso.

3.2.- Principio de Investigación de Oficio:

Por el contrario, un determinado procedimiento estará presidido por el **Principio de Investigación,** cuando el órgano jurisdiccional esté obligado a la introducción de los hechos y su prueba dentro del proceso, sin tomar en consideración la voluntad de las partes.

Como se ha dicho, es un principio que rige de una forma absoluta en los procesos inquisitivos. En nuestro proceso penal actual, no se puede decir que se aplique de una forma absoluta, aunque si se puede concluir que el **Principio de Investigación de Oficio** predomina en la fase instructora del proceso penal y el **Principio de Aportación** en la del juicio oral.

En palabras de DE LA OLIVA SANTOS, [85] *"no puede afirmarse que tenga una configuración netamente inquisitiva la fase procesal de "instrucción", sí puede decirse que, en relación con la aportación y comprobación de hechos, el principio que la rige es el de investigación de oficio, en contraposición al de aportación de parte."*

[85] DE LA OLIVA SANTOS Y OTROS; ob. Cit. Pág. 18.

LECCIÓN IV

PRINCIPIOS DEL PROCESO PENAL (III)

1.- PRINCIPIOS RELATIVOS A LA VALORACIÓN DE LA PRUEBA:

La cuestión que se plantea, cuando nos referimos a los principios relativos a la valoración de la prueba, es determinar mediante qué reglas o criterios el órgano jurisdiccional forma su convicción y la plasma en la sentencia.

1.1.- Principio de Libre Valoración de la Prueba: [86]

Este es el primero de los sistemas propuestos para que la Autoridad Judicial pueda decidir sobre la decisión de un caso sometido a su decisión. Es en la actualidad el sistema que se aplica en el proceso penal español.

En virtud de este principio de Libre Valoración de la Prueba, el Juez o Tribunal no tiene otro límite que los hechos probados en el juicio oral, los cuales ha de apreciar basándose en las normas de la experiencia o de la lógica. [87]

Pero, como es sabido, libre valoración, no significa libre arbitrio. Todo lo contrario, al órgano sentenciador se le exige que explique de una forma clara el camino seguido desde los hechos introducidos en el proceso y las pruebas sobre éstos practicadas, hasta llegar a la "decisión" o "convicción judicial" de inocencia o culpabilidad de los encartados.

Tanto es así, que si esta explicación no esta suficientemente definida, o como se conoce más frecuentemente, si la sentencia no se encuentra motivada, ello va en contra del derecho a la Tutela Judicial Efectiva y al derecho a la "presunción de inocencia", con el que este principio debe completarse. Sin dejar de mencionar, que si existe esta falta de motivación se incumple otro mandato constitucional, que obliga a la motivación suficiente de todas las sentencias. [88]

---

[86] Vid., sobre el tema, JAEN VALLEJO; Los principios de la prueba en el proceso penal español, consultado en la página web www.defensoriapenal.cl, el día 25 de noviembre de 2006.

[87] Vid. Artículo 741 LECrim: El Tribunal, apreciando, según su conciencia las pruebas practicadas en el juicio, las razones expuestas por la acusación y la defensa y lo manifestado por los mismos procesados, dictará sentencia dentro del término fijado en esta Ley.
Siempre que el Tribunal haga uso del libre arbitrio que para la calificación del delito o para la imposición de la pena le otorga el Código Penal, deberá consignar si ha tomado en consideración los elementos de juicio que el precepto aplicable de aquél obligue a tener en cuenta.

[88] Vid. Artículo 120.3 CE.

El Principio de Libre Valoración de la Prueba, de acuerdo con la doctrina del Tribunal Constitucional, se complementa, como se ha dicho, con el de Presunción de Inocencia del artículo 24.2 de la CE. Ambos principios, se deben hacer patentes en la **actividad probatoria**, la cual debe tener, siguiendo a GIMENO SENDRA, [89] las siguientes garantías:

1º/ *La carga material de la prueba corresponde exclusivamente a las partes acusadoras y no a la defensa.* A la acusación corresponde la realización de la actividad probatoria de cargo necesaria para desvirtuar la presunción de inocencia. Pues lo contrario, sería someter a la defensa a una "probatio diabólica" de los hechos negados.

2º/ *La prueba ha de practicarse en el juicio oral bajo la inmediación del Tribunal sentenciador.* Esta regla, sólo tiene las excepciones de la prueba anticipada y la prueba preconstituida, cuyas definiciones y diferencias se abordarán con la profundidad que merecen en la Lección 12 del presente libro.

3º/ *No constituyen prueba los atestados y demás actos de investigación de la Policía Judicial.* Tendrán valor de mera denuncia, estimables como prueba mediante la ratificación en el juicio oral de los funcionarios intervinientes.

Sin embargo, aunque no sea materia de este trabajo, no se debe dejar de citar la jurisprudencia que establece, en relación con la **"valoración del atestado"** y otras diligencias que realiza la Policía Judicial, lo siguiente: *"...no cabe negar absolutamente valor probatorio a las diligencias policiales y sumariales, siempre que las mismas hayan sido practicadas con todas las garantías legales y constitucionales y hayan sido llevadas luego al juicio oral en forma que haya sido posible someterlas a contradicción."* [90] Sobre todo, cabría decir que lo expuesto sucede, especialmente en aquellas diligencias plasmadas en los atestados y que son, desde todo punto de vista, "objetivas", como fotografías, resultados de test de alcoholemia, actas de incautación de efectos y otras similares. [91]

---

[89] GIMENO SENDRA; ob. Cit. Págs. 91 y ss.

[90] Vid., entre otras, STS, Sala 2ª, de 6 de abril de 1998.

[91] SOLÍS NAVARRO Y OTROS; Actuaciones de la Policía Judicial para el Proceso Penal, Secretaría General Técnica del Ministerio del Interior, Madrid, 2005, págs. 280 y ss.

4º/ *El Tribunal no puede fundamentar su sentencia en la "prueba prohibida"*. La actividad jurisdiccional probatoria no puede practicarse con vulneración de normas tuteladoras de derechos fundamentales. Esto, ha sido objeto de una profunda jurisprudencia del Tribunal Constitucional que estudiaremos con detalle en la Lección 12 de la obra.

5º/ *Obligación del Tribunal de razonar la prueba.* La apreciación en conciencia no significa libre arbitrio, sino que el Tribunal debe motivar su sentencia, explicar en la declaración de hechos probados el camino seguido para formar su convicción, es decir, razonar el resultado probatorio. Apreciar la prueba en conciencia significa interpretarla de acuerdo con los principios constitucionales. Los Tribunales no podrán guiarse por suposiciones, imprecisiones o intuiciones.

Por último, se debe recordar que el derecho de presunción de inocencia se diferencia del de *"in dubio pro reo"*, en que este último carece de expreso reconocimiento constitucional, a diferencia del primero. [92] Asimismo, el principio de "in dubio pro reo" tiene un carácter eminentemente procesal, utilizable sólo en el campo de la apreciación de la prueba al objeto de llegar a la convicción de la Autoridad Judicial. La consecuencia es que los casos dudosos deben resolverse a favor del acusado.

1.2.- Principio de Prueba Tasada:

La otra alternativa para el sistema de valoración de la prueba penal existía en el sistema inquisitivo, donde las pruebas se valoraban conforme a la ley. Era el sistema de ***prueba legal o tasada***, en el que el legislador impone al juzgador un conjunto de reglas vinculantes, obligándole a discriminar el resultado probatorio entre medios de prueba hipervalorados, en detrimento de otros infravalorados.

Por lo tanto, según este sistema, la Autoridad Judicial se convertía en una mera calculadora que introducía las pruebas realizadas en el Juicio Oral por las partes y redactaba la sentencia según el resultado obtenido.

[92] Vid. Artículo 24.2 CE.

2.- PRINCIPIOS RELATIVOS AL RÉGIMEN DE LOS RECURSOS:

Estos principios hacen referencia a la posibilidad que existe en el proceso de que la resolución, obtenida en el mismo, sea revisada por un Tribunal Superior. Como ya se explicó, cuando se trató el Principio de Independencia Judicial, es la única forma de que las sentencias y resoluciones judiciales firmes, se vean revisadas.

Este principio es otro de los contenidos dentro del Derecho a la Tutela Judicial Efectiva del artículo 24 de la Constitución Española [93] Ha sido llamado, "el derecho a los recursos" y se refiere a la posibilidad de recurso de una resolución judicial firme por vía de recurso ordinario.

2.1.- Principios de Única y Doble Instancia:

Un ordenamiento procesal está informado por el **Principio de "Única Instancia"** cuando, con independencia de los recursos especiales y extraordinarios, la sentencia no puede ser impugnada a través del recurso ordinario de apelación.

Por el contrario, se regirá por el Principio **de "Doble Instancia"** cuando las resoluciones definitivas puedan ser trasladadas a un Tribunal Superior, mediante la interposición del citado recurso de apelación.

Este es el Principio que GIMENO SENDRA [94] denomina el **"Derechos a los recursos"**, que explícitamente no se encuentra recogido en nuestra Constitución, pero sí en el artículo 2.1 del protocolo nº 7 del Pacto Internacional de los Derechos Civiles y Políticos de Nueva York. [95] Conforme a este último, *"toda persona declarada culpable de un delito tendrá derecho a que el fallo condenatorio y la pena que se le haya impuesto sean sometidos a un tribunal superior, conforme a lo prescrito por la ley".*

En nuestro ordenamiento jurídico rige, con carácter general, un sistema de **"doble instancia"**, aunque, en este caso, no se da con carácter absoluto. En la

[93] Vid. STC núm. 46/2004, de 23 de marzo y STC núm. 157/2003, de 15 de septiembre.
[94] GIMENO SENDRA; ob. Cit. Pág.703.
[95] Que forma parte del derecho interno, en virtud del artículo 10.2 CE.

actualidad, se aplica a todos los procedimientos excepto los que enjuicia y falla la Audiencia Provincial, [96] cuyas sentencias no pueden ser recurridas en apelación. Igualmente, están limitadas de recurso ordinario, las sentencias dictadas por la Sala de lo Penal de la Audiencia Nacional y por la Sala 2ª del Tribunal Supremo.

El Tribunal Supremo y el Tribunal Constitucional han tenido ocasión de manifestarse sobre esta limitación y ambos la han encontrado de acuerdo a la Constitución y al Pacto Internacional de Derechos Civiles y Políticos del que España es, como se ha dicho, parte. Esta inexistencia de apelación está compensada por la posibilidad de interponer contra las sentencias de las Sala de lo Penal de las Audiencias Provinciales el recurso de casación, [97] cuya admisión y resolución compete al Tribunal Supremo. Pero no hay que olvidar, que esta solución es defectuosa, pues el recurso de casación es un recurso extraordinario y lo que el derecho a los recursos configura es el derecho a los de carácter ordinario.

Dichas limitaciones, que hoy en día no tienen justificación, se hallan en vías de solución, por lo menos en el ámbito de la Audiencia Nacional, pues en la última reforma de la LOPJ [98] se ha creado la Sala de Apelación que conocerá de los recursos de esta naturaleza cuando se interpongan contra las sentencias de la Sala de lo Penal de la Audiencia Nacional. Sin embargo, dicha sala, aún no se ha puesto en marcha, ya que ello requiere una modificación de la LECrim, que de momento no se ha producido.

Por lo tanto, una vez que se lleve a cabo la aplicación del derecho a los recursos de esta forma más amplia, las únicas resoluciones en el ámbito penal no susceptibles de ser recurridas en apelación son las sentencias dictadas por la las Salas de lo Penal de las Audiencias Provinciales y por la Sala de lo Civil y Penal del Tribunal Superior de Justicia de las Comunidades Autónomas y la Sala de lo Penal del Tribunal Supremo que enjuicia a personal aforado. No obstante, en lo que se refiere a las sentencias de las Salas de lo Penal de las Audiencias

[96] Vid. Artículos 14.3. y 790 LECrim. Aquéllos a los que la Ley señale pena privativa de libertad de duración superior a cinco años o pena de multa cualquiera que sea su cuantía, o cualesquiera otras de distinta naturaleza, bien sean únicas, conjuntas o alternativas, siempre que la duración de éstas excedan de diez años, de los cuales conoce la Audiencia Provincial del enjuiciamiento y fallo.

[97] Vid. Artículo 847 LECrim.

[98] Vid. Artículos 64 y 64 bis LOPJ, modificados por la LO 19/2003.

Provinciales, se adoptará el sistema de "doble instancia" si se llega a aprobar el proyecto de ley orgánica número 121/000069 por la que se adapta la legislación procesal a la Ley Orgánica 6/1985, de 1 de julio, del Poder Judicial, se reforma el recurso de casación y se generaliza la doble instancia penal. [99]

3.- OTROS PRINCIPIOS:

Dentro de estos "otros principios", se estudiarán, entre otros, el de Publicidad y el del "Celeridad y Eficacia", los cuales no se pueden clasificar dentro de ninguno de los criterios anteriores. Ello, no quiere decir, que no tengan relevancia, pues ambos tienen reconocimiento constitucional como a continuación se desarrolla.

3.1.- Principio de Publicidad:

El principio de publicidad o el derecho a un proceso "publico" está, una vez más, incluido como derecho fundamental en el artículo 24 de nuestra Carta Magna, [100] cuando dice "derecho a un juicio público sin dilaciones indebidas [101] y con todas las garantías". Esto quiere decir, en lo que al vocablo "público" se refiere, que todo juicio al que se somete el acusado debe ser público, lo que se lleva a efecto cuando el presidente del Tribunal dispone "audiencia pública". Publicidad, que no es exclusiva para las partes sino para la sociedad en general. Ello, lleva consigo que todo ciudadano pueda presenciar lo acontecido en la sala de vistas.

Por el contrario, un juicio es secreto cuando el funcionario de turno vocea "a puerta cerrada", en cuyos casos en la sala de audiencias no pueden estar presentes más que las partes activa y pasiva con sus defensores, limitándose la entrada al resto del público. [102]

---

[99] Vid. Artículo 846 bis LECrim redactado por el citado proyecto BOLETÍN OFICIAL DE LAS CORTES GENERALES CONGRESO DE LOS DIPUTADOS VIII LEGISLATURA, de 27 de enero de 2006. Núm. 69-1.

[100] Vid., además, el Artículo 120 CE.

[101] Vid., sobre el tema, REY GONZÁLEZ; La prescripción de la infracción penal (En el Código de 1995), Ed. Marcial Pons, ediciones jurídicas y sociales S.A., Madrid, 1998, págs 61 y ss. Vid., en el mismo sentido, SERRANO GÓMEZ; La prescripción del delito (Tres Cuestiones), Ed. Dykinson, Madrid, 2003, págs. 86 y ss.

[102] Vid. Artículos. 681 y 682 LECrim.

La publicidad y el secreto, se manifiestan en el procedimiento en diferentes grados. En la fase de instrucción se aplica con menos intensidad que en la fase de juicio oral. De acuerdo con lo anterior, el procedimiento está presidido por el Principio de Publicidad **relativa** cuando tan sólo las partes pueden tomar conocimiento de las actuaciones. Y Publicidad ***absoluta*** cuando presupone la posibilidad de asistencia de cualquier miembro de la comunidad social.

En este sentido, la LECrim otorga un régimen de publicidad en la fase instructora y otro en la fase de juicio oral. En la primera, predomina el Principio de Secreto de las actuaciones, [103] si bien la regla general es la publicidad relativa y directa de las partes personadas. [104] No obstante, este Principio de Publicidad relativa en la **fase instructora**, puede ser incluso limitado para las propias partes si el Juez posee datos y motivos suficientes para ello. [105] Ello, sucede normalmente en los delitos de terrorismo, pero puede ocurrir, igualmente, en el resto de los delitos cuando la Autoridad Judicial valore que ni las partes pueden tomar conocimiento de lo actuado, pues ello perjudicaría el éxito del sumario. Esto es, cuando se pretenda localizar y detener a otros responsables del delito e, igualmente sucede, con la finalidad de evitar que puedan desaparecer o manipularse objetos, instrumentos y pruebas del hecho delitictivo.

La referida limitación del párrafo anterior no alcanza, en ningún momento, al Ministerio Fiscal, pues éste, además de ostentar la función de "parte oficial", [106] es el enviado constitucional que debe velar por la legalidad e imparcialidad en el

---

[103] Vid. Artículo 301 LECrim.

[104] Vid. Artículos 302 LECrim y 234 LOPJ.

[105] Vid. Artículo 302 LECrim.

[106] Existen autores si acudimos al Derecho comparado, los cuales opinan que el Ministerio Fiscal (Ministerio Público imparcial) no es parte del proceso penal: Vid., en este sentido, MANZINI VICENZO; Tratado de Derecho Procesal Penal, Tomo II, Traducción de Santiago Sentís Melendo y Marino Ayerra Redín, Ediciones Jurídicas Europa-América, Buenos Aires, Argentina, 1952, págs 314 y ss; Vid., sobre el tema, CARNELUTTI FRANCESCO; Lecciones Sobre el Proceso Penal, Vol. I (Segunda Parte de la Estructura del Proceso Penal, Continuación, Traducción de Santiago Sentís Melendo, Ediciones Jurídicas Europa-América, Bosch y Cía. Editores, Colección Ciencia del Proceso Nº 10; Buenos Aires, Argentina, 1950, págs. 305 y ss. Vid., igualmente, VÉLEZ MARICONDE; Derecho Procesal Penal, Tomo I 3º edición, 2º Reimpresión (actualizada por los Doctores Manuel N. Ayán y José I. Cafferata Nores) Marcos Lerner Editora Córdoba SRL, Córdoba, Argentina, 1986, págs. 212 y ss.

procedimiento. Lógicamente, mal haría su función, sino pudiera conocer las actuaciones. [107]

Contrariamente, la **fase del juicio oral** aparece, por regla general, presidida por el Principio de Publicidad absoluta inmediata, [108] bajo pena de nulidad de las actuaciones. No obstante, el Juez o Tribunal podrán decidir que el juicio oral se lleve a "puerta cerrada" mediante una resolución motivada por motivos de moralidad, orden público o respeto a la persona o familia ofendida por el delito, y como consecuencia de su función de policía de vistas. [109] En este mismo sentido, se regula la mencionada limitación en el artículo 14 del Pacto Europeo de Derechos Civiles y Políticos, posibilitando la restricción por razones de "moralidad, orden público, seguridad nacional, protección a la vida privada de las partes y el propio interés de la justicia".

En cuanto a la presencia de los medios de comunicación social, como cámaras de televisión, emisoras de radio o prensa gráfica, denominada publicidad mediata, en contraposición a la explicada publicidad inmediata, [110] no presenta, en principio y a pesar que nuestra vetusta LECrim no diga nada, más limitaciones que las apuntadas hasta ahora. El propio Tribunal Constitucional ha reconocido que el Principio de Publicidad implica que los juicios puedan ser conocidos más allá del círculo de los presentes, pudiendo tener una proyección general a través de estos medios. Igualmente, el artículo 20.1d de la CE proclama el principio constitucional de "transmitir comunicación veraz", salvo que halla una causa legítima que lo justifique.

Conforme a lo aseverado hasta el momento, se puede concluir, que el derecho a un proceso público, es un derecho fundamental sometido a la vigencia del principio de proporcionalidad. Por lo que, cualquier restricción del mismo, exige una resolución motivada y la invocación de un bien o interés constitucionalmente relevante que legitime su restricción. [111]

---

[107] Vid. Artículo 124 CE.
[108] Vid. Artículo 680 LECrim.
[109] Vid. Artículos 684, 686 y 687 LECrim.
[110] GIMENO SENDRA; ob. Cit. Pág. 98.
[111] Vid. Artículo 232.2 LOPJ.

3.2.- Principio de Celeridad y Eficacia:

Por último, otro de los derechos fundamentales, del cual se extraen estos dos principios mencionados, es el derecho a un "proceso sin dilaciones indebidas" del artículo 24.2 CE.

El cumplimiento de este principio se lleva a cabo a través de la concentración en el juicio oral de la totalidad del material de hecho. Lo que quiere decir, que la actividad probatoria se desarrolla con unidad de acto y a ser posible en una sola audiencia.

El referido derecho a un "proceso sin dilaciones indebidas" asiste tanto a la parte activa, acusador particular, civil, privado y popular, como a la parte pasiva, acusado y responsable civil, siempre que estén personados en la causa.

Es un derecho que tal y como lo configura el Pacto Internacional de Derecho Civiles y Políticos en su artículo 6, es el derecho de ser oído dentro de un plazo razonable. Con ello, se quebrará sino se cumplen los plazos y términos preestablecidos.

Cuando las dilaciones indebidas inciden sobre el derecho a la libertad, el celo del juzgador ha de ser todavía mucho mayor, dado que la libertad es un valor constitucional informador de todo el ordenamiento. Por esta razón, cuando se exceden los plazos de prisión provisional, [112] se vulnera el artículo 24.2 de la CE que, dado su carácter autónomo, posibilita el recurso de amparo directo, sin tener que esperar al agotamiento de los recursos contra la sentencia de fondo.

Según varias sentencias del TEDH, las circunstancias en relación con la duración del procedimiento que el Tribunal que juzga ha de tener en cuenta son: la complejidad del asunto, el comportamiento de los demandantes y de las mismas autoridades judiciales. En este sentido, para que la dilación sea considerada indebida debe observarse conducta dolosa, mera inactividad, negligente o fortuita del órgano jurisdiccional.

Nuestro Tribunal Constitucional, [113] ha añadido o aclarado los criterios del TEDH, configurando todos los criterios que se ha de tener en cuenta para observar si un proceso ha sufrido dilaciones indebidas:

---

[112] Vid. Artículos 17.4 CE y 504 LECrim.

1. Las circunstancias del proceso.

2. La complejidad objetiva del mismo.

3. La duración de otros procesos similares.

4. La actitud procesal del recurrente.

5. El interés que en el litigio arriesga el encausado.

6. La actitud de los órganos judiciales.

7. Los medios de que disponen los órganos judiciales.

4.- PRINCIPIOS DEL PROCEDIMIENTO:

4.1.- Principio de Oralidad:

Por proceso oral no hay que entender un procedimiento informado absolutamente por dicho principio. En la actualidad, lo decisivo para la clasificación de un procedimiento como oral es su fase probatoria. Un proceso penal es oral, si la fundamentación de la sentencia se realiza exclusivamente mediante el material de hecho introducido verbalmente en el juicio.

En un proceso oral pueden o deben plasmarse por escrito las siguientes actuaciones: fase preparatoria del juicio o fase instructora, acusación, prueba documental, sentencia y procedimiento del recurso de casación. Por el contrario, habrá de revestir necesariamente la forma oral la fase de ejecución de la prueba, [114] los informes de las partes [115] y el ejercicio del derecho a la "última palabra" del acusado. [116]

---

[113] Vid. SSTC núms. 36/1984, 5/1985, 152/1987, 223/1988, 28/1989, 50/1989, 81/1989, 224/1991, 215/1992, 69/1993, 179/1993, 197/1993, 313/1993, 8/1994, 35/1994, 324/1994, 144/1995 y 10/1997.

[114] Vid. Artículos 688 y ss. LECrim.

[115] Vid. Artículo 734 LECrim.

[116] Vid. Artículo 739 LECrim.

El Principio de Oralidad está incluido en el 120.2 de la CE que establece que el procedimiento será predominantemente oral, sobre todo en materia criminal.

Como única derogación parcial de éste principio hay que mencionar el régimen de la prueba documental, [117] el cual permite por parte del Tribunal al examen de oficio de todos los documentos. No obstante, no se debe de olvidar, la mención que contiene el artículo 730 de la LECrim, que prohíbe al Tribunal fundamentar su sentencia en un documento, cuando su contenido pueda ser reproducido en el juicio oral a través de otros medios de prueba, como la testifical o la pericial. Caso de no poder ser reproducido en el juicio oral, debe constituir un auténtico medio de prueba y no un mero acto de investigación sumarial. Por otra parte, en los juicios ante Jurado deberán ser leídos los documentos.

En el mismo, sentido se expresa el artículo 229 de la LOPJ:

"1. Las actuaciones judiciales serán predominantemente orales, sobre todo en materia criminal, sin perjuicio de su documentación.

2. Las declaraciones, confesiones en juicio, testimonios, careos, exploraciones, informes, ratificación de los periciales y vistas, se llevarán a efecto ante juez o tribunal con presencia o intervención, en su caso, de las partes y en Audiencia Pública, salvo lo dispuesto en la Ley."

Este Principio de Oralidad favorece, igualmente, el cumplimiento de los Principios de Inmediación, Concentración y Publicidad.

4.2.- Principio de inmediación:

El Principio de Inmediación, consecuencia lógica del Principio de Oralidad, exige que l*os actos procesales probatorios se practiquen a presencia directa del Tribunal* que ha de dictar sentencia, por la elemental consideración de que sólo así podrá obtenerse un adecuado conocimiento.

El artículo 741 de la LECrim destaca cómo ha de tenerse en cuenta lo actuado

[117] Vid. Artículo 726 LECrim.

en juicio, ya que la presencia física del juzgador en un proceso que prevalezca de pruebas de carácter personal precisa conocerlas directamente. Pues de no hacerlo de esta manera muchos datos no podrían ser recogidos en las actas escritas: los gestos, actitudes, lenguaje no verbal y el contexto de la declaración.

La vigencia de este principio obliga también a que la sentencia sea dictada con *inmediatez temporal*, porque, de otro modo, los resultados favorables de aquellas, tales como las impresiones y recuerdos, se borran o desaparecen de la memoria de los miembros del Tribunal. En este sentido, los artículos 149, 741 y 203 de la LECrim determinan que la sentencia se ha de discutir inmediatamente después de celebrado el juicio, concediendo un plazo para dictar sentencia de tres días para los delitos y en el mismo día para las faltas, preceptos que, como es sabido, son famosos por su general incumplimiento.

El Principio de Inmediación aparece implícito en el artículo 120.2 y 3 de la CE, estableciendo expresamente que las sentencias se pronuncien en audiencia pública.

La inmediación puede estar presente en las actuaciones orales y en las escritas de la fase instructora, así, no es correcta la delegación en personal auxiliar.

El juicio oral ha de estar presidido por el Principio de Inmediación. De tal forma, al presidente se le exige, que personalmente ha de preguntar al acusado acerca de su eventual conformidad, dirigir los debates y la actividad probatoria.

4.3.- Principio de Concentración:

El Principio de Concentración procura evitar la dispersión de los actos procesales, de manera que, a ser posible, en una sola comparecencia ante el Tribunal puedan realizarse todas las actuaciones.

En el juicio oral, este principio, opera con toda su fuerza, ya que con anterioridad al mismo, únicamente se han formulado las conclusiones provisionales para en la comparecencia oral practicar las pruebas, formular las conclusiones definitivas y los informes de manera verbal, a ser posible, en una sola sesión. Si existiera imposibilidad material, como regula el artículo 744 de la LECrim, el juicio oral deberá continuar en las sesiones consecutivas que sean necesarias hasta su conclusión, lo que significa que, salvo supuesto de especial complejidad, en un solo acto pueda celebrarse y quedar concluso para sentencia.

4.4.- Principio de Publicidad:

Como se ha estudiado en la clasificación de los principios que se refieren al proceso, el Principio de Publicidad significa que todo juicio al que se somete el acusado debe ser público, lo que se lleva a efecto cuando el presidente del Tribunal dispone "audiencia pública". Publicidad, que no es exclusiva para las partes sino para la sociedad en general. Ello, lleva consigo, que todo ciudadano pueda presenciar lo acontecido en la sala de vistas.

Por el contrario, un juicio es secreto cuando el funcionario de turno vocea "a puerta cerrada", en cuyos casos en la sala de audiencias no pueden estar presentes más que las partes activa y pasiva con sus defensores, limitándose la entrada al resto del público.

4.5.- Principio de Preclusión:

Principio, según el cual, las actuaciones procesales se deben realizar en el plazo dado al efecto. Si pasado ese plazo, la parte procesal no ha ejercido su derecho, dará lugar a su caducidad, decayendo el derecho de la parte.

4.6.- Principio de Motivación de las Sentencias:

Salvo en la Constitución italiana, este principio carece de reconocimiento constitucional en los ordenamientos de nuestro entorno. Otro tanto sucedía en nuestro ordenamiento constitucional histórico hasta llegar a la actual Constitución de 1978, donde este principio se recoge tanto en el anteproyecto, [118] como en la redacción final de la Constitución.

El Principio de Motivación de las Sentencias se incluyó en nuestra actual Carta Magna en el artículo 120.3 y, sin duda, expresa la obligación de los Jueces y Tribunales a aplicar la ley y el sistema de fuentes emanantes de la propia

---

[118] Vid. Artículo 110 del proyecto de CE.

Constitución. En definitiva, obliga a éstos a dar a conocer las razones de la decisión adoptada y demostrar que la misma no ha sido fruto de la arbitrariedad, sino al contrario consecuencia de un análisis racional del ordenamiento aplicado al caso concreto y conforme a las reglas de la experiencia y la lógica.

Por lo tanto, la obligación de motivación de las sentencias, se configura como un derecho que tiene todo procesado de conocer las razones de la decisión judicial. Sin embargo, este derecho, va más allá del propio interesado, pues también afecta a la sociedad y a los Tribunales en general, de tal forma que unos entiendan los motivos de la condena o la absolución y aquéllos puedan analizar, por la vía del recurso, si la aplicación del derecho se ha realizado de una forma correcta.

Motivación no significa una puntual respuesta a todas las alegaciones y argumentaciones jurídicas que realizan las partes, pero lo que la sentencia debe incluir es la contestación a todas las pretensiones y cuestiones litigiosas vistas en el proceso, [119] con la consiguiente explicación de su concesión o privación. Por consiguiente, aún teniendo relación, no se debe confundir entre *"congruencia"* y *"motivación"*, la primera hace referencia a la concordancia entre la petición del suplico y lo concedido en la sentencia, por el contrario, la motivación hace referencia a las razones o argumentaciones del sentido de la resolución.

Por otra parte, la Constitución no obliga a utilizar una determinada forma o estructura de la motivación. Por ello, puede ocurrir que una motivación sucinta [120] y concisa [121] e incluso por remisión [122] o empleando meros formularios, [123] no deje de ser tal motivación. Igualmente, una resolución se entiende que no está suficientemente motivada, por muy extensa que sea, cuando carece de las más elementales explicaciones y fundamentaciones jurídicas de la decisión adoptada, o, aún conteniéndolas, son afirmaciones de tipo general aplicables a cualquier

---

[119] Vid. Artículo 24 CE, el cual incluye el derecho fundamental a obtener una sentencia fundada en derecho.

[120] Vid., en este sentido, LORCA NAVARRETE; La praxis de la motivación del veredicto en la más reciente teoría y jurisprudencia, Diario La Ley, Nª 6031, Año XXV, Madrid, 2004, pág. 1.

[121] Vid STC núm. 150/88, de 15 de julio.

[122] Vid. SSTC núms. 174/1987, 146/1990, 111/1995, 105/1997 y 36/1998.

[123] Vid. SSTC núms. 184/1988, 125/1989, 74/1990, 169/1996, 39/1997 y ATC 73/1996.

caso, o incluye únicamente razones no basadas en derecho. En estos casos, la resolución judicial puede tacharse de arbitraria pues, *"...aun constatada la existencia formal de una argumentación, la misma no es expresión de la administración de justicia sino simple apariencia de la misma por ser fruto de un mero voluntarismo judicial o expresar un proceso deductivo irracional o absurdo."* [124]

De acuerdo con esta jurisprudencia, el empleo de formularios no necesariamente lesiona el Principio de Tutela Judicial Efectiva, únicamente lo hace, cuando el formulario contenga expresiones o afirmaciones de tipo genérico y razones no fundadas en derecho. De la misma manera, de forma general se afecta este principio, cuando se utilizan cláusulas de estilo vacías de contenido concreto, tan abstractas y genéricas que pueden ser extrapoladas a cualquier causa.

En relación con lo expuesto es preciso señalar que, desde el punto de vista del Principio de la Tutela Judicial Efectiva, como ha dicho el Tribunal Constitucional [125] *"...no se pueden admitir como decisiones motivadas y razonadas aquellas que, a primera vista y sin necesidad de mayor esfuerzo intelectual y argumental, se comprueba que parten de premisas inexistentes o patentemente erróneas."* Dicho de otro modo, que siguen un razonamiento intelectual lleno de fisuras de tal magnitud que se aprecia claramente que las conclusiones obtenidas no pueden basarse en las premisas de las que se parte.

En conclusión, se puede resumir el contenido de este Principio a la Motivación de las Sentencias trascribiendo lo afirmado por la Juez CHUMILLAS MOYA: [126]

"1º/ Que la obligación de motivar las sentencias el artículo 120.3 de la Constitución Española impone a órganos judiciales, puesta en relación con el derecho a la tutela judicial efectiva del artículo 24.1 de la Constitución Española que comprende entre otros el derecho a obtener una resolución fundada en

---

[124] Vid. SSTC núm. 148/1994, de 12 de mayo, FJ 4; núm. 244/1994, de 15 de septiembre, FJ 2; núm. 54/1997, de 17 de marzo, FJ 3; y núm. 160/1997, de 2 de octubre, FJ 7.

[125] Vid. STC núm. 164/2002, de 17 de septiembre, FJ 4.

[126] CHUMILLAS MOYA; "Motivación de las resoluciones judiciales" en Revista Internauta de Práctica Jurídica, núm. 10 de julio-diciembre 2002.

Derecho de los Jueces y Tribunales, determina la necesidad que las resoluciones judiciales contengan una motivación suficiente, cuya carencia entraña MI vulneración del artículo 24.1 de la Constitución Española.

2º/ Que el requisito de la motivación de las resoluciones judiciales halla su fundamento en la necesidad de conocer el proceso lógico-jurídico que conduce al fallo, y de controlar la aplicación del Derecho realizada por los órganos judiciales a través de los oportunos recursos, a la vez que permite contrastar la razonabilidad de las resoluciones judiciales, y tiene como fin permitir el más completo ejercicio del derecho de defensa por parte de los justiciables.

3º/ Que la de la motivación no puede ser apreciada apriorísticamente con criterios generales, sino que requiere examinar el concreto para ver si, a la vista de las circunstancias concurrentes, se ha cumplido o no este requisito de resoluciones judiciales, por ello no exige que el judicial se extienda pormenorizadamente sobre todos y uno de los argumentos y razones en que las partes fundan sus pretensiones, admitiéndose la validez constitucional de la motivación aunque sea escueta."

En el ámbito penal, independientemente de las sentencias condenatorias, [127] existen multitud de resoluciones judiciales, en forma de auto, que deben ser especialmente motivadas debido a que su contenido afecta a los derechos fundamentales contenidos en la Constitución. Entre las citadas resoluciones podemos destacar: [128]

- Motivación del auto de apertura de juicio oral. [129]

- Auto de conclusión de sumario y sobreseimiento. [130]

- Auto procesamiento. [131]

- Auto de prisión provisional. [132]

---

[127] Vid. SSTC núms. 61/1983 y 5/1986.
[128] Vid., en este sentido, CHUMILLAS MOYA; Cit.
[129] Vid. STC núm. 54/1991, de 11 de marzo.
[130] Vid. STC núm. 196/1998, de 24 de octubre.
[131] Vid. STC núm. 289/1984, de 16 de mayo.
[132] Vid. STC núm. 166/2000, de 7 de julio.

- Auto que acuerda la intervención telefónica. [133]

- Auto de entrada y registro. [134]

Finalmente, una vez repasados los conceptos y contenidos más elementales de los principios que se refieren, tanto al proceso como al procedimiento, sirva como resumen y recordatorio la estructuración que a continuación se realiza:

[133] Vid. STC núm. 106/2001, de 23 de abril.
[134] Vid. STC núm. 136/2000, de 29 de mayo.

PRINCIPIOS DEL PROCESO:	
ESTRUCTURA DEL PROCESO	
De contradicción	Acceso a los Tribunales. Para hacer valer sus pretensiones.
De igualdad.	Mismos medios de ataque y defensa.
OBJETO DEL PROCESO	
Dispositivo	Poder de disposición del Dº de acción y del objeto del Proceso.
Acusatorio	Fase instrucción y de juicio oral se encomiendan a órganos Jurisd. Distintos.
INTRODUCCIÓN DE HECHOS	
De aportación	Hechos y prueba introducidos por las partes.
De investigación	Hechos y prueba introducidos por el órgano judicial.
PRINCIPIOS DEL PROCESO (Cont.):	
VALORACIÓN DE LA PRUEBA	
De prueba libre **Art. 741**	El órgano Juris. Dicta Stc. Apreciando los hechos probados basándose en Ns. De la experiencia y lógica.
De prueba tasada	El legislador impone reglas para dar valor a las pruebas practicadas.

RÉGIMEN DE RECURSOS	
De única	La sentencia no puede ser impugnada en apelación.
De doble instancia	La sentencia puede ser impugnada en apelación
OTROS PRINCIPIOS	
De publicidad	Proceso deber ser público. Hay Publicidad absoluta y relativa
De celeridad y eficacia	Proceso sin dilaciones indebidas
PRINCIPIOS DEL PROCEDIMIENTO	
Oralidad	Cuando la sentencia se basa en los hechos introducidos verbalmente en el juicio.
Inmediación	La prueba se debe realizar en presencia directa del Juez.
Publicidad	El juicio debe ser público.
Concentración	En una sola comparecencia se realicen todas las actuaciones.
Preclusión	Si las partes no ejercen su derecho en tiempo, lo pierden.
Motivación de las Sentencias	Las sentencias y los autos deben contener una suficiente explicación de lo acordado.

LECCIÓN V

LAS EXENCIONES JURISDICCIONALES

1.- CONCEPTO Y CLASES:

Como el propio término indica, "exenciones jurisdiccionales" se refiere al no sometimiento a la jurisdicción. En este sentido, tanto el Derecho Internacional Público como el Derecho Público interno excluyen a determinadas personas de la aplicación del ordenamiento penal y procesal. Exenciones que se hacen en atención a la naturaleza de la función y del cargo u oficio público que desempeñan, ya sea con carácter *absoluto*, operan como exención total de responsabilidad; o *relativo*, se dan cuando se enjuicia a una determinada persona aplicando reglas especiales. [135]

Las exenciones jurisdiccionales se establecen, naturalmente, como garantía del Estado democrático, y no en beneficio personal de quien esté desempeñando la función pública, en el entendimiento de que sirven al bien común de la sociedad, del cargo u oficio, para asegurar el cumplimiento de las funciones propias del mismo. [136]

Estas garantías procesales constituyen auténticas exenciones de responsabilidad penal y, por tanto, exenciones de sometimiento a la jurisdicción. Con ello, queda afectado el principio constitucional de igualdad de todos ante la ley. Motivo por el cual, resulta necesario que exista una justificación suficiente de los orígenes de estas desigualdades.

En España, esta exención jurisdiccional, también denominada *"inmunidad de jurisdicción"*, se encuentra regulada en el artículo 71 de la CE, donde se establece que los Diputados tienen *inviolabilidad* por las opiniones manifestadas en el ejercicio de sus funciones. Igualmente, gozarán de *inmunidad* y sólo podrán ser detenidos en caso de flagrante delito, no pudiendo ser inculpados ni procesados sin la previa autorización de la Cámara respectiva, durante el periodo de su mandato.

La mencionada *inviolabilidad* supone la irresponsabilidad jurídica absoluta en todos los órdenes y perpetua, ilimitada temporalmente, por las opiniones orales y

---

[135] Vid., por ejemplo, el procedimiento penal contra Diputados y Senadores regulado en los artículos 750 y ss. LECrim.

[136] Vid. STC núm. 206/92, de 27 de noviembre.

escritas manifestadas en el ejercicio de las funciones parlamentarias, constituyendo una causa de exención funcional. En cambio, la *inmunidad* se encuentra limitada temporalmente, en tanto, el parlamentario ostente el cargo presenta un reforzamiento de las garantías procesales, las cuales son: el llamado *"fuero de la detención"* [137] y el suplicatorio, que se estudiarán en próximas lecciones.

Por consiguiente, se debe reseñar como diferencia esencial, que la inviolabilidad es una condición que se ostenta con carácter absoluto. Por este motivo, las manifestaciones emitidas por un parlamentario en el ejercicio de sus funciones no pueden ser perseguidas en ningún caso. En cambio, la inmunidad sólo se posee *durante el período de su mandato* [138] y únicamente abarca a las infracciones de tipo penal cometidas durante y con anterioridad al mismo.

Una vez realizadas estas primeras valoraciones, se puede definir el término *exención jurisdiccional o inmunidad de jurisdicción*, como la exclusión de la intervención jurisdiccional, entendida como un impedimento legal de la actuación jurisdiccional contra las personas que tienen atribuidas dichas exenciones. Como tal impedimento legal y en razón de las normas jurídicas que las reconocen, cabe distinguir, *entre exenciones de derecho internacional y exenciones de derecho interno.* [139]

2.- EXENCIONES JURISDICCIONALES DE DERECHO INTERNACIONAL:

2.1.- Exenciones absolutas:

Se pueden citar como exenciones jurisdiccionales de Derecho Internacional absolutas o plenas, las siguientes que concurren en:

a) Los ***Estados soberanos***, en cuanto personas jurídicas de carácter público internacional, ***y los Jefes de Estado extranjeros***, gozan de ***inmunidad de***

[137] ALMAGRO NOSETE; ob. Cit. Pág. 145.

[138] HINOJOSA SEGOVIA; en una obra realizada también por DE LA OLIVA SANTOS Y OTROS; ob. Cit. Pág. 710. Vid., igualmente, artículo 71.2 CE.

[139] ALMAGRO NOSETE, en una obra realizada también por GIMENO SENDRA Y OTROS; Derecho Procesal, Tomo II, El Proceso Penal, 3ª edición, Editorial Tirant Lo Blanch, Valencia 1991, págs. 142 y 143.

jurisdicción absoluta, circunstancia por la cual, no pueden ser sometidos a la jurisdicción española por hechos que realicen en el desempeño de sus funciones.

b) Los ***agentes diplomáticos***, Embajadores o Nuncios, enviados, Ministros o Internuncios, encargados de negocio y miembros del personal diplomático de la misión, gozan de inmunidad de jurisdicción penal en el Estado receptor, no se les exime de la jurisdicción del Estado acreditante. Su persona es inviolable, no pueden ser objeto de detención, ni están obligados a testificar. Igualmente, los miembros de la familia de un agente diplomático gozarán de estos mismos privilegios, siempre que no sean nacionales del Estado receptor.

En el caso de que alguna de las personas citadas se encuentre implicada en un hecho delictivo, se debe comprobar esta condición, asegurando las pruebas y comunicándolo a la Autoridad Judicial, así como dando cuenta a la Embajada y Consulado correspondiente.

No obstante, si se tratara de un delito flagrante se procederá a la detención de estas personas, comunicándolo inmediatamente al Juez de Guardia, al objeto de solicitarle las correspondientes instrucciones, sin que ello perjudique a la realización de las demás actuaciones.

c) El ***personal administrativo y técnico de la misión*** y los ***miembros de la familia*** que formen parte de su casa, siempre que no sean nacionales del Estado receptor ni tengan en él residencia permanente, gozarán de ***inmunidad absoluta de jurisdicción penal*** en el Estado receptor. Igualmente, los ***miembros del servicio doméstico de la misión***, siempre que no sean nacionales del Estado receptor ni tengan en él residencia permanente, gozarán de inmunidad por los actos realizados en el desempeño de sus funciones.

En los dos últimos casos, apartados b) y c), lo único que puede hacer el Estado receptor ante una situación delictiva en la que se encuentren involucrados alguno de estos cargos, es declararlos "persona non grata" y obligarles a abandonar el país.

d) Los ***locales de la misión diplomática*** son ***inviolables.*** En el Convenio de Viena de 1961 se proclama la inviolabilidad de la sede, archivos, documentos y correspondencia, así como los medios de transporte de la misión, que no podrán ser registrados. Poseen, por tanto, inmunidad de jurisdicción. No se podrá penetrar en la sede diplomática sin autorización del Jefe de la misión. En este sentido, el propio Tribunal Constitucional, en 1992, declaró la inembargabilidad de las cuentas corrientes de un Estado extranjero afectadas al desenvolvimiento ordinario de una sede diplomática. Asimismo, los locales de la misión diplomática poseen libertad e inviolabilidad de las comunicaciones.

2.2.- Exenciones relativas:

En diferentes supuestos de las relaciones internacionales se establecen exenciones relativas de jurisdicción para miembros y agentes o representantes en organismos o instituciones, entre las que cabe enumerar:

a) Los ***miembros del Parlamento Europeo y los representantes de la Asamblea consultiva del Consejo de Europa***, disfrutarán, en territorio de su país durante el período de sesiones, de las inmunidades reconocidas a los miembros del parlamento de su país, inviolabilidad e inmunidad en el caso de España. Los miembros del parlamento Europeo que no sean de nacionalidad española tendrán en nuestro país de ***inmunidad*** frente a toda actuación judicial. La inmunidad no podrá invocarse en caso de flagrante delito y, además, puede ser suspendida por el propio parlamento.

b) Los ***funcionarios y agentes de la Unión Europea, los representantes de los Estados miembros, consejeros, expertos técnicos*** que participen en los trabajos de instituciones de la ***Unión Europea***, los representantes en el ***Comité de Ministros y funcionarios del Consejo de Europa***, los ***miembros de la Comisión Europea de Derecho Humanos***, los ***Jueces, el secretario y secretario adjunto del Tribunal Europeo de Derecho Humanos*** y las personas que participan en los procedimientos ante la Comisión y el Tribunal Europeo de Derechos Humanos. Todos ellos, gozan de ***inmunidad de jurisdicción*** respecto a sus ***manifestaciones orales o escritas*** realizadas con carácter oficial.

c) Los ***Jueces del Tribunal de Justicia y del Tribunal de Primera Instancia de la Unión Europea*** disfrutarán de inmunidad de jurisdicción en el territorio de todos los Estados miembros.

d) La persona designada por un Estado como ***principal representante ante la Organización del Tratado del Atlántico Norte (OTAN),*** así como las personas que formen parte de su personal oficial, se beneficiarán de las inmunidades y prerrogativas concedidas a los representantes diplomáticos o personal oficial de su mismo rango.

e) Los ***miembros de ejércitos extranjeros en tránsito*** están exentos de la jurisdicción española de acuerdo a las normas de Derecho Internacional Público.

3. EXENCIONES JURISDICCIONALES DE DERECHO INTERNO:

3.1.- Exenciones absolutas:

Conforme al artículo 53.3 CE, *"la persona del Rey es inviolable y no está sujeta a responsabilidad"*. Este precepto sitúa al Rey en una posición especial respecto del ordenamiento jurídico. [140]

La inviolabilidad del Rey supone un "status" personal de inmunidad frente a las leyes penales. En la actualidad, esta exención, queda justificada por la utilidad que representa la neutralidad de la institución en el conjunto de los poderes del Estado. Por este motivo, en el hipotético supuesto de que el Monarca cometiese un acto materialmente delictivo y fuera detenido, esta actuación sería nula de pleno derecho, [141] por lo que parece que únicamente cabría aplicar el artículo 59.2 CE: *"inhabilitación para el ejercicio de su autoridad reconocida por las Cortes Generales"*.

Igualmente, la irresponsabilidad se justifica por la exigencia de refrendo de los actos de Rey, careciendo de validez tales actos si falta éste. [142] Esto supone un traspaso de responsabilidad, ya que de los actos del Rey serán responsables las personas que los refrenden. [143]

---

[140] ALMAGRO NOSETE, en una obra realizada también por GIMENO SENDRA Y OTROS; ob. Cit. Pág. 144.

[141] PONS VIVES; La detención, en la obra "la actuación de la policía judicial en el proceso penal", realizada por MARTÍN GARCÍA (director), Ed. Marcial Pons, ediciones jurídicas y sociales, S.A., Madrid, 2006, pág. 285.

[142] Vid. Artículos 56.3 y 64.1 CE

[143] Vid. Artículo 64.2 CE

3.2.- Exenciones relativas:

El Derecho interno, la Carta Magna y otras leyes de nuestro ordenamiento jurídico, reconoce a determinadas personas, por razón de su cargo u oficio, exenciones jurisdiccionales con carácter limitado, que se citan a continuación:

a) "Los ***Diputados y Senadores*** gozarán de ***inviolabilidad por las opiniones manifestadas en el ejercicio de sus funciones"***. [144] Supone la irresponsabilidad jurídica en todos los órdenes jurisdiccionales y perpetua, ilimitada temporalmente, únicamente respecto de las opiniones orales o escritas manifestadas en el ejercicio de sus funciones parlamentarias.

Como consecuencia del contenido del artículo 71.1 de la Constitución, durante el mandato parlamentario, los Diputados y Senadores ostentarán ***inmunidad*** y no podrán ser inculpados ni procesados sin la previa ***autorización de la Cámara***. [145] Con ello, se consagra una exención jurisdiccional relativa, ya que aunque pueda recaer sobre cualquier infracción penal, la misma estará condicionada temporalmente a la duración del mandato desde su proclamación como electo hasta la pérdida de su condición por cualquiera de las causas previstas en los Reglamentos de las respectivas Cámaras. Es posible, sin embargo, alzar dicha exención solicitando autorización a la Cámara respectiva, ***"el suplicatorio"***. La negativa, expresa o tácita de dicha autorización, impide inculpar o procesar a un Diputado o Senador o iniciar ulterior proceso por los mismos hechos. Igualmente, están asistidos del "fuero de la detención", que limita esta medida a los casos de delitos flagrantes. En cuyos supuestos se procederá a su detención teniendo en cuenta lo referido sobre el tema en el artículo 520 de la LECrim, para seguidamente ponerlo en libertad una vez se haya comunicado el hecho delictivo, la detención y el cargo público que desempeña el detenido a la Autoridad Judicial. Además, todas estas circunstancias acaecidas deben ser informadas, a la mayor brevedad posible, al Presidente de la Cámara que corresponda.

En relación con la competencia, la instrucción y el fallo corresponderán a la Sala de lo Penal del Tribunal Supremo, sin posibilidad de segunda instancia.

---

[144] Vid. Artículo 71.1 CE

[145] Vid. Artículo 71.2 CE

b) Los ***Parlamentarios de las Asambleas legislativas de las Comunidades Autónomas*** disfrutan de ***inviolabilidad por las opiniones*** manifestadas en los actos parlamentarios y por los votos emitidos en el ejercicio de sus cargos. En este sentido carecen, pues, de inmunidad de jurisdicción por las infracciones penales cometidas fuera del ejercicio de sus funciones parlamentarias, pudiendo ser detenidos en caso de delito flagrante, tanto si el hecho delictivo se comete dentro del territorio donde ejerce el cargo como fuera del mismo.

A diferencia de lo que sucede con los Diputados y Senadores referidos anteriormente, no es necesaria la petición de suplicatorio, siendo competentes para el conocimiento de los delitos cometidos por ellos la Sala de lo Penal del Tribunal Supremo o los Tribunales Superiores de Justicia, según el lugar de comisión del delito o las particularidades de los Estatutos de Autonomía.

c) El ***Defensor del Pueblo y sus Adjuntos*** poseerán ***inviolabilidad*** y no podrán ser detenidos, expedientados ni multados en razón de las ***opiniones*** que formulen o los ***actos*** que realicen en el ejercicio de las competencias propias de su cargo. Sin embargo, en los demás casos y mientras se encuentre en el ejercicio del cargo, sí podrán ser detenidos cuando el delito sea flagrante.

En este sentido, el ***Defensor del Pueblo y sus Adjuntos de las Comunidades Autónomas*** gozarán, durante el ejercicio de su cargo, de las garantías de inviolabilidad e inmunidad que se otorgan a los miembros de las Asambleas Legislativas de los respectivos Estatutos de Autonomía.

d) Los ***Magistrados del Tribunal Constitucional*** no podrán ser perseguidos por las opiniones expresadas en el ejercicio de sus funciones, [146] es decir, igualmente disfrutan en este sentido de ***inviolabilidad***.

Como conclusión a este epígrafe y, su vez, como consecuencia más importante de la exención jurisdiccional regulada en el Derecho interno, se puede afirmar que las reglas generales de competencia se modifican, por *"ratione personae"*. En este sentido, se atribuye la instrucción o enjuiciamiento de un asunto penal a un Tribunal Superior.

---

[146] Vid. Artículo 22 LOTC.

LECCIÓN VI

EL OBJETO DEL PROCESO PENAL

1.- EL DOBLE OBJETO DEL PROCESO PENAL:

Todos los procesos penales tienen su objeto, entendido como aquéllo acerca de lo que trata, la *"res de qua agitar"*. Es, al mismo tiempo, aquéllo que hace que el proceso esté justificado, tenga sentido o, como suele decirse en el lenguaje ordinario, *tenga objeto.* [147]

En España, la LECrim permite que un proceso penal tenga dos objetos, uno estrictamente penal, y otro civil. Pues, no hay que olvidar, que la LECrim [148] establece que, de todo delito o falta derivan ambas responsabilidades, una penal y una civil, las cuales se pueden dilucidar, conjuntamente, en el procedimiento penal. [149]

A través de la denominada "acción", que se define, a modo de recordatorio, como el derecho de acceso a la jurisdicción penal, por el cual se faculta al ofendido a ejercitar tanto la pretensión penal como la civil de resarcimiento, siempre que ésta sea admitida. Pero ello, no quiere decir que se derive necesariamente el derecho "al castigo del culpable", sino que nos encontramos ante un derecho de acceso a la Justicia, a la posibilidad de acudir a los Tribunales y solicitar la Tutela Judicial Efectiva, [150] para la defensa de lo derechos e intereses legítimos tanto particulares, como comunes y de interés general. En este sentido, es reconocido por el Tribunal Constitucional en los párrafos extraídos de las siguientes sentencias:

"...Como en el derecho a la tutela jurisdiccional que dice el artículo 24.1 de la CE se comprende el concretado a la jurisdicción penal dentro del sistema plural instaurado en nuestro Derecho, en que junto a la oficialidad de la acción encomendada al Ministerio Fiscal se establecen otras titularidades privadas, entre ellas las del perjudicado por el delito (arts. 110 y concordantes de la LECr), es claro que la denegación de la acción -«ius ut procedatur»-, en el primero de los escalones ahora del reconocimiento gradual, entraña una violación del indicado precepto constitucional." [151]

---

[147] Vid. DE LA OLIVA SANTOS Y OTROS; ob. Cit. Pág. 166.
[148] Vid. Articulo 100 LECrim.
[149] GÓMEZ COLOMER; El Proceso Penal Español (Para Agentes de la Autoridad, Criminólogos y no Juristas en general), 2ª edición, Editorial Tirant Lo Blanch, Valencia, pág. 154.
[150] Vid. Artículo 24 CE.
[151] Vid. STC de 29 de noviembre de 1983.

"Sin desconocer los problemas doctrinales que suscita tal precepto, que no es misión de este Tribunal resolver, es lo cierto que el derecho fundamental del artículo 24.1 de la Constitución aparece delimitado en su alcance, ya que se circunscribe al ejercicio por las personas de «sus derechos e intereses legítimos». Por lo que, desde la perspectiva del derecho constitucional, hay que determinar si el ejercicio de la acción popular, tal y como aparece regulado por la legislación preconstitucional, puede incluirse o no en el ámbito del derecho fundamental".

Estas sentencias, llevan a realizar algunas reflexiones acerca del concepto de interés legítimo. Éste, hace referencia a la idea de interés protegido por el Derecho, en contraposición a otros que no son objeto de tal protección. Dentro de los intereses protegidos, se deben citar especialmente aquéllos de carácter personal, pues en relación a ellos, se establece el derecho fundamental a la Tutela Judicial Efectiva del artículo 24.1 de la Constitución.

Todo ello, lleva consigo que al ejercitar la acción el titular de un interés legítimo y personal, lo está haciendo como un derecho fundamental [152] que goza de la protección reforzada y otorgada por la Constitución a través de un procedimiento especial y sumario y con la posibilidad de interposición del recurso de amparo.

Por consiguiente, para delimitar el ámbito del derecho fundamental a la Tutela Judicial, es necesario determinar si, dentro de las acciones populares, se encuentran casos en que el ciudadano que las ejercita es titular de un interés legítimo y personal. Pues bien, por lo que aquí interesa, debe señalarse que dentro de los supuestos en atención a los cuales se establecen por el Derecho las acciones públicas, se encuentran los intereses comunes, es decir, aquéllos en que la satisfacción del interés común es la forma de satisfacer el de todos y cada uno de los que componen la sociedad.

Por lo que, puede afirmarse que cuando un miembro de la sociedad defiende un interés común sostiene simultáneamente un interés personal, o, si se quiere desde otra perspectiva, que la única forma de defender el interés personal es sostener el interés común. Esta solidaridad e interrelación social, especialmente intensa en la época actual, se refleja en la concepción del Estado como social y democrático de

---

[152] Los comprendidos en la Sección 1ª del Capítulo 2º de su Título I.

Derecho, que consagra la Constitución, [153] en el que la idea de interés directo, particular, como requisito de legitimación queda englobado en el concepto más amplio de interés legítimo y personal, que puede o no ser directo. [154]

En definitiva, es lo que establece el artículo 100 de la LECrim:

"De todo delito o falta nace acción penal para el castigo del culpable, y puede nacer también acción civil para la restitución de la cosa, la reparación del daño y la indemnización de perjuicios causados por el hecho punible."

De acuerdo al trascrito artículo, de todo delito o falta nace la acción penal, pero la acción civil, en puridad, no nace del delito, pese a lo que se deduce del mismo. El delito, en realidad, únicamente produce el efecto jurídico de la referida acción penal. Nace, por lo tanto, el derecho y el deber del Estado de infligir una pena mediante el proceso.

La acción civil nace del "hecho", que a la vez, es delito y puede recaer, directamente sobre el responsable del delito o indirectamente sobre un tercero. El cálculo de la indemnización civil se realizará, pues, teniendo en cuenta el daño que emana del hecho delictivo. [155]

En resumen, en nuestro ordenamiento, se puede acceder a la jurisdicción penal mediante la acción penal, la cual se formalizará a través de la correspondiente pretensión como objeto central del proceso. No obstante, al poder existir una acción civil que se quiera dilucidar igualmente en este proceso, cabe la posibilidad de acumular la pretensión civil a la penal, por lo que el objeto del proceso penal en estos casos es doble: el objeto principal, determinado por la pretensión penal, y el eventual acumulado o pretensión civil, cuando no se renuncie o se reserve para un proceso civil independiente, si el perjudicado por el delito así lo decide. [156]

---

[153] Vid. Artículo 1.1 CE.

[154] Vid. STC de 11 de julio de 1983 y, además, STC núm. 60/82, de 11 de octubre.

[155] ARAGONESES ALONSO; Instituciones de Derecho Procesal Penal I, segunda edición, Editorial Gráficas Encinas, Madrid, 1979, pág. 225.

[156] Vid. Artículos 107,108 y 111 LECrim

2.- LA PRETENSIÓN PENAL COMO OBJETO CENTRAL DEL PROCESO PENAL:

En primer lugar, se debe definir la pretensión penal, para seguidamente analizar sus elementos esenciales de los que dependen varias cuestiones en el proceso penal: la litispendencia, la ampliación o mutación de la pretensión, la congruencia, la acumulación de pretensiones y los límites objetivos y subjetivos de la cosa juzgada.

Por pretensión penal se entiende la declaración de voluntad dirigida contra el acusado, en la que se solicita del Juzgado o Tribunal de lo penal una sentencia de condena, al cumplimiento de una pena o medida de seguridad fundada en la comisión por aquél de un hecho punible. [157]

En este orden de cosas, los requisitos identificadores de la pretensión penal y por lo tanto del objeto principal del proceso penal, son de dos clases: subjetivos y objetivos.

a) Requisitos subjetivos:

El elemento esencial subjetivo del objeto procesal penal es exclusivamente la "persona del acusado", a pesar de que en el proceso intervienen otros como son el órgano jurisdiccional, las partes acusadoras, y los testigos. Por ello, resulta necesaria la *determinación e identidad* de la parte pasiva, ya que, existen tantas pretensiones como personas se dirijan contra ellas una acusación, aún cuando se persiga la comisión de un solo hecho punible. De ahí, nace la obligación de la acumulación de los delitos conexos en un único procedimiento previsto en el artículo 300 de la LECrim, cuando se da el criterio subjetivo de la intervención simultánea de dos o más personas. [158]

En este sentido, la determinación del acusado ha de suceder necesariamente dentro de la fase instructora, pues es una de las funciones de esa fase, bien sea, en el sumario mediante el auto de procesamiento, en Diligencias previas a través de

---

[157] Vid. Artículo 17.1° y 2° LECrim.

[158] Vid. GIMENO SENDRA; ob. Cit. Pág. 226.

la imputación judicial, o en otras clases de procedimientos con la denuncia. Es lo que, propiamente, se denomina determinar la *"legitimación pasiva"*.

b) Requisitos objetivos:

Existen tres tipos de requisitos objetivos: la fundamentación fáctica, la jurídica y la petición. No obstante, en lo que a esta obra interesa, se estudiará exclusivamente la primera de ellas.

La fundamentación fáctica viene determinada por la atribución al acusado de la comisión de un hecho punible, en su doble perspectiva, como acontecer histórico y como subsumible en alguno de los tipos penales.

Para la iniciación de un proceso penal es necesario la existencia de un hecho susceptible de constituir un tipo previsto y penado como delito o falta en la ley penal y que, a su vez, pueda ser referido a una persona participante en él, ya sea, como autor o cómplice. [159] Desde el punto de vista fáctico, se deben tener en cuenta las dos circunstancias siguientes:

- *El hecho natural y su indivisibilidad:*

Como es lógico, el objeto del proceso penal viene determinado por un hecho anterior y externo al proceso, el hecho histórico. Pero esto, no quiere decir, que las partes sean enteramente dueñas de su aportación al proceso, de tal manera, que estén autorizadas a efectuar una introducción fragmentaria de él, ni que el Juez o Tribunal esté absolutamente vinculado a dicha aportación.

En este orden de cosas, en el proceso penal rige el principio de indivisibilidad del hecho punible, el cual obliga al Juez en la fase de instrucción a incluir la totalidad de hechos que ocurrieron el día de autos.

- *El hecho típico y la homogeneidad del bien jurídico:*

Como es natural, no todo acontecimiento externo interesa al proceso penal, sólo

---

[159] PRIETO-CASTRO Y FERRÁNDIZ Y GUTIÉRREZ DE CABIEDES Y FERNÁNDEZ DE HEREDIA; ob. Cit. Pág. 134.

los hechos típicos. Únicamente, de un hecho penalmente antijurídico, surge la acción penal. [161]

En cuanto a la homogeneidad del bien jurídico protegido, el Juez o Tribunal podrán modificar la calificación jurídica sustentada por la acusación, siempre y cuando, la nueva subsunción jurídica del hecho corresponda a normas penales tuteladoras de bienes jurídicos homogéneos, [162] o cuando el cambio se deba a un simple error de la acusación fácilmente constatable por la defensa. Todo ello, en aras de la protección del Derecho de Defensa.

2.1.- Exigencias formales de la pretensión penal:

A diferencia del proceso civil, en el que se ejercita la acción y la interposición de la pretensión en un sólo acto mediante el escrito de demanda; en el proceso penal se ejercita la acción en el acto de iniciación en sus diferentes formas: la denuncia, la querella, o los otros actos de iniciación que se estudiarán en su momento. Posteriormente, la acción penal se concreta en la fase de instrucción mediante la pretensión penal que se formaliza con el escrito de acusación y termina con las conclusiones definitivas. [163] No obstante, la pretensión penal no deja de ser una mera concreción formal de la propia acción, que se interpone en un momento posterior.

a) La fase instructora:

La funciones de la fase instructora son: realizar la aportación material de hecho tendente a demostrar la tipicidad del hecho punible, determinar la legitimación pasiva en el proceso penal y adoptar las "medidas cautelares".

b) El escrito de acusación:

La función fundamental del *escrito de acusación,* así denominado en el caso del procedimiento abreviado, o el escrito de calificaciones provisionales, cuando se está en el procedimiento común, es formalizar la "pretensión penal".

---

[160] GIMENO SENDRA; ob. Cit. Págs. 227, 228 y 229.
[161] Vid. Artículo 100 LECrim.
[162] Vid. Artículo 789.3 LECrim.
[163] GIMENO SENDRA; ob. Cit. Págs. 230 y 231.

c) Las conclusiones definitivas:

Mediante el escrito de conclusiones definitivas, las partes determinan definitivamente la "pretensión penal". Circunstancia importante a tener en cuenta por el Juez o Tribunal, en cumplimiento del deber de congruencia con lo afirmado en este escrito.

2.2.- La litispendencia:

Este término jurídico es de origen latino que significa litigio o causa pendiente. Se trata de una excepción dilatoria, la cual se aduce cuando se encuentra la causa pendiente de terminación ante un Juez, normalmente, distinto del que conoce del caso.

En la LECrim no existe norma alguna estableciendo que la litispendencia se aplique en la jurisdicción penal. Sin embargo, ha sido establecida por vía jurisprudencial. Por este motivo, en la actualidad, es una cuestión pacífica que la "litispendencia" existe, aunque con matices, en la jurisdicción penal como en la jurisdicción civil.

En este sentido, las condiciones para que se acuerde la litispendencia penal son las que integran el objeto del proceso, esto es, la identidad del acusado, como única identidad subjetiva requerida, y la del hecho punible, teniendo en cuenta que ambas condiciones deben concurrir a la vez.

La litispendencia presenta dos efectos importantes: [164]

- *Procesales:* Presentan, a su vez, dos efectos. Uno de ellos positivo, en virtud del cual, el Juez de Instrucción está obligado a dictar una resolución motivada de la notitia criminis, inadmitiendo o admitiendo la misma. Y otro negativo, conforme al cual, ningún otro Juez de Instrucción se le autoriza a la apertura de una instrucción contra un imputado, con respecto del cual exista ya una instrucción en curso sobre el mismo hecho.

- *Materiales:* El efecto principal es la interrupción de la prescripción, [165] que se

---

[164] GIMENO SENDRA; ob. Cit. Págs. 233 y 234.

[165] Vid. Artículo 132.2 CP.

da a partir de la iniciación del procedimiento y la identificación del presunto culpable. Ello, efectivamente, sucede cuando, una vez determinado el imputado, se le comunica la imputación a través de los distintos medios señalados en el artículo 118.2 del CP, o en caso de que se hallara ausente, desde la fecha de la requisitoria de "búsqueda y captura".

2.3.- La mutación del objeto procesal:

Tampoco recoge la LECrim una regulación expresa sobre la mutación del objeto procesal. Esto no significa que el objeto procesal no pueda experimentar determinadas mutaciones o modificaciones, pudiendo ser de dos tipos:

- *Subjetiva*: La identidad subjetiva de la pretensión supone el elemento esencial del objeto procesal, sin que se puedan efectuar alteraciones subjetivas de la pretensión. Por ello, la entrada de nuevas partes pasivas en el proceso ha de realizarse con anterioridad a la formalización de la acusación, es decir, dentro de la fase instructora. Su justificación se encuentra en que nadie puede ser condenado sin ser oído previamente, tal y como ha establecido en numerosas ocasiones el Tribunal Constitucional: *"...la tutela del derecho constitucional a la defensa en el ámbito del procedimiento penal abreviado conlleva una triple exigencia: 1. que nadie puede ser acusado sin haber sido con anterioridad declarado judicialmente imputado, 2. que nadie puede ser acusado sin haber sido oído por el Juez con anterioridad a la conclusión de las diligencias previas."* [166]

- *Objetiva*: La mutación objetiva, propiamente dicha, únicamente podría existir en la fase de juicio oral, ya que en la fase de instrucción o sumario, no sólo es posible, sino que constituye una obligación del Juez de Instrucción la de incorporar a la misma cuantas circunstancias fácticas complementen el hecho o cuantos nuevos hechos punibles puedan aparecer en conexión. [167] Si la mutación comentada surge en el juicio oral, se deben tener en cuenta las dos circunstancias que, a continuación, se detallan:

---

[166] Vid. STC núm. 149/1997, de 29 de septiembre y otras SSTC núms.128/1993, 129/1993, 152/1993 y 277/1994.

[167] Vid. Artículos 299 y 300 LECrim.

a) Que la entrada de *nuevos hechos* en el juicio oral ha de provocar su suspensión al efecto de practicar una sumaria instrucción complementaria. [168]

b) Que la mutación esencial del hecho punible [169] existe cuando, a raíz de la prueba practicada en el juicio oral, se introducen nuevas circunstancias fácticas que producen la entrada de nuevos delitos tipificados en distinto capitulo del Código Penal en relación con los incluidos hasta entonces, provocando igualmente la suspensión del juicio.

[168] Vid. Artículo 746.6 LECrim.

[169] Vid. Artículo 789.3 LECrim.

LECCIÓN VII

LA COMPETENCIA

1.- INTRODUCCIÓN:

De acuerdo a lo estudiado en la Lección 1, es sabido que la *potestad jurisdiccional* consiste en juzgar y hacer ejecutar lo juzgado, atribuyéndose en exclusiva a los Juzgados y Tribunales. Para ello existe la denominada *jurisdicción,* la cual es única; pero esto no significa que exista un sólo Tribunal. Muy al contrario, nuestra Constitución parte de la existencia de una pluralidad de órganos jurisdiccionales, y concreta que el ejercicio de la potestad jurisdiccional, esto es, la *jurisdicción* como acto, se atribuye a los distintos Tribunales que vienen determinados en la Ley Orgánica del Poder Judicial y de acuerdo a l*as normas de competencia que las leyes establezcan.* [170]

Una vez realizada esta apuntación, se puede acometer el estudio de la competencia a partir del primer artículo de la LECrim, donde recoge la siguiente frase: *"en virtud de sentencia dictada por Juez competente".* [171] Como se puede observar, la competencia es un presupuesto procesal relativo al órgano jurisdiccional, [172] o lo que es lo mismo, generalmente, es el derecho y la facultad de cada órgano jurisdiccional para conocer de determinados asuntos frente a los demás órganos jurisdiccionales penales. [173] En este sentido, la ***competencia*** es, entonces, la "medida de la jurisdicción", pudiendo definirse como el conjunto de procesos en que un Tribunal puede ejercer, conforme a ley, su jurisdicción o, desde otra perspectiva, la determinación del Tribunal que viene obligado, con exclusión de cualquier otro, a ejercer la potestad jurisdiccional en un concreto asunto, de acuerdo a lo establecido en el artículo 9.1 de la LOPJ: *"los Juzgados y Tribunales ejercerán su jurisdicción exclusivamente en los casos en que les venga atribuida por esta u otra ley".* [174]

Existen, pues, una pluralidad de Tribunales, y dentro de éstos pueden ser de distinto orden y tipo. En base a esto, en el Poder Judicial concurre la nota de *diversidad organizativa,* en virtud de la cual la potestad Jurisdiccional no se atribuye

---

[170] MORENO CATENA, en una obra realizada también por GIMENO SENDRA Y OTROS; Derecho Procesal, Tomo II, El Proceso Penal, 3ª edición, Editorial Tirant Lo Blanch, Valencia, 2001. Pág. 104.

[171] Este primer artículo de la LECrim se debe relacionar con el artículo 117.3 CE.

[172] GÓMEZ COLOMER; ob. Cit. Pág. 100.

[173] ARAGONESES ALONSO; ob. Cit. Pág. 122.

[174] MORENO CATENA, en una obra realizada también por GIMENO SENDRA Y OTROS; ob. Cit. Pág. 85.

a un único órgano del Estado, sino a una pluralidad de los mismos. [175] Es decir, existen varios órdenes jurisdiccionales, como son el Civil, Penal, Contencioso-administrativo, Social y el Militar, y varios Tribunales en cada orden jurisdiccional.

A continuación, se relacionan los Juzgados y Tribunales en el orden jurisdiccional penal, [176] a los que se les atribuye el conocimiento de todas las causas y juicios criminales, con excepción de la jurisdicción militar: [177]

- Juzgados de Paz.

- Juzgados de Instrucción.

- Juzgados de Violencia sobre la Mujer.

- Juzgados de lo Penal.

- Audiencias Provinciales.

- Tribunales del Jurado.

- Juzgados Centrales de Instrucción.

- Juzgados Centrales de lo Penal.

- Juzgados de Vigilancia Penitenciaria.

- Sala de lo Penal de los Tribunales Superiores de Justicia.

- Sala de lo Penal de la Audiencia Nacional.

- Sala de lo Penal del Tribunal Supremo.

- Sala Especial del Tribunal Supremo.

---

[175] GIMENO SENDRA Y OTROS; ob. Cit. Pág. 257.
[176] Vid. Artículo 26 LOPJ.
[177] Vid. Artículos 9.3 LOPJ y 10 LECrim.

Como se puede observar, en esta lista no se encuentran incluidos los Juzgados de Menores [178] ya que, después de la entrada en vigor de la LO 5/2000, en enero de 2.001, esta clase de órganos jurisdiccionales serán los encargados de conocer de las conductas que encajan en el tipo penal cometidos por menores de edad, y por lo tanto inimputables de acuerdo con el CP. [179] Por este motivo, verdaderamente, no se deben integrar, en nuestra opinión, dentro de los órganos jurisdiccionales estrictamente penales.

A continuación, se desarrollarán las distintas clases de competencia, objetiva, territorial y funcional. En este sentido, se debe de tener en cuenta que la limitación del número de objetos acerca de los que se debate en el proceso penal, a diferencia de la variedad y multiplicidad de ellos en el proceso civil, determina que los criterios objetivo y funcional tengan muy escasa aplicación y apenas planteen problemas en el proceso penal.

En cambio, el criterio de competencia territorial salta al primer plano, en cuanto sirve de un modo directo a la determinación, de suma importancia en este orden, del *Juez legal o natural* en cada caso, exigiendo la precisión de numerosos datos para concretarla. [180] En este orden jurisdiccional emerge, como requisito necesario, el conocimiento anterior a la iniciación de todo proceso penal de los Tribunales que han de intervenir, al objeto de satisfacer el ***Derecho al Juez Ordinario Predeterminado por la Ley.*** [181]

Como consecuencia de todo ello, se encuentra vedada la posibilidad de instituir órganos jurisdiccionales, a no ser por Ley, como se establece en la Constitución [182] con la expresión se *"...prohíben los Tribunales de excepción..."*. De tal forma, que debe quedar determinado con certeza y con carácter previo, el órgano llamado a resolver sobre un hecho delictivo desde el momento de su comisión. [183]

---

[178] Vid. Artículo 97 LOPJ.

[179] Vid. Artículo 19 CP.

[180] PRIETO-CASTRO Y FERRÁNDIZ Y GUTIÉRREZ DE CABIEDES Y FERNÁNDEZ DE HEREDIA; ob. Cit. Pág. 72.

[181] Vid. Artículo 24.2 CE

[182] Vid. Artículo 117.6 CE.

[183] Vid. Artículo 24.2 CE.

2.- LA COMPETENCIA OBJETIVA:

La competencia objetiva puede definirse, como la distribución que hace el legislador entre los distintos tipos de órganos que se integran en el orden penal, con objeto del enjuiciamiento en primera o única instancia de los hechos por los que se procede. [184] Por esta razón, cuando se hace referencia al término *enjuiciamiento* se está haciendo mención al Juez o Tribunal que tiene atribuido el fallo o decisión sobre esos hechos.

Para la determinación de esta competencia objetiva se utilizan ***tres criterios***, *también denominados fueros:* [185]

1º.- *Criterio ordinario o común:* Se distingue entre los delitos y las faltas, es decir, la mayor o menor gravedad del hecho enjuiciado.

2º.- *Criterio ratione personae:* Se tiene en cuenta la cualidad del encausado. De tal forma, que si se inculpa como partícipes en los hechos delictivos a personas aforadas, el enjuiciamiento se reserva a un determinado Tribunal.

3º.- *Criterio ratione materiae:* Se examina la naturaleza especial del objeto, es decir, de entre los delitos, la competencia vendrá atribuida a un determinado Tribunal dependiendo del tipo de delito y la cuantía de las penas.

De la conjunción de todos estos criterios, aparecerá el Tribunal objetivamente competente, **teniendo en cuenta que el "fuero personal" prima sobre los demás.**

Una vez conocidos los Tribunales del orden jurisdiccional penal y los criterios que se siguen para conocer su competencia objetiva, seguidamente se estudiará la misma, de acuerdo a la regulación de la LOPJ:

- Los ***Juzgados de Paz*** enjuician determinadas faltas, [186] por ejemplo: faltas de

---

[184] MORENO CATENA, en una obra realizada también por GIMENO SENDRA Y OTROS; ob. Cit. Pág. 90.

[185] ARAGONESES MARTÍNEZ, en una obra realizada también por DE LA OLIVA SANTOS Y OTROS; Derecho Procesal Penal, Colección Ceura, Editorial Centro de Estudios Ramón Areces, S.A., Madrid, 1.994, pág. 97 y ss. Vid., además, GIMENO SENDRA; ob. Cit. Pág. 122.

[186] Vid. Artículo 14.1 LECrim.

amenazas, [187] actos incívicos contra bienes públicos [188] y contra los intereses generales.

- Los ***Juzgados de Instrucción***, [190] enjuician todas las faltas que se cometan en el ***"municipio"*** donde tengan su sede, y aquéllas que no estén atribuidas a los Juzgados de Paz de su partido judicial. [191] Igualmente, conocen de todas las faltas cometidas por miembros de las Fuerzas y Cuerpos de Seguridad en ejercicio de sus funciones. [192] Además, conocerán de la instrucción de los procesos por delito cuyo enjuiciamiento corresponda al Tribunal del Jurado, a la Audiencia Provincial y a los Juzgados de lo Penal, así como de las sentencias de conformidad con la acusación en los procedimientos realizados por "juicios rápidos" reguladas en el **artículo 801 LECrim**. [193] En cambio, si se tiene en cuenta la materia, en lugar de la gravedad del hecho, también serán competentes del conocimiento de los procedimientos de Habeas Corpus.

- Los ***Juzgados Centrales de Instrucción***, [194] tendrán las mismas competencias respecto a los delitos cuyo conocimiento se atribuye a los Juzgados Centrales de lo Penal y a la Sala de lo Penal de la Audiencia Nacional. Igualmente, les corresponde la tramitación de los expedientes de extradición pasiva y de los expedientes de ejecución de las órdenes europeas de detención. [195]

- Los **Juzgados de Violencia sobre la Mujer**, [196] que según el artículo 87 ter en la LOPJ, tiene las siguientes competencias en el orden penal: La instrucción de los procesos para exigir responsabilidad penal por los delitos recogidos en los títulos del Código Penal relativos a homicidio, aborto, lesiones, lesiones al feto, delitos contra la libertad, delitos contra la integridad moral, contra la libertad e

[187] Vid. Artículo 620.1 CP.

[188] Vid. Artículo 626 CP.

[189] Vid. Artículos 629 a 632 CP.

[190] Vid. Artículo 87 LOPJ.

[191] Vid. Artículo 14.1 CP.

[192] Vid. Artículo 8 de la LO 2/1986 de Fuerzas y Cuerpos de Seguridad y STC núm. 55/90.

[193] Modificado por la LO 8/2002, de 24 de octubre.

[194] Vid. Artículo 88 LOPJ.

[195] Este extremo aparece reflejado en la LO 2/2003, de 14 de marzo, complementaria de la Ley sobre la orden europea de detención y entrega, la cual realiza una nueva redacción al artículo 88 LOPJ.

[196] Vid, sobre el tema, ARMENTEROS LEÓN; Algunas cuestiones que plantea la competencia de los Juzgados de Violencia sobre la mujer, Diario La Ley, Nº 6399, Año XXVII, Madrid, 2006, págs. 1 y 2.

indemnidad sexuales o cualquier otro delito cometido con violencia o intimidación, siempre que se hubiesen cometido contra quien sea o haya sido su esposa, o mujer que esté o haya estado ligada al autor por análoga relación de afectividad, aun sin convivencia, así como de los cometidos sobre los descendientes, propios o de la esposa o conviviente, o sobre los menores o incapaces que con él convivan o que se hallen sujetos a la potestad, tutela, curatela, acogimiento o guarda de hecho de la esposa o conviviente, cuando también se haya producido un acto de violencia de género.

De la instrucción de los procesos para exigir responsabilidad penal por cualquier delito contra los derechos y deberes familiares, cuando la víctima sea alguna de las personas señaladas.

De la adopción de las correspondientes órdenes de protección a las víctimas, sin perjuicio de las competencias atribuidas al Juez de Guardia.

Del conocimiento y fallo de las faltas contenidas en los títulos I y II del libro III del Código Penal, cuando la víctima sea alguna de las personas señaladas.

- Los ***Juzgados de lo Penal,*** [197] conocerán de los delitos castigados con penas de privación de libertad de duración no superior a cinco años, o pena de multa cualquiera que sea su cuantía, o cualesquiera otras de distinta naturaleza, bien sean únicas, conjuntas o alternativas, siempre que la duración de éstas no exceda de diez años, a excepción de los delitos que sean competencia del Tribunal del Jurado. [198]

- El ***Juzgado Central de lo Penal,*** [199] tiene la misma competencia que los Juzgados de lo Penal respecto de los delitos cuyo conocimiento se atribuye a la Sala de lo Penal de la Audiencia Nacional. [200]

---

[197] Vid. Artículo 89 Bis LOPJ.

[198] Vid. Artículo 14.3 LECrim.

[199] Vid. Artículo 89 Bis LOPJ.

[200] Disposición Transitoria de la Ley Orgánica de 25 de mayo de 1988, indica que en el punto séptimo del artículo 65 de la LOPJ, entran los delitos de terrorismo artículos. 571 a 580 CP, quedando incluidos en la competencia de la Audiencia Nacional

- Las ***Salas de lo Penal de las Audiencias Provinciales***, [201] son competentes para el enjuiciamiento de los restantes delitos. [202] Igualmente, enjuician todos los delitos cometidos por los miembros de las Fuerzas y Cuerpos Seguridad en el ejercicio de sus funciones. [203]

- El ***Tribunal del Jurado***, se reserva el enjuiciamiento de ciertos delitos. [204]

- La ***Sala de lo Civil y Penal de los Tribunales Superiores de Justicia***, [205] instruyen y fallan causas penales contra Jueces, Magistrados y miembros del Ministerio Fiscal por delitos o faltas cometidos en el ejercicio de su cargo en la Comunidad Autónoma, de los delitos cometidos por Parlamentarios de las Asambleas Legislativas, miembros de los Consejos de Gobierno y figuras similares al Defensor del Pueblo y Adjuntos de las Comunidades Autónomas.

- La **Sala de lo Penal de la Audiencia Nacional**, [206] competente para el enjuiciamiento de los delitos de competencia de la Audiencia Nacional que tengan señalada pena de privación de libertad superior a cinco años.

- La ***Sala de lo Penal del Tribunal Supremo***, [207] instruye y enjuicia a los Presidentes del Congreso y Senado, Presidente del Tribunal Supremo y del Consejo General del Poder Judicial, Presidente del Tribunal Constitucional, miembros del Gobierno, Diputados y Senadores, Vocales del Consejo General del Poder Judicial, Magistrados del Tribunal Constitucional y del Tribunal Supremo, Presidente, Presidente de Sala y Magistrados de la Audiencia Nacional y de los Tribunales Superiores de Justicia, Fiscal General del Estado, Fiscales de Sala del Tribunal Supremo, Presidente y Consejeros del Tribunal de Cuentas, Presidentes y Consejeros del Consejo de Estado, Defensor del Pueblo, así como las causas que en su caso determinen los respectivos Estatutos de Autonomía.

Igualmente, conocerá de la responsabilidad penal de los Parlamentarios de la

---

[201] Vid. Artículo 82 LOPJ.
[202] Vid. Artículo 14.4 LECrim.
[203] Vid. STC núm. 55/1990, de 28 de marzo y STS de 28 de septiembre de 1994.
[204] Por mandato del artículo 125 CE.
[205] Vid. Artículo 73.3 LOPJ.
[206] Vid. Artículo 65 LOPJ.
[207] Vid. Artículo 57 LOPJ.

Asambleas Legislativas y miembros de los Consejos de Gobierno de las Comunidades Autónomas cuando verse sobre hechos cometidos fuera del territorio de la Comunidad, salvo las Comunidades Valencianas y Navarra, que siempre conocerán sus respectivos Tribunales Superiores de Justicia.

- La ***Sala Especial del Tribunal Supremo***, instruye y enjuicia causas contra los Presidentes de Sala o Magistrados de una Sala del Tribunal Supremo, cuando sean juzgados todos o la mayor parte de los que la constituyeron. [208]

3.- LA COMPETENCIA TERRITORIAL:

Como se ha estudiado en el apartado anterior, las normas de la competencia objetiva determinan el Juez o Tribunal que debe conocer de un determinado hecho delictivo. No obstante, debido a la existencia de multitud de Tribunales de cada tipo, es preciso determinar, a través del ámbito territorial, al Tribunal concreto que le corresponde resolver en cada caso. Por lo tanto, la competencia territorial consiste en la atribución de competencia a un órgano jurisdiccional de entre los del mismo grado. [209] Para conseguir esto, existen los denominados *"fueros"*, entendidos como aquellos criterios a través de los cuales se determina el órgano territorialmente competente para el conocimiento de un proceso penal y que pueden ser sistematizados en preferentes y subsidiarios. [210]

Según la LECrim el ***fuero preferente y exclusivo*** es el del ***lugar de comisión delictiva*** *o forum commissi delicti.* En este sentido, nuestra LECrim regula que el conocimiento y fallo de las faltas corresponderá a los Juzgados de Instrucción o de Paz del *término municipal en que se hayan cometido,* o que la instrucción de los sumarios y la práctica de las diligencias previas por delito corresponderá a los Juzgados de Instrucción *del partido en que el delito se hubiera cometido.* No obstante, ocurre frecuentemente que no se conoce el lugar de comisión. Por este motivo, la competencia territorial puede verse modificada durante la instrucción.

Esta circunstancia lleva a innumerables problemas en la práctica, puesto que para determinados delitos es difícil fijar el lugar de comisión, como es el caso de

[208] Vid. Artículo 61.1.4 LOPJ.

[209] ARAGONESES MARTÍNEZ; ob. Cit. Pág. 107.

[210] GIMENO SENDRA; ob. Cit. Pág. 141.

los delitos cometidos a distancia, supuestos de tentativa, frustrados, en los de riesgo y en los delitos de omisión. Cuestión que no se encuentra resuelta en el CP ni en la LECrim, únicamente en alguna ley especial se aborda, como la LO 1/1986, de 8 de enero, de Supresión de la Jurisdicción Penal Aeronáutica y Adecuación de Penas por Infracciones Aeronáuticas, [211] que atribuye la competencia de los delitos cometidos en aeronaves en vuelo al órgano jurisdiccional del lugar de primer aterrizaje en territorio nacional.

Por lo tanto, en los casos mencionados donde no se encuentra determinado de una forma evidente el lugar de la comisión del hecho delictivo, para resolver el Juez o Tribunal territorialmente competente, existen tres teorías doctrinales que solucionan el problema práctico de distinta forma. Son la teoría de la actividad, la del resultado y la de la ubicuidad: [212]

- ***Teoría de la actividad:*** Propugna que el lugar de comisión del delito es aquél en que aparezca o se exteriorice la voluntad delictiva.

- ***Teoría del resultado:*** Explica que el delito se comete donde se consume el mismo.

- ***Teoría de la ubicuidad:*** Dispone que el delito se comete, tanto donde se realizan los actos de ejecución, como en el lugar donde se produce el resultado. El órgano competente para conocer del delito cometido, siguiendo esta teoría, se obtendrá de la observación de las circunstancias que concurren en el caso concreto.

La jurisprudencia se inclina, como norma general, en atender al lugar donde se produce el resultado. Es decir, se comete el delito donde se consuma, debido a que resulta relevante y prevalente la producción del perjuicio y la proximidad de las pruebas. [213] Un ejemplo de esta teoría podría observarse en el caso de un paquete bomba enviado por correo, en el que será competente el Juez del lugar de destino, esto es, donde explota.

[211] Vid. Artículo 1 LO 1/1986, de 8 de enero, de Supresión de la Jurisdicción Penal Aeronáutica y Adecuación de Penas por Infracciones Aeronáuticas.

[212] GIMENO SENDRA; ob. Cit. Pág. 142. Vid., asimismo, ARAGONESES MARTÍNEZ; ob. Cit. Pág. 107 y ARAGONESES ALONSO; ob. Cit. Pág. 131.

[213] Vid. AATS de 25, 26, 27 y 30 de junio de 2000.

En este sentido, puede ocurrir que el Tribunal que hubiera iniciado las actuaciones, por desconocerse o no poderse determinar en un principio el lugar donde el delito se cometió, no resulte, definitivamente, competente. De modo que, si este lugar apareciera fijado a lo largo del procedimiento, habrán de remitirse las actuaciones al Juzgado o Tribunal a cuya demarcación corresponda. De tal forma que, la competencia territorial en la instrucción es provisional [214] hasta que se determine el lugar donde se cometió el hecho delictivo, como sucede en los casos, que en el inicio, no se conoce el lugar de comisión. En estos supuestos la ley [215] establece una serie de ***fueros subsidiarios***, ordenados jerárquicamente:

"1º/ El del término municipal, partido o circunscripción en que se hayan descubierto pruebas materiales del delito.

2º/ El del término municipal, partido o circunscripción en que el presunto reo haya sido aprehendido.

3º/ El de residencia del presunto reo.

4º/ Cualquiera que hubiese tenido noticia del delito; bien porque fuera el primero que hubiera incoado diligencias, bien porque empezara a conocer de la denuncia policial."

Otro detalle de gran trascendencia procesal es que, a diferencia del orden civil, las normas sobre competencia territorial no pueden ser modificadas por la voluntad de las partes. [216] Por tanto, los órganos jurisdiccionales habrán de examinar de oficio su propia competencia territorial, y las partes o el Ministerio Fiscal promover una cuestión de competencia, [217] cuando entiendan que esa competencia territorial deba ser modificada. Por ello, se puede afirmar que existen dos puntos de vista de revisión de la competencia territorial:

---

[214] Vid. ATS de 12 marzo de 1993.

[215] Vid. Artículo 15.1 LECrim.

[216] Vid. Artículo 8 LECrim, al regular que "La jurisdicción criminal es siempre improrrogable".

[217] GÓMEZ ORBANEJA Y HERCE QUEMADA; Lecciones de Derecho Procesal, Vol.II, Derecho Procesal Penal, Gráfica Administrativa Rodríguez San Pedro, Madrid, 1946, pág. 40.

1.- Desde el *punto de vista de la revisión de oficio.* Los órganos jurisdiccionales revisarán su propia competencia mediante la inhibición de oficio o mediante el escrito denominado "oficio de inhibición", como a continuación se desarrolla: [218]

- **Inhibición de oficio:** El Juez que tiene conocimiento ***examina de oficio*** la competencia territorial, considerándose "no competente", remite las actuaciones al Tribunal que cree que sí lo es.

- **Oficio de inhibición:** Un Juez, el cual se cree competente, solicita, mediante este oficio, a otro Juez que está conociendo de la causa que le remita las actuaciones al objeto de conocer de ellas. Es decir, un órgano jurisdiccional observa que un hecho del que esta conociendo otro Juez le compete a él. Todo ello, independientemente de la inexistencia de una anterior reclamación, en este mismo sentido, de los interesados o del Ministerio Fiscal.

2.- Desde el *punto de vista de la revisión a instancia de parte.* Las partes pueden denunciar la falta de competencia mediante dos vías:

- **Inhibitoria:** [219] Se plantea ante el órgano jurisdiccional que se reputa debe conocer del asunto. Con ello, se quiere que un Juez o Tribunal deje de conocer de un determinado asunto por entender el requirente que él es competente para ello.

- **Declinatoria:** [220] Se plantea ante el Juez o Tribunal considerado incompetente que está sustanciando el procedimiento, al objeto de que se abstenga de conocer de un determinado asunto y lo remita al Juez competente.

Mención igualmente importante tienen, en el orden jurisdiccional penal, las siguientes cuestiones relacionadas con la competencia: [221]

- **Cuestión de competencia:** [222] Existe cuando dos o más Jueces o Tribunales del mismo orden y nivel, bien de oficio, bien a instancia de parte, se creen o no

---

[218] Vid. Artículo 25 LECrim.
[219] Vid. Artículos 27 y ss. LECrim.
[220] Vid. Artículo 26 LECrim.
[221] Vid., sobre el tema, ORMAZABAL SÁNCHEZ; ob. Cit. Págs. 29 y ss.
[222] Vid. Artículos 51.1 LOPJ y 42 y ss. LECrim.

competentes para conocer una causa. El primer caso, es la denominada cuestión de competencia positiva, y el segundo, la cuestión de competencia negativa.

La resolución de la "cuestión de competencia" viene atribuida al órgano jurisdiccional superior jerárquico común inmediato de los Juzgados o Tribunales que contienden. No obstante, si estos órganos jurisdiccionales no tienen superior común, la competencia le corresponde a la Sala de lo Penal del Tribunal Supremo.

- **Conflictos de competencia:** [223] Se dan entre órganos jurisdiccionales integrados en el Poder Judicial de distinto orden, civil, contencioso administrativo, social o penal. En cambio, si el conflicto ocurriera con el orden militar, sería un conflicto de jurisdicción y no de competencia.

La resolución de los conflictos de competencia esta atribuida a la Sala Especial del Tribunal Supremo, compuesto por el Presidente del Tribunal Supremo y dos Magistrados, uno de cada orden, elegidos anualmente.

- **Conflictos de jurisdicción:** Existen dos clases:

- *Entre los Tribunales y la Administración:* Los resuelve el Órgano Colegiado denominado *"Sala del artículo 38"*, formado por el Presidente del Tribunal Supremo, dos Vocales de la Sala de lo Contencioso administrativo y tres Vocales del Consejo del Estado. [224]

- *Entre los Órganos Jurisdiccionales ordinarios y la jurisdicción militar:* Los resuelve la "Sala de conflictos de Jurisdicción", compuesta por el Presidente del Tribunal Supremo, dos Magistrados de la Sala del Orden jurisdiccional correspondiente y dos Magistrados de la Sala de lo Militar. [225]

Un caso excepcional en la competencia territorial es el establecido en la LO 1/2004 de 28 de diciembre de Protección Integral a la Mujer que añade el artículo 15 bis de la LECrim al modificar la competencia territorial determinada por el lugar de la comisión de los hechos delictivos y establece que, en estos casos, será

[223] Vid. Artículo 42 LOPJ.
[224] Vid. Artículo 28 LOPJ.
[225] Vid. Artículo 39 LOPJ.

competente el Juez de Violencia contra la Mujer correspondiente al lugar del domicilio de la mujer maltratada.

Por último, reseñar que donde no existen estos problemas de competencia territorial es en el ámbito de la Audiencia Nacional y, en su caso, de los Juzgados Centrales de Instrucción y de lo Penal, ya que tienen jurisdicción en toda España.

4.- LA COMPETENCIA FUNCIONAL:

La competencia funcional, concepto establecido por el autor alemán WACH, es la que determina qué órgano jurisdiccional va a conocer de los diversos actos y fases de que se compone un proceso, de sus instancias, si hubiere más de una, y de las incidencias que con relación al objeto del proceso surjan. [226] Por ello, las normas sobre la competencia funcional establecen, con precisión, los Tribunales que han de intervenir en cada fase del procedimiento o en cada concreto acto procesal que se lleve a efecto.

La nota más significativa de la competencia funcional es su carácter automático y derivado, esto es, depende del Tribunal que resulta territorial y objetivamente competente para resolver en un determinado procedimiento. [227] Igualmente, la competencia para resolver todas las incidencias que puedan plantearse en la tramitación del procedimiento, se atribuye al propio órgano judicial que esté conociendo de la fase procedimental, instancia o recurso en que la incidencia se produzca. [228]

En este orden de cosas, las dos principales manifestaciones de la competencia funcional en el proceso penal son:

- Distribuir los cometidos de instrucción y decisión entre dos órganos jurisdiccionales distintos.

- Atribuir el conocimiento de los recursos devolutivos a un órgano diferente y superior del que dictó la resolución que se impugna.

---

[226] GÓMEZ COLOMER; ob. Cit. Pág. 101.

[227] MORENO CATENA, en una obra realizada también por GIMENO SENDRA Y OTROS; ob. Cit. Pág. 92.

[228] Vid. Artículo 9 LECrim.

5.- LA CONEXIDAD:

La regla general consiste en que cada delito que conozca la autoridad judicial será objeto de un sumario. Es decir, para la averiguación y enjuiciamiento de cada hecho delictivo debe abrirse un procedimiento penal independiente. Esta regla presenta dos consecuencias: que los hechos delictivos sólo pueden ser juzgados una vez y que cada hecho debe ser objeto de un procedimiento.

No obstante, esta regla general presenta una importante excepción, **los delitos conexos se comprenderán en un solo proceso**. [229] O lo que es lo mismo, que existiendo una *pluralidad de hechos delictivos,* cuando entre ellos exista alguno de los criterios de conexión que el legislador establece, han de enjuiciarse en un *mismo procedimiento* y dictarse una única sentencia, cuyos pronunciamientos se extenderán a todos y cada uno de tales hechos. [230]

La conexión presupone, pues, la existencia de dos o más delitos y se resuelve, desde el punto de vista procesal, en el enjuiciamiento conjunto de todas las conductas punibles en un solo proceso, [231] como consecuencia de la existencia de ciertos nexos o elementos comunes referidos, ya sea a los inculpados, ya sea a los hechos delictivos. [232] En definitiva, se enjuicia en un único proceso el comportamiento infractor. [233]

En este sentido, para que tenga lugar la conexión entre distintos procesos deben existir elementos comunes, bien relacionados con los imputados, bien en relación con los hechos delictivos. Estos puntos de conexión se establecen, entre otras cosas, en virtud del principio de economía procesal, cuyo principal objeto es evitar sentencias contradictorias sobre cuestiones idénticas o análogas.

---

[229] Vid. Artículo 300 LECrim.

[230] MORENO CATENA, en una obra realizada también por GIMENO SENDRA Y OTROS; ob. Cit. Pág. 110.

[231] En este sentido la STS de 29 de noviembre de 2000, indica que, de acuerdo a lo recogido en el artículo 77 del CP, no puede hablarse de delitos conexos en los supuestos de concurso ideal, es decir, cuando una misma acción u omisión es constitutiva de dos o más delitos, ya que siendo un única acción "no procede" la apertura de varios procedimientos.

[232] GIMENO SENDRA; ob. Cit. Pág. 149.

[233] GIMENO SENDRA Y OTROS; Los Procesos Penales, comentarios a la Ley de Enjuiciamiento Criminal, con formularios y jurisprudencia, Editorial Bosch, Barcelona, 2.000, pág 388.

Dentro de la conexidad, el artículo 17 de la LECrim regula tres supuestos diferentes:

- Conexidad subjetiva:

- Las faltas o delitos cometidos simultáneamente por dos o más personas reunidas.

- Los cometidos por dos o más personas en distintos lugares o tiempos si hubiera precedido concierto para ello.

- Conexidad Objetiva:

- Los cometidos como medio para perpetrar otros o facilitar su ejecución.

- Los cometidos para procurar la impunidad de otros delitos

- Conexidad Mixta: Los diversos delitos cometidos por una misma persona si, a *juicio del Tribunal,* tuvieran analogía o relación entre sí y no hubieran sido hasta entonces sentenciados.

Resumiendo, conexión significa relación, nexo o enlace que, cuando existe entre varios delitos origina, por razones de oportunidad y economía procesal, la modificación de las reglas de competencia objetiva o territorial, e incluso puede modificar la jurisdicción, acumulando los distintos procesos en uno sólo. [234]

La conexidad, por otra parte, produce la modificación de las reglas generales de la competencia objetiva y territorial, cuyos casos principales se desarrollan a continuación:

A/ Modificación de la Competencia objetiva por conexidad:

1º/ Cuando en un proceso penal por delitos conexos exista alguna persona aforada, corresponde la competencia al órgano jurisdiccional a quien estuviera sometido el aforado. [235]

---

[234] Vid. GÓMEZ DE LIAÑO; ob. Cit. Págs. 57 y 58.

[235] Vid. Artículo 272 II LECrim.

2º/ Cuando, por razón de la especificidad de alguno de los delitos, deba conocer la Audiencia Nacional o Juzgado Central de lo Penal, su competencia se extenderá al conocimiento de los delitos conexos. [236] Otro tanto, ocurre en los delitos enjuiciados por el Tribunal del Jurado, [237] cuya competencia se extiende a los delitos conexos conforme a lo establecido en los artículos 1 y 5.2 de la LO 5/1995 de 22 de mayo.

3º/ Cuando se trate de infracciones conexas de diversa consideración penal o procesal, como son los delitos graves, menos graves y las faltas, será competente el Juzgado o Tribunal al que corresponda la decisión por la infracción que tenga señalada pena mayor. [238]

B/ Modificación de la Competencia territorial por conexidad:

Cuando los delitos o faltas conexos vinieran atribuidos para su conocimiento a los Tribunales del mismo tipo, pero ubicados en lugares distintos, se produce una derogación de las reglas de la competencia territorial y entran en juego las reglas del artículo 18 de la LECrim, conforme al cual serán competentes para conocer de los delitos y faltas conexos los Jueces y Tribunales, de acuerdo a los siguientes fueros y por este orden:

1º/ Fuero principal de la gravedad de la pena. Es competente el Juez o Tribunal del territorio en que se haya cometido el delito a que esté señalada pena mayor.

2º/ Fuero subsidiario temporal. Es competente el que primero comenzara la causa, en el caso de que los delitos tengan señalada igual pena.

3º/ Fuero supletorio de la orden. Es el que la Audiencia Provincial, o el Tribunal Supremo en sus casos respectivos designen, cuando los delitos tengan señalada igual pena y las causas hubieren empezado al mismo tiempo, o no conste cuál comenzó primero.

Sin embargo, en la última modificación del artículo 18 de la LECrim, se incluyó

---

[236] Vid. Artículo 65.1º II LOPJ.

[237] Vid. Artículo 1 de la LO 5/1995, de 22 de mayo.

[238] Vid. Artículo 18.1º LECrim.

un nuevo criterio preferente a todos los anteriores, conforme al cual: *"....No obstante lo anterior, será competente para conocer de los delitos conexos cometidos por dos o más personas en distintos lugares, si hubiera precedido concierto para ello, con preferencia a los indicados en el apartado anterior, el juez o tribunal del partido judicial sede de la correspondiente Audiencia Provincial, siempre que los distintos delitos se hubieren cometido en el territorio de una misma provincia y al menos uno de ellos se hubiera perpetrado dentro del partido judicial sede de la correspondiente Audiencia Provincial."* [239]

Por último se debe mencionar, la reforma regulada en la LO 1/2004 de Protección Integral a la Mujer, [240] que en relación con los delitos conexos, extiende la competencia de éstos a los Juzgados de Violencia contra la Mujer a los hechos delictivos conexos con la materia de su competencia siempre que sean por las razones de conexidad incluidas en los apartados 3 y 4 del artículo 17 de la LECrim, esto es, los cometidos como medio para perpetrar otros o facilitar su ejecución y los cometidos para procurar la impunidad de otros delitos.

6.- REGLAS DE REPARTO:

Una vez fijado cual es el órgano jurisdiccional objetivo, funcional y territorialmente competente, puede suceder que no quede perfectamente definido que concreto Juzgado, Sección o Sala deba conocer de un asunto. Esto ocurre cuando existen varios Juzgados de lo Penal en una misma población, o varias Secciones en una Audiencia Provincial o en una Sala. En estos casos, hay que acudir a las *"reglas de reparto"* y distribución de asuntos. En este sentido, se debe tener en cuenta el artículo 167 de la LOPJ, que a continuación se reproduce literalmente:

"1. Donde hubiere dos o más Juzgados del mismo orden jurisdiccional, los asuntos se distribuirán entre ellos conforme a normas de reparto prefijadas. Las normas de reparto se aprobarán por la Sala de Gobierno del Tribunal Superior de Justicia, a propuesta de la Junta de Jueces del respectivo orden jurisdiccional. A solicitud del interesado, la Junta de Jueces podrá proponer que se libere, total o parcialmente, a un Juez del reparto de asuntos, por tiempo limitado, cuando la

---

[239] Vid. Artículo 18.2 LECrim.

[240] Vid. Artículo 17 bis LECrim.

buena administración de Justicia lo haga necesario. El acuerdo se trasladará a la Sala de Gobierno para que ésta, si lo entiende pertinente, proceda a su aprobación.

2. El reparto se realizará bajo la supervisión del Juez Decano, asistido por un Secretario, y le corresponderá a aquél resolver con carácter gubernativo interno las cuestiones que se planteen y corregir las irregularidades que puedan producirse, adoptando las medidas necesarias y promoviendo, en su caso, la exigencia de las responsabilidades que procedan"

De acuerdo a este artículo, el reparto es una actividad de naturaleza gubernativa consistente en la distribución de asuntos o causas entre los órganos jurisdiccionales de la misma clase, sitos en una misma población, o entre las distintas Secciones de un mismo Tribunal. De modo que la carga de trabajo de todos ellos, resulte equivalente y se eviten excesos o descompensaciones en alguna de las Secciones o Juzgados. [241] En este sentido, les corresponde a las Salas de Gobierno del Tribunal Supremo, de la Audiencia Nacional y de los Tribunales Superiores de Justicia de las Comunidades Autónomas, aprobar las normas de reparto de asuntos existentes entre:

- Las distintas Secciones de cada Sala. [242]

- Las Salas del Tribunal.

- Las Secciones de las Audiencias Provinciales y órganos del mismo orden judicial con sede en la Comunidad Autónoma correspondiente. [243]

Una vez realizado el correspondiente reparto de asuntos, el mismo será *supervisado* por los Jueces Decanos, todo ello, de acuerdo con la normas establecidas por los Tribunales Superiores de Justicia. [244]

---

[241] MORENO CATENA, en una obra realizada también por GIMENO SENDRA Y OTROS; ob. Cit. Pág. 107; Vid. también ARAGONESES MARTÍNEZ; en una obra realizada por DE LA OLIVA SANTOS Y OTROS; ob. Cit. Pág. 116.

[242] Vid. Artículo 152.1.1º LOPJ.

[243] Vid. Artículo 152.2.1º LOPJ.

[244] Vid. Artículo 167 LOPJ.

Igualmente, en este campo se tendrán presentes las normas que determinan la designación de los Magistrados ponentes, las sustituciones de Jueces y Magistrados y la abstención y recusación de los mismos. En el caso de la recusación, resulta de gran interés citar la causa prevista en el artículo 54.12 de la LECrim y 219.10 LOPJ, *"haber sido instructor de la causa"*, ya que, como es plenamente sabido en virtud del Principio Acusatorio, el Juez instructor no puede ser el mismo que el que resuelve.

7.- EL ORDEN JURISDICCIONAL PENAL EN LA ESFERA INTERNACIONAL: LA CORTE PENAL INTERNACIONAL:

Tras realizar un análisis competencial del orden jurisdiccional penal en su ámbito nacional, resulta de gran interés estudiar brevemente la competencia desde el espacio Internacional. En este sentido, se debe citar la LO 6/2000, de 4 de octubre, en la que se autoriza la ratificación por España del Estatuto de la Corte Penal Internacional, [245] el cual se aprobó el 17 de julio de 1998, en la Conferencia Diplomática de Plenipotenciarios, convocada al efecto por las Naciones Unidas y reunida en Roma, como conclusión de arduas negociaciones.

El objetivo que se persigue con el Estatuto de Roma es la creación de una instancia judicial internacional de carácter permanente, alcance universal e independiente, aunque vinculada con las Naciones Unidas, que recibe la denominación de *Corte Penal Internacional,* con competencia *para enjuiciar los crímenes de mayor trascendencia para la comunidad internacional en su conjunto.* Con ello, no pretende regular el principio de jurisdicción universal en el sentido tradicional, sino sólo el ejercicio de la competencia subsidiaria de la Corte Penal Internacional sobre determinados crímenes cometidos en territorio o por nacionales de un Estado Parte o que acepte la competencia *ad hoc* de tal Tribunal, o bien por decisión del Consejo de Seguridad de Naciones Unidas, aunque se trate de casos en los que no concurra ninguno de los requisitos anteriores. [246]

---

[245] Vid. Boletín Oficial del Estado de fecha 5 de octubre de 2000, el Estatuto de Roma de la Corte Penal Internacional, de 17 de Julio de 1998.

[246] Vid. GÓMEZ BENÍTEZ; "La Corte Penal Internacional como órgano de jurisdicción universal", Curso de la UIA titulado "El principio de justicia universal en la persecución de los crímenes contra la humanidad", La Rábida (Huelva), 2001.

Se trata de un conjunto normativo de gran calado, cargado de buenas intenciones y con importantes pinceladas de demagogia internacional. También ofrece una considerable complejidad técnica que va a requerir muchos ajustes y disposiciones complementarias, previstas algunas de ellas en el propio Estatuto, para ser realmente viable. [247]

El Estatuto de la Corte Penal Internacional, al conseguir la integración de las distintas voluntades de un número importante de países con sistemas jurídicos y políticos muy diferentes, presenta unas características que sirven de base a un nuevo Derecho Internacional más humanizador, convirtiéndose en un hito en la historia del Derecho Internacional Humanitario y en una contribución decisiva a su aplicación. [248]

Una vez realizadas estas primeras valoraciones, resulta necesario destacar los aspectos más significativos que se pueden extraer del Estatuto, objeto de estudio:

- La Corte Penal Internacional tiene su sede en La Haya. [249] Se le dota de personalidad internacional y de capacidad jurídica necesaria para el desempeño de sus funciones.

- La Corte Penal Internacional **no sustituye a las jurisdicciones penales nacionales**, de acuerdo al principio de complementariedad. Es más, la jurisdicción de la Corte se ejercerá de forma subsidiaria cuando el Estado competente no esté dispuesto a enjuiciar unos determinados hechos o no pueda hacerlo efectivamente. [250]

Por lo que el propio Estatuto no nace con la voluntad de constituir la única instancia universal de lucha contra tales criminales, sino la más modesta, pero sumamente importante, de complementar la labor de los Estados en esta materia. La Corte Penal Internacional no viene a suplir de manera general la persecución, el

---

[247] Vid. MONTON REDONDO; "Apuntes en sobre la Corte Penal Internacional en el marco de la justicia universal", Diario La Ley Nº 5892, Año XXIV, Madrid, 2003, Ref.º D-253.

[248] ROBERGE; "El nuevo Tribunal Penal Internacional. Evaluación Preliminar", en Revista Internacional de la Cruz Roja, 1998, págs. 724 y 725.

[249] Vid. Artículo 3.1 del Estatuto de Roma de la Corte Penal Internacional, de 17 de Julio de 1998.

[250] Vid. Artículo 1 del Estatuto de Roma de la Corte Penal Internacional, de 17 de Julio de 1998.

enjuiciamiento y, en su caso, la imposición de la pena de estos sujetos por parte de los Estados, sino únicamente en aquellos casos en que éstos no pueden o no quieren llevar a cabo los oportunos procesos. Con la acción conjunta de la Corte y de los Estados se reducirían considerablemente las posibilidades de gozar de una ostentosa e insultante impunidad para los que cometieran las mayores atrocidades contra la comunidad internacional. Y su actividad conjunta podría también tener un efecto preventivo y pacificador para el futuro. [251]

- La Corte Penal Internacional no es competente para enjuiciar a Estados, sino a personas, ni tampoco para enjuiciar hechos aislados, sino violaciones graves del Derecho Internacional Humanitario. En este sentido, la Corte debe servir para poner claramente de manifiesto que quien persigue y castiga los crímenes más graves es la comunidad internacional, y no un país concreto. [252] Entendiendo por tales, el genocidio, los crímenes de Lesa humanidad, los crímenes de guerra y la agresión. [253]

- La jurisdicción de la Corte será obligatoria para los Estados partes, los cuales aceptaran automáticamente esa jurisdicción por el hecho mismo de ratificar o adherirse al Estatuto, es la denominada "competencia automática". [254] Asimismo, la jurisdicción de la Corte puede extenderse a otros Estados no partes cuando éstos hayan aceptado la competencia de la Corte por tratarse de un crimen cometido en su territorio o por nacionales de esos Estados, o bien cuando el Consejo de Seguridad así lo haya determinado en virtud de sus atribuciones, conforme al capítulo VII de la Carta de las Naciones Unidas. En lo que se refiere al ámbito temporal de la competencia, el Estatuto establece expresamente que no tendrá efectos retroactivos. [255]

---

[251] Vid. CUERDA RIEZU Y RUIZ COLOMÉ; "Observaciones sobre el Estatuto del Tribunal Penal Internacional", Diario La Ley, Madrid, 1999, Ref.º D-29, Tomo 1.

[252] Vid. RAGUÉS I VALLÉS; "El Tribunal Penal Internacional. La última gran institución del siglo XX", Diario La Ley, Madrid, 2001, Ref.º D-90, Tomo 3.

[253] Vid. Artículo 5.1 del Estatuto de Roma de la Corte Penal Internacional, de 17 de Julio de 1998.

[254] Vid. KAI AMBOS; "La nueva Corte Penal Internacional. El difícil equilibrio entre una eficiente persecución penal y la «realpolitik», Diario La Ley, Madrid, 1998, Ref.º D-246, Tomo 5.

[255] Vid. Artículo 11 del Estatuto de Roma de la Corte Penal Internacional, de 17 de Julio de 1998.

- La iniciativa de la acción penal corresponde en exclusiva al Fiscal, una vez que se haya puesto en marcha el mecanismo de activación de la Corte por alguna de estas tres vías: [256] por impulso de un Estado parte, por impulso del Consejo de Seguridad o por iniciativa del Fiscal, siempre que cuente con la autorización de la Sala de Cuestiones Preliminares.

- Como complemento de las normas competenciales y procesales, el Estatuto recoge en su articulado una serie de principios generales del Derecho Penal que han de orientar la actuación de la Corte "nullum crimen sine lege", "nulla poena sine lege", irretroactividad "ratione personae", responsabilidad penal individual, exclusión de los menores de dieciocho años de la competencia de la Corte, improcedencia de toda distinción basada en el cargo oficial, responsabilidad de los jefes y otros superiores, imprescriptibilidad de los crímenes, elemento de intencionalidad, circunstancias eximentes de responsabilidad penal, error de hecho y de derecho, y cumplimiento de órdenes superiores y disposiciones legales.[257]

- La Corte Penal Internacional, cuyos idiomas oficiales serán los mismos que los de las Naciones Unidas: [258] arabe, chino, español, francés, inglés y ruso, orgánicamente se estructura en la Presidencia, las Secciones, la Fiscalía y la Secretaría.[259]

Asimismo, y junto a los órganos judiciales y a la Secretaría, el Estatuto reconoce importantes funciones a una Asamblea de los Estados Partes, [260] a la que corresponderá, entre otros cometidos, los de adoptar los instrumentos de desarrollo del Estatuto y las eventuales reformas a éste, elegir magistrados y fiscales, aprobar el presupuesto de la Corte y las normas de ejecución presupuestaria, supervisar la

---

[256] Vid. Artículo 13 del Estatuto de Roma de la Corte Penal Internacional, de 17 de Julio de 1998.

[257] Vid. Artículos 22 a 33 del Estatuto de Roma de la Corte Penal Internacional, de 17 de Julio de 1998.

[258] Vid. Artículo 128 del Estatuto de Roma de la Corte Penal Internacional, de 17 de Julio de 1998.

[259] Vid. Artículo 34 del Estatuto de Roma de la Corte Penal Internacional, de 17 de Julio de 1998.

[260] Vid. Artículo 112 del Estatuto de Roma de la Corte Penal Internacional, de 17 de Julio de 1998.

gestión administrativa y financiera, así como guiar la relación de la Corte con las Naciones Unidas y otras instancias internacionales y asegurarse de que los Estados cooperan efectivamente con la Corte cuando ésta recabe su colaboración.

- La Corte Penal Internacional podrá imponer a la persona declarada culpable una pena de reclusión por un número determinado de años que no exceda de treinta o, en casos excepcionales, la reclusión a perpetuidad, cuando lo justifiquen la extrema gravedad del delito cometido y las circunstancias personales del condenado. [261] Sin embargo, la pena de reclusión perpetua podría plantear en nuestro país problemas de constitucionalidad a la luz del art. 25.2 de la Constitución, que señala que las penas privativas de libertad se orientarán a la reeducación y reinserción social del penado. Un importante sector de la doctrina opina que difícilmente se puede hablar de reinserción social cuando nos encontramos ante penas de larga duración, más aún en el caso de la reclusión perpetua. [262]

Además, la Corte podra imponer multas y el decomiso del producto y los bienes procedentes del crimen, sin perjuicio de los derechos de los terceros de buena fe.

Las penas privativas de libertad se cumplirán en un Estado designado por la Corte en cada caso, sobre la base de una lista de Estados que hayan manifestado a aquélla su disposición a recibir condenados en sus establecimientos penitenciarios, [263] disponibilidad que puede estar sometida a ciertas condiciones.

- Igualmente, el Estatuto regula las obligaciones de cooperación internacional y de asistencia judicial a la Corte por los Estados partes, [264] contemplando principalmente tres formas de cooperación: la entrega de personas a la Corte, el auxilio judicial internacional, y la ejecución de las sentencias de la Corte, en sus diversos aspectos. En caso de falta de cooperación de los Estados partes, la Corte

---

[261] Vid. Artículo 78 del Estatuto de Roma de la Corte Penal Internacional, de 17 de Julio de 1998.

[262] Vid. ESPINA RAMOS; "El Ordenamiento jurídico español y la Corte Penal Internacional", Diario La Ley Nº 5972, Año XXV, Madrid, 2004, Ref.º D-61

[263] Vid. Artículo 103.1. apartado a) del Estatuto de Roma de la Corte Penal Internacional, de 17 de Julio de 1998.

[264] Vid. Artículos 86 a 102 del Estatuto de Roma de la Corte Penal Internacional, de 17 de Julio de 1998.

podrá plantear la cuestión ante la Asamblea de Estados Partes o ante el Consejo de Seguridad, si éste le hubiese remitido el asunto.

Como conclusión al presente epígrafe, a modo de resumen, se destacan las siguientes características generales del Estatuto de Roma de la Corte Penal Internacional: [265]

1.º. Tiene carácter permanente.

2.º. Es independiente.

3.º. Pretende ser universal.

4.º. Está vinculado al sistema de las Naciones Unidas.

5.º. Sólo tiene competencia para los crímenes más graves.

6.º. Es complementario de las jurisdicciones penales nacionales.

7.º. No tiene carácter retroactivo.

8.º. Ejerce su jurisdicción sobre personas y no sobre Estados.

9.º. Está dotado de capacidad jurídica y de personalidad internacional.

---

[265] Vid. ALONSO PÉREZ; "Algunas reflexiones en torno al Estatuto de Roma de la Corte Penal Internacional" Diario La Ley, Madrid, 2000, Ref.º D-148, Tomo 4, cuando cita al profesor RODRÍGUEZ-VILLASANTE Y PRIETO; "Apuntes para los cursos del Centro de Estudios de Derecho Internacional Humanitario", Cruz Roja Española, Madrid, 1999.

LECCIÓN VIII

LAS PARTES PROCESALES

1.- CONCEPTO DE PARTE PROCESAL:

En el proceso civil el concepto de "parte" se encuentra pacíficamente admitido en la doctrina. Sin embargo, en el proceso penal es un concepto tradicionalmente muy discutido. [266] Puede decirse que, desde un punto de vista del derecho procesal penal, el concepto de ***parte procesal*** presenta una doble vertiente, ya que, por un lado, es aquel que postula una resolución judicial con independencia de que el actor sea o no titular del derecho material a la acción activa, y, por otro lado, es aquel contra quien se insta dicha resolución. [267] Como se puede observar, existen dos partes perfectamente diferenciadas:

- *La parte activa*, o el actor en el derecho procesal penal, se considera *"parte en sentido formal"*, porque en el proceso se precisa su participación para sostener la acusación, solicitar una resolución de condena o para abrir el juicio oral, puesto que sin ella decae el proceso. Esta parte, actúa en el proceso poniendo en marcha o manteniendo la actividad de los órganos jurisdiccionales, pero no es ni puede ser, el titular del derecho al castigo. Es decir, no es titular del ius puniendi, pues éste pertenece en exclusiva al Estado, su único titular.

Las partes activas o partes acusadoras, son el Ministerio Fiscal, el acusador particular, el actor popular, el acusador privado y el actor civil, el cual aparece en el proceso penal ejercitando exclusivamente la pretensión del derecho privado.

- *La parte pasiva*, en cambio, al ser la persona contra la que se ejercita la acción penal, se considera parte en *"sentido material y formal"*, puesto que participan en el proceso y además son titulares del derecho a la libertad, u otros derechos que se ven amenazados de ser limitados por la futura resolución judicial.

Las partes pasivas o partes acusadas son, de un lado, la persona contra quien se dirige el procedimiento y que recibirá según el estadio en que se encuentre distintas denominaciones: imputado, procesado, acusado o condenado, y, de otro lado, el responsable civil, bien sea el propio acusado, o una tercera persona. [268]

---

[266] MUERZA ESPARZA, en una obra realizada también por OLIVA SANTOS Y OTROS; ob. Cit. Pág. 125.

[267] MORENO CATENA, en una obra realizada también por GIMENO SENDRA Y OTROS; ob. Cit. Pág. 117.

[268] Vid. Artículo 116 CP.

De todas las partes citadas anteriormente, existen algunas necesarias para el normal desarrollo del proceso penal. Sin embargo, otras son *contingentes o no necesarias,* pudiendo continuar el proceso penal sin ellas. En este sentido, se tendrá en cuenta lo siguiente:

- En los **delitos perseguibles de oficio**, delitos públicos, es *parte necesaria* el Ministerio Fiscal, y puede intervenir también cualquier español, como *parte contingente,* haya sido ofendido o no por el delito, y los extranjeros por los cometidos contra sus personas o bienes o las personas o bienes de sus representados. [269]

- En el proceso por **delitos perseguibles sólo a instancia de parte**, delitos privados, es *parte necesaria* el acusador privado.

- El actor civil es siempre *parte contingente.*

- Si se acumula la pretensión civil al proceso penal, han de intervenir también una o varias personas como responsables civiles *parte, (pasiva), necesaria,* frente a quien dicha pretensión se ejercita.

- El imputado es parte, *(pasiva), necesaria,* ya que sin él no puede celebrarse el proceso.

2.- CLASIFICACIÓN:

2.1.- Partes acusadoras:

Las partes acusadoras ocupan la posición activa en el proceso penal, instando, durante la fase de instrucción, la práctica de las diligencias que sean necesarias para preparar el juicio y la adopción de medidas precisas a ese fin. Una vez abierto el juicio oral, tienen la misión de formular la acusación contra una persona determinada, habida cuenta de que no puede haber condena sin acusación, *"nemo iudex sine actores".* [270] Es decir, determinan los hechos punibles y su calificación,

[269] Vid. Artículos 101 y 270 LECrim.

[270] MORENO CATENA, en una obra realizada también por GIMENO SENDRA Y OTROS; ob. Cit. Pág. 118.

señalando la persona a quien considera responsable de los mismos y las penas que solicita. [271]

2.1.1.- El Ministerio Fiscal:

A/ Concepto:

En España, su propio nombre, el Fiscal, supone una confusión evidente, puesto que, originaria y terminológicamente, decir Fiscal significaba decir agente del Fisco o Hacienda Pública. En la actualidad, semejante terminología, debe considerarse como inexacta al ir adquiriendo carta de naturaleza el término Fiscal para referirse al funcionario encargado de mantener la acusación en el proceso, ya que es "el representante del Estado en la acusación pública u oficial". [272]

No obstante, nuestra Constitución, en su artículo 124, regula un mayor número de funciones que la citada anteriormente, al afirmar que el Ministerio Fiscal es un órgano del Estado al que tiene asignadas, la Carta Magna, las funciones de promover la acción de la justicia en interés de la legalidad, de los derechos de los ciudadanos y del interés público tutelado por la ley, de oficio o a petición de los interesados, así como velar por la independencia de los Tribunales y procurar ante éstos la satisfacción del interés social.

Igualmente, el mencionado artículo, recoge que el Ministerio Fiscal actúa conforme a los criterios de unidad de actuación y dependencia jerárquica y con sujeción a los principios de legalidad e imparcialidad.

En este sentido, en el proceso penal, el Ministerio Fiscal es formalmente parte y, como tal figura, promueve la actividad de los Tribunales, pidiendo resoluciones de contenido determinado, aportando, mediante alegaciones y pruebas, el material de la decisión, interponiendo los recursos correspondientes, entre otras atribuciones. [273] Por lo que, el Ministerio Fiscal es necesario para que pueda regir *el principio acusatorio formal*, pues, ni el ofendido por el delito ni los particulares extraños a

---

[271] Vid. Artículo 650 LECrim.

[272] ARAGONESES ALONSO; ob. Cit. Pág. 145.

[273] MORENO CATENA, en una obra realizada también por GIMENO SENDRA Y OTROS; ob. Cit. Pág. 155.

éste, se hallan obligados a ejercer la acción penal. De esta forma, si la institución del Ministerio Fiscal no existiera, se podría dar el caso de que las infracciones penales quedasen sin ser materia de persecución. [274]

En el referido sistema acusatorio formal o mixto, que rige en nuestro enjuiciamiento penal, se sustrajo al Tribunal la función de acusar, que tenía atribuida en el sistema inquisitivo. En este orden de cosas, el Estado no podía abandonar la persecución de los delitos ni tampoco dejarla en manos de los particulares. Por ello, el Estado, que prohibió la autotutela de los derechos subjetivos por los particulares, impidiendo la venganza particular, [275] asume el monopolio de la jurisdicción y el determinar qué conductas merecen un reproche social más acusado o un juicio de desvalor, tipificándolas como delitos en las leyes penales, para proteger la convivencia en sociedad. [276]

Así, en la promoción de los procesos penales, el ejercicio de la acción penal se residencia, aunque no con carácter exclusivo, en el Ministerio Fiscal, a quien, según su Estatuto Orgánico, corresponde *"ejercitar las acciones penales y civiles dimanantes de delitos y faltas u oponerse a las ejercitadas por otros, cuando proceda"*. [277]

El Ministerio Fiscal es, pues, un órgano público colaborador de la jurisdicción que no forma parte del poder judicial. [278] Por lo que, **no puede llevar a cabo "funciones jurisdiccionales"**, es decir, juzgar o hacer ejecutar lo juzgado ni realizar actos de prueba o limitar el libre ejercicio de los derechos fundamentales. En cambio, sí puede intervenir en el proceso penal asumiendo la titularidad de las diligencias y actuaciones con una posición de preeminencia sobre las partes privadas, como defensor de la legalidad y actuando bajo el Principio de Imparcialidad tal y como le encomienda la CE.

---

[274] PRIETO-CASTRO Y FERRÁNDIZ Y GUTIÉRREZ DE CABIEDES Y FERNÁNDEZ DE HEREDIA; ob. Cit. Pág. 114.

[275] MARTÍNEZ PÉREZ; Policía Judicial y Constitución, Editorial Aranzadi en edición compartida con la Secretaría Técnica del Ministerio del Interior, Navarra, 2001, pág. 206.

[276] GÓMEZ COLOMER; ob. Cit. Pág. 129.

[277] Vid. Artículo 3.4 EOMF.

[278] MORENO CATENA, en una obra realizada también por GIMENO SENDRA Y OTROS; ob. Cit. Pág. 156.

B/ Legitimación:

El Ministerio Fiscal está legitimado para actuar en los *"delitos perseguibles de oficio o delitos públicos"*, con la obligación de promover la acusación y la acción civil, aunque haya un acusador particular en el proceso, salvo que, en el caso de la acción civil, el perjudicado renuncie expresamente a la indemnización o la reserva para un procedimiento civil independiente.

Sin embargo, en los *"delitos semipúblicos"* es necesaria la "denuncia previa" de la persona agraviada. Una vez se ha producido ésta, el Ministerio Fiscal actúa como si de un delito perseguible de oficio se tratara.

En el caso de *delitos perseguibles a instancia de parte o delitos privados,* reducidos actualmente a la calumnia o injuria contra particulares, donde se exige querella del ofendido, [279] el Ministerio Fiscal no puede actuar, salvo cuando afecten a los derechos de las personas menores de edad, incapaces, o desvalidas, en cuyos casos, este órgano del Estado, debe denunciar los hechos delictivos de los cuales sean víctimas. [280]

C/ Principios de Actuación:

El Ministerio Fiscal actúa sometido a los principios de legalidad e imparcialidad: [281]

- De acuerdo al ***principio de legalidad***, actuará con sujeción a la Constitución, a las leyes y demás normas del ordenamiento jurídico vigente. Actúa, pues, sometido a la ley, sin que pueda regirse por criterios de "oportunidad o conveniencia". [282] De modo que, cuando conozca la comisión de un hecho delictivo perseguible de oficio viene obligado a ejercitar la acusación, [283] con independencia de consideraciones de política criminal o circunstancias personales

---

[279] Vid. Artículos 215 CP y 104.1 LECrim.

[280] Vid. Artículos 105 LECrim y 639 CP.

[281] MORENO CATENA, en una obra realizada también por GIMENO SENDRA Y OTROS; Derecho Procesal, Tomo II, El Proceso Penal, 3ª edición, Editorial Tirant Lo Blanch, Valencia 1991, págs. 157 y 158; Vid., igualmente, MORENO CATENA; en una obra realizada también por GIMENO SENDRA Y OTROS, pág. 120 y 121.

[282] Vid. GÓMEZ ORBANEJA Y HERCE QUEMADA; ob. Cit. Pág. 65.

[283] Vid. Artículo 105 LECrim.

del imputado. Por lo que el principio de legalidad se debe entender como contrapuesto a la arbitrariedad. [284]

No obstante, después de la publicación de la LO 5/2000 de Responsabilidad Penal del Menor, el Ministerio Fiscal puede regirse, en parte, por el Principio de Oportunidad, [285] ya que, tiene un limitado poder de archivo y la posibilidad de obtener un sobreseimiento por la conciliación del agresor con la víctima o la inexistencia de interés público en la persecución. [286]

- De acuerdo al ***principio de imparcialidad***, el Ministerio Fiscal actuará con plena objetividad e independencia en defensa de los intereses que le están encomendados, conjugando este principio con el de jerarquía. En este sentido, el Ministerio Fiscal ha de instar tanto el castigo al culpable como la absolución del inocente, cuando esté convencido de la inocencia del acusado, hasta tal punto de poder interponer recurso a favor del reo.

D/ Intervención del Ministerio Fiscal en el Proceso Penal:

De las diversas intervenciones que el Ministerio Fiscal realiza en el proceso penal por mandato constitucional del artículo 124, a continuación se citan las principales: [287]

a) Recibir **denuncias**. Ello, quiere decir que es uno de los órganos receptores de denuncias, junto con el órgano judicial y la Policía.

b) **Practicar u ordenar** las diligencias que estime pertinentes para el esclarecimiento de los hechos, a cuyos efectos dependerá de él la Policía Judicial. [288]

[284] CONDE-PUMPIDO FERREIRO; La investigación por el Ministerio Fiscal y la utilización de la oportunidad reglada en el proceso penal, en el poder judicial en Europa, II, Madrid, 1989, págs. 113 y ss.

[285] Vid., sobre este principio, GÓMEZ COLOMER Y OTROS; Introducción al Derecho Penal y al Derecho Penal Procesal, Ed. Ariel Derecho, Barcelona, 1989, págs. 171 y ss.

[286] Vid. Artículos 16.2, 18 y 19 LORPM.

[287] MORENO CATENA, en una obra realizada también por GIMENO SENDRA Y OTROS; ob. Cit. Pág. 122 y ss.

[288] Vid. Artículos 126 CE y 283, 284 y 287 a 289 LECrim y el artículo 773 LECrim, en el procedimiento abreviado.

Por lo tanto, cuando el Ministerio Fiscal tenga conocimiento de un hecho con apariencia delictiva, practicará u ordenará realizar a la Policía Judicial las diligencias necesarias para la comprobación del hecho y la averiguación de la autoría del mismo, cesando en ellas si conoce que el Juez se encuentra instruyendo diligencias por el mismo hecho [289] o, en su caso, instando a la Autoridad Judicial a la incoación de las correspondientes diligencias previas, remitiendo lo actuado y poniendo a su disposición los efectos del delito y al detenido, si lo hubiere. [290] En este sentido, se debe recordar, que la LO 2/1986 de Fuerzas y Cuerpos de Seguridad, incluso, permite la adscripción de Unidades de Policía Judicial al Ministerio Fiscal.

El Ministerio Fiscal, por contra, no podrá ordenar o practicar diligencias que estén reservadas a la Autoridad Judicial por mandato constitucional al tratarse de resoluciones limitativas de derechos fundamentales. Sin embargo, en el proceso penal de menores el Ministerio Fiscal ha pasado a asumir la Dirección de la instrucción, pudiendo practicar la totalidad de los actos instructorios que no conllevan limitación alguna de los derechos fundamentales. [291]

c) Inspeccionar directamente los sumarios por delitos públicos, debiendo facilitar, por parte de la Autoridad Judicial, las noticias que les pidieren, sin que se pueda declarar, para el Ministerio Fiscal, el secreto de sumario para ellos. [292]

d) Instar la práctica de las diligencias y adopción de las medidas que repute necesarias para el buen fin de la investigación, interponiendo la oportuna querella cuando estime que alguna persona es penalmente responsable de los hechos por los que se procede, [293] o impugnando resoluciones judiciales contrarias a lo postulado por él.

e) Pedir la conclusión del sumario en la fase intermedia cuando estime que se

---

[289] GÓMEZ COLOMER; La instrucción del proceso penal por el Ministerio Fiscal: Aspectos estructurales a la luz del Derecho Comparado, Revista de la asociación de Ciencias Penales de Costa Rica, año 9, núm. 13, 1997, consultado en página web www.poder-judicial.go.cr, el 22 de noviembre de 2006.

[290] Vid. Artículos 773 LECrim y 5 EOMF.

[291] Vid. Artículos 16 y 23 LORPM.

[292] Vid. Artículos 302.II, 306 y 324 LECrim y 4.1 EOMF.

[293] Vid. Artículo 271 LECrim.

han reunido los elementos suficientes para hacer la calificación. [294] Asimismo, podrá solicitar la revocación del auto de conclusión del sumario o su confirmación y, en este caso, el sobreseimiento o la apertura del juicio oral. Iguales facultades tiene en el procedimiento abreviado, pues se prevé el pronunciamiento del Ministerio Fiscal acerca de la suficiencia de las diligencias previas para la formulación inmediata del escrito de acusación, solicitando la apertura del juicio oral, o bien el sobreseimiento de la causa o, de modo excepcional, la práctica de diligencias complementarias. [295]

f) **Formular escrito de acusación o de calificaciones**, dirigido contra el imputado, una vez decretada la apertura del juicio oral. [296] Igualmente, puede pedir la absolución de quien considere inocente de la acusación que otro hubiese formulado. Finalizado el juicio, el Ministerio Fiscal debe ejercer el control de la ejecución del fallo. [297]

g) **Entablar** la acción civil conjuntamente con la penal, salvo que renunciara el perjudicado a su derecho. [298]

Para concluir este apartado, se puede afirmar que, en el sistema español, el Fiscal no ostenta el monopolio de la acción penal, de manera que no se puede impedir a los ciudadanos su participación activa en el proceso penal. Ello, permite conjugar todos los intereses posibles que inciden en un procedimiento penal. Por este motivo, existen tres tipos de *"acusadores no públicos"* que pueden intervenir en el proceso: *el acusador popular, el acusador particular y el acusador privado.*

2.1.2.- El acusador popular: [299]

Acusador popular o actor popular es el que ejercita la acción penal en los procesos por **delitos públicos** sin haber sido ofendido por el hecho delictivo, es decir, aquéllos por delitos o faltas perseguibles de oficio. Puede ejercer esta acción

---

[294] Vid. Artículo 622.II LECrim.

[295] Vid. Artículo 780 LECrim.

[296] Vid. Artículos 649 y 781 LECrim.

[297] Vid. Artículos 3.9 y 4.2 EOMF.

[298] Vid. Artículos 108 y 112 LECrim.

[299] Vid., para un mejor estudio, el exhaustivo trabajo de PÉREZ GIL; La acusación popular, Ed. Comares, Granada, 1998, págs. 23 y ss.

cualquier ciudadano español, persona física o jurídica, ya que, en la realidad, la utilidad práctica de la acción popular se vería muy disminuida si no se permitiera que la ejercitaran las personas jurídicas. [300]

El acusador popular puede mostrarse parte activa junto al Ministerio Fiscal hasta el momento de la calificación, [301] ejercitando la acción penal e interviniendo durante todo el procedimiento, desde la fase de investigación hasta el juicio oral, pudiendo impugnar las resoluciones desfavorables a lo postulado por él.

Este derecho a la acción penal se ostenta, como se ha explicado, con independencia de que la persona haya sido agraviada u ofendida por los hechos que se persiguen. El ciudadano ejercita así, el derecho de acción popular, constitucionalmente reconocido, [302] que deriva de la propia naturaleza pública de los hechos delictivos. En este sentido, se estima que si todo ciudadano es dañado por el delito que perturba el orden social, a todos debe corresponderles el derecho a demandar justicia en nombre de la sociedad. [303] No obstante, es un derecho reservado a los *ciudadanos españoles, incluidos los ciudadanos de los países integrados en la Unión Europea,* y un derecho constitucional que se integra dentro del Derecho a la Tutela Judicial Efectiva. [304]

La condición de actor popular y parte procesal se adquiere, *"bien desde el comienzo de la instrucción, por la presentación de la querella, una vez que ha sido admitida a trámite o por la personación ulterior, con las formalidades indicadas, en todo caso antes de la calificación del delito".* [305]

Este ejercicio de la "acción popular" no se extiende a la acción civil, puesto que el único legitimado para este ejercicio es el "perjudicado" u "ofendido" directamente por el delito, salvo lo mencionado para el Ministerio Fiscal.

Para el ejercicio de esta acción popular es requisito necesario que el actor

---

[300] MONTERO AROCA Y OTROS; Derecho Jurisdiccional III, Proceso Penal, Editorial J.M. Bosch Editor S.A., Barcelona 1.991, pág. 61.

[301] Vid. Artículo 101 LECrim.

[302] Vid. Artículos 125 CE, 19.1 LOPJ y 101 LECrim.

[303] ARAGONESES ALONSO; ob. Cit. Pág. 160.

[304] Vid. Artículo 24 CE.

[305] GÓMEZ DE LIAÑO; ob. Cit. Pág. 67.

popular se encuentre en pleno ejercicio de sus derechos civiles. ***No pudiendo*** interponer querella quienes hubieran sido condenados dos veces por delito de denuncia o querella calumniosa ni el Juez o Magistrado, salvo que se persigan hechos delictivos cometidos contra su persona y bienes, o contra las personas o bienes de su cónyuge, ascendientes, descendientes o hermanos. [306]

Mención especial merecen, en este apartado, los extranjeros y las personas jurídicas:

a) En cuanto a los **extranjeros:** Se discute, incluso jurisprudencialmente, si los extranjeros de países terceros [307] residentes en España pueden ejercitar la acción popular, [308] sin llegar a una conclusión satisfactoria en este campo.

b) En relación con las **personas jurídicas:** Ostentan plena capacidad para el ejercicio de la acción popular.

En el ejercicio de este tipo de acción, se tendrá en cuenta que no **debe existir** relación directa del *actor popular* con los hechos. Por ello, y para afirmar la seriedad y recta intención de la querella, la ley obliga a la prestación de una fianza para ejercitar la acción popular. Dicha fianza deberá ser proporcional a los ingresos que demuestre el querellante, con objeto de no privar del derecho a interponer la acción y pretensión popular. [309]

Igualmente, en la acción popular resulta preceptiva la asistencia de abogado y la representación por procurador. [310] Esta exigencia, en el procedimiento abreviado, será desde el primer momento en el caso del abogado, pero la de procurador no es necesaria hasta la apertura del juicio oral. [311]

Para finalizar, no se puede olvidar que la actuación del actor popular en el

---

[306] Vid. Artículo 102 LECrim.

[307] Entendido, en el ámbito de la Unión Europea, como aquellos países que no pertenecen a ningún país integrado en la citada Unión.

[308] Vid. STS núm. 107/1992, que se encuentra a favor y la STS núm. 50/1998, que se pronuncia en contra.

[309] Vid. Artículo 280 LECrim.

[310] Vid. Artículo 277 LECrim.

[311] Vid. Artículo 768 LECrim.

proceso es similar a la del Ministerio Fiscal, salvo que no podrá ordenar diligencias de investigación, ni conocer las actuaciones o participar en las diligencias cuando el Juez instructor hubiera declarado secreto el sumario. [312]

2.1.3. El acusador particular:

Es la persona física o "jurídica" que, *por haber sido ofendida o agraviada* por los hechos delictivos, se constituye en parte activa en el proceso penal instando el castigo del responsable criminal. Siguiendo una terminología tradicional en España, *es el particular que ejercita la acción en calidad de ofendido por delitos públicos y semipúblicos.*

Contrasta esta definición con la de acusador privado, que alude al que ejercita la acción en los delitos reservados a instancia de parte [313] y que por lo tanto se debe diferenciar claramente. La acción particular, de acuerdo al artículo 270 de la LECrim, pueden ejercitarla los españoles y, en el caso de los extranjeros, podrá ser ejercida para aquellos delitos que afecten a su persona o a la de sus representados o bienes.

Igualmente, como indica el artículo 281 de la LECrim, su especial relación con el delito y con las consecuencias del mismo, marcan las diferencias con el actor popular. Debido a esto, **no se le exige** la constitución de fianza, exención que no incluye a los extranjeros sino les correspondiere en virtud de tratados internacionales o por el principio de reciprocidad.

La condición de acusador particular se adquiere, generalmente, con la interposición de la querella, aunque en el procedimiento abreviado pueden mostrarse en la causa el ofendido o perjudicado sin necesidad de formalizar este escrito, [314] a través del oportuno ofrecimiento de acciones, instruyéndole de este derecho y brindándole la oportunidad de intervenir en el proceso. [315] Asimismo, tendrá derecho a que se le nombre de oficio abogado y procurador para su defensa y representación si carecen de recursos económicos, según los requisitos y

---

[312] Vid. Artículo 302 LECrim.

[313] ARAGONESES ALONSO; ob. Cit. Pág. 162.

[314] Vid. Artículo 761.2 LECrim.

[315] Vid. Artículo 109 LECrim.

condiciones exigidos en la Ley 1/1996, de 10 de enero, de Asistencia Jurídica Gratuita.

En el caso de delitos violentos o contra la libertad sexual, las autoridades y funcionarios intervinientes en el proceso deben informar a las víctimas de la posibilidad de solicitar ayudas públicas, de acuerdo al artículo 15 de la Ley 35/1995 [316] que las regula, y del curso del proceso penal.

La condición de parte la pierde el acusador particular cuando abandona la querella. Existen algunos delitos semipúblicos en los que la retirada del querellante o el perdón del agraviado extinguen la acción penal: descubrimiento y revelación de secretos, calumnia o injuria contra funcionarios, autoridades o agentes en el ejercicio de sus cargos, daños por imprudencia grave en cuantía superior a 80.000 euros y las faltas perseguibles a instancia del agraviado.

Sin embargo, en los restantes delitos semipúblicos en los que no está prevista la extinción de la responsabilidad criminal, **el abandono de la querella no pone fin al proceso**: reproducción asistida no consentida, agresiones sexuales, acoso o abusos sexuales, abandono de familia e impago de alimentos, delitos relativos a la propiedad industrial e intelectual y a los consumidores, delitos societarios o delitos de acusación o denuncia falsa.

Cuando el Estado sea perjudicado por los hechos delictivos se mostrará parte en el mismo el **Abogado del Estado** ejercitando la acción penal y la civil que le correspondiere. Por lo tanto, el Abogado del Estado y, en general, los letrados integrados en los servicios jurídicos del Estado, tienen como función la representación y defensa del Estado y de sus organismos autónomos, salvo que, en cuanto a estos últimos, sus disposiciones autoricen otra cosa, igualmente representará y defenderá a los órganos constitucionales. [317]

Para terminar, es interesante conocer el artículo 103 de la LECrim, el cual ***prohíbe*** el ejercicio de acciones penales a los hermanos, cónyuges, ascendientes o

[316] Vid. Ley 35/1995, de 11 de diciembre de Ayudas y Asistencia a las Víctimas de Delitos Violentos y contra la Libertad Sexual.

[317] MUERZA ESPARZA, en una obra realizada también por OLIVA SANTOS Y OTROS; ob. Cit. Pág. 132.

descendientes, a no ser por hechos cometidos los unos contra las personas de los otros y, además, en el caso de los cónyuges contra las personas de sus hijos o por delito de bigamia.

2.1.4.- El acusador privado:

El acusador privado es la parte acusadora necesaria y exclusiva en los procesos penales por hechos delictivos perseguibles sólo a instancia de parte, como son la calumnia e injuria contra particulares, en los que además queda *excluida* la intervención del Ministerio Fiscal. [318] Son delitos y faltas que nuestro Derecho exige la interposición de querella por el ofendido.

Estos delitos y faltas son los llamados *privados,* [319] los cuales se han de iniciar siempre por medio de **querella del "ofendido"**, con la cual se interpone la acción penal en estos casos y se convierte el acusador privado en parte procesal.

No obstante, como indica el artículo 278 de la LECrim, existe una condición de procedibilidad, la exigencia **de intentar la conciliación** del querellado con carácter previo a la presentación de la querella. En el mismo sentido, sucede con la persecución de los delitos de calumnia o injuria causadas en juicio, en los cuales se deberá contar con la autorización del Juez o Tribunal que hubiera conocido de él. [320]

De acuerdo a lo referido en el artículo 215.1 del CP en relación con la capacidad y la postulación, estas figuras no presentan notas diferenciadoras. En cambio, sí existe una diferencia para la legitimación activa que únicamente se concede al ofendido por la calumnia o injuria, salvo que no estuviera en el pleno ejercicio de sus derechos civiles, en cuyo caso podría suplirle quien tuviera capacidad.

Como se ha indicado, la condición de parte se adquiere con la interposición de la querella, sin embargo, se pierde, produciendo los mismos efectos que el perdón del ofendido, al extinguirse la acción penal, cuando:

---

[318] MORENO CATENA, en una obra realizada también por GIMENO SENDRA Y OTROS; ob. Cit. Pág. 126.

[319] GÓMEZ COLOMER; ob. Cit. Pág. 134.

[320] Vid. Artículos 279 LECrim y 215.2 CP.

- Se produce la retirada de la querella, ya sea de forma tácita, ya sea por abandono o inacción.

- Se produce el fallecimiento o declaración de incapacidad del ofendido, sin que en el plazo de treinta días, los herederos legales o representantes comparezcan para sostener la querella.

Para el acusador privado, al igual que sucede con el popular y el particular, el ejercicio de las acciones que le son inherentes son un derecho, y no una obligación como ocurre para el Ministerio Fiscal, no alcanzándoles tampoco la obligación de imparcialidad. [321]

2.1.5.- El actor civil:

Con el término "actor civil" se designa, en sentido amplio, a toda persona que ejercita, dentro del proceso penal, la acción civil. [322] El titular de la acción civil es el perjudicado o sujeto pasivo del daño. [323]

En el enjuiciamiento penal español es regla general que se acumule al enjuiciamiento de los hechos delictivos, la pretensión reparadora civil, de restitución de la cosa, de reparación de los daños causados o indemnización de los perjuicios. La parte civil activa es el **perjudicado**, es decir, quien ha sufrido en su esfera patrimonial o moral los daños producidos por la comisión del delito, siendo titular, frente al responsable civil, de un derecho de crédito. [324] Por lo que, la intervención del actor civil en el proceso penal se limita a instar las actuaciones conducentes a la determinación del daño o perjuicio y su aseguramiento.

El acreedor de esta prestación puede, de forma expresa:

- Renunciar a ella, excluyendo del proceso penal el objeto civil. [325]

---

[321] GÓMEZ DE LIAÑO; ob. Cit. Pág. 70.
[322] MUERZA ESPARZA, en una obra realizada también por OLIVA SANTOS Y OTROS; ob. Cit. Pág. 140.
[323] ARAGONESES ALONSO; ob. Cit. Pág. 169.
[324] GIMENO SENDRA; ob. Cit. Pág. 159.
[325] Vid. Artículo 108 LECrim.

- Reservar su ejercicio para un proceso civil posterior con los mismos efectos. [326]

Esta pretensión es de puro contenido patrimonial y "disponible" como las demás obligaciones de acuerdo con las reglas del Derecho Civil y, por tanto, a diferencia de lo que ocurre con la responsabilidad penal, puede ser satisfecha extraprocesalmente. [327] En cambio, el Ministerio Fiscal en los procesos en los que haya de intervenir debe entablar ambas pretensiones simultáneamente, exista o no acusador, a no ser que el ofendido renuncie a la restitución, reparación o indemnización. [328]

La condición de actor civil se adquiere a través de una declaración de voluntad expresa realizada tras el "ofrecimiento de acciones", sin necesidad de formular querella, [329] y se pierde desde el momento en que se produzca la renuncia a la pretensión, reserva expresa para ejercitarla en un proceso civil posterior, o se extinga la obligación de restitución, reparación o indemnización.

Abierto el juicio oral, el actor civil expresará en su escrito la cantidad en que aprecie los daños y perjuicios causados por el delito, o la cosa que haya de ser restituida, así como la persona o personas que aparezcan responsables de los daños y perjuicios o de la restitución de la cosa y el hecho en virtud del cual hubieren contraído esta responsabilidad. [330] Y por supuesto, puede intervenir en las sesiones del juicio oral en la medida necesaria para obtener la tutela de su derecho.

2.2.- PARTES ACUSADAS:

2.2.1.- El imputado:

Es la ***parte pasiva necesaria*** del proceso penal, es decir, es la parte, que al atribuirle la comisión de un hecho delictivo, se ve sometida al proceso y amenazada en su derecho a la libertad o al ejercicio o disfrute de otros derechos.

---

[326] Vid. Artículo 112.I LECrim.

[327] Vid. STC de 2 de enero de 1978.

[328] Vid. Artículos 108 y 781.1 LECrim.

[329] Vid. Artículos 109, 110 y 783 LECrim.

[330] Vid. Artículos 650 y 651.II LECrim.

Que sea parte necesaria, quiere decir que de no existir persona contra quien se dirija la acusación no puede entrarse en el juicio ni dictarse sentencia. Por ello, es imprescindible la diligencia de investigación dedicada a la identificación y determinación del imputado. Y es parte pasiva, porque ocupa la posición contraria a quienes ejercitan la acción penal.

En este sentido, hay sujeto de imputación penal desde que recaen sobre una persona sospechas de la realización de un acto punible, que origina diligencias policiales o judiciales. En este primer momento, se puede denominar a la parte pasiva **"sospechoso"**, aunque este calificativo no se encuentra en la regulación de la LECrim.

A partir de esta figura, la doctrina clasifica los distintos estados y denominaciones por las que pasa la parte pasiva, a lo largo del procedimiento:

a) Imputado, inculpado, o denunciado en el caso de las faltas: Se produce desde el momento en que la *Autoridad Judicial* o la Policía Judicial comunica a una persona que se están siguiendo actuaciones por su supuesta participación en la comisión de determinados hechos delictivos. No obstante, también es utilizado este término, cuando de una u otra forma, se dirige contra alguna persona determinada un procedimiento. Por ejemplo, desde la admisión de la denuncia o de la querella y la consecuente declaración como imputado en sede policial o judicial.

Sólo pueden ser imputadas las personas "físicas y vivas", que tengan la aptitud necesaria para participar de modo consciente en el juicio, comprender la acusación formulada contra ellas y ejercer el derecho de defensa.

Por ello, se debe diferenciar la capacidad procesal comentada, de la denominada inimputabilidad que establece el CP, puesto que se puede ser inimputable por minoría de edad, pero ser capaz desde el punto de vista procesal. En cambio, otros casos de inimputabilidad afectan también a la capacidad procesal, como sucede con las enfermedades mentales: enajenación, trastorno mental o grave alteración de la conciencia de la realidad, bien, desde el mismo momento de la comisión del delito, bien, sobrevenida posteriormente. Si se reconoce alguno de estos estados, se archivarán las actuaciones o se suspenderá el juicio oral, según el caso. [331]

[331] Vid. Artículos 20 CP y 383 LECrim.

La condición de imputado y parte se perderá al finalizar el proceso, condenando, absolviendo o sobreseyendo definitivamente a la parte pasiva, en cuyo caso pasará a denominarse condenado o reo y absuelto, respectivamente.

b) Procesado: Cuando, en el sumario por delitos graves, el instructor ha dictado contra él un auto de procesamiento motivado, [332] inculpándole formalmente. En los procesos por delitos menos graves desaparece el auto de procesamiento, pero no la imputación judicial, que se da a conocer al imputado en el preceptivo interrogatorio judicial durante la fase de diligencias previas. [333]

c) Acusado: Una vez abierto el juicio oral, tras el escrito de calificaciones provisionales, si es el proceso común, o el escrito de acusación, si es el procedimiento abreviado. A partir de ese momento debe intervenir necesariamente en el proceso, a excepción de los casos permitidos por la ley en los que el juicio se puede celebrar en *"rebeldía"*, como por ejemplo, en caso de que el delito tenga señalada pena inferior a dos años de privación de libertad o no exceda, si fuera de distinta naturaleza, de seis años y a petición de la acusación, pueda celebrarse el juicio en ausencia del acusado. [334] Doctrinalmente se justifica la posibilidad de esta ausencia por razones de economía procesal, en la escasa entidad de la infracción y en la propia innecesariedad de la presencia del sujeto pasivo del procedimiento cuando su residencia esté ubicada fuera del término municipal sede del Juzgado. [335]

Como se ha visto, la presencia del imputado es necesaria para celebrar el juicio oral, salvo las citadas excepciones. Por este motivo, en el caso de rebeldía el Juez ordenará la búsqueda del imputado, tanto en España, a través de una requisitoria, como en el extranjero, mediante el procedimiento de extradición pasiva.

d) Condenado: Contra el que se ha dictado sentencia condenatoria. Si fuera absolutoria, se le denomina **absuelto**.

e) Reo: El que está cumpliendo la pena impuesta en la sentencia.

---

[332] Vid. Artículo 384 LECrim.
[333] Vid. STC núm. 186/1990.
[334] Vid. Artículo 786 LECrim.
[335] GARBERÍ LLOBREGAT; La ausencia del acusado en el Proceso Penal, especial referencia al Proceso Penal Abreviado (LO 7/1988, de 28 de diciembre), Editorial Colex, Madrid, 1992, pág. 97.

f) Recurrente o recurrido: En la fase de recurso dependiendo de si la parte pasiva ha interpuesto el recurso de apelación o ha sufrido el mismo.

2.2.2.- El responsable civil:

Por razones de oportunidad, para evitar el nacimiento de varios procesos en exigencia de las responsabilidades que surgen del hecho punible, una civil y otra penal, ambas pueden ser objeto de conocimiento dentro del proceso penal. [336] Con ello, cuando el perjudicado por el hecho no renuncia en el proceso penal a la pretensión reparatoria o no se la reserva para ejercerla en un juicio civil, aparece una parte pasiva civil de *"carácter contingente"*, el responsable civil.

La responsabilidad civil por hechos delictivos comprende la restitución, la reparación del daño y la indemnización de los perjuicios materiales o morales, que es lo que se exige al responsable civil, según el caso: [337]

- La restitución deberá hacerse del mismo bien si fuera posible, aunque la cosa se hallara en poder de un tercero que la haya adquirido por medio legal y de buena fe.

- *La reparación* podrá consistir en prestaciones de dar, hacer o de no hacer.

- *La indemnización* de los perjuicios materiales y morales comprenderá tanto los irrogados al agraviado, a su familia o a un tercero. [338]

La responsabilidad civil por el daño causado por hechos delictivos se establece en el CP, con normas exclusivas y excluyentes de las del CC. En este sentido, si la sentencia fuera condenatoria o en los casos de exención de responsabilidad del artículo 20 del CP, se aplicarán las disposiciones del CP. En cambio, si la sentencia fuera absolutoria porque los hechos no fueran constitutivos de delito o falta, habría que acudir a los preceptos que determinan la responsabilidad por un ilícito de otra naturaleza y se aplicarían los propios del CC. [339]

---

[336] GÓMEZ DE LIAÑO; ob. Cit. Pág. 84.

[337] Vid. Artículo 110 CP; Vid. igualmente, SERRANO GÓMEZ; El costo del delito y sus víctimas en España, primera edición, Universidad Nacional de Educación a Distancia, Imprime EGRF, S.A., Madrid, 1987, pág. 114.

[338] Vid. Artículos 111 a 113 CP.

[339] Vid. Artículos 1902 y ss CC.

En este orden de cosas, se diferencian dos clases de responsables civiles: el directo y el subsidiario.

a) Responsabilidad Civil Directa: [340]

- La responsabilidad civil por hecho propio derivado de daños o perjuicios causados por hechos delictivos recae de forma directa en quien resulte responsable penalmente, [341] sea como autor o como cómplice.

- Son también responsables civiles directos los que hubieren participado a título lucrativo de los efectos de un delito o falta, hasta la cuantía de su participación. [342]

- Cuando se declare la no existencia de responsabilidad criminal por hechos cometidos por inimputables, alteración psíquica desde nacimiento, menores u otras causas de similar naturaleza, no se extingue la responsabilidad civil, ya que recae sobre las personas que los tengan bajo su custodia o tutela, siempre que hubiera por su parte culpa o negligencia. [343] En el caso de los padres, tutores, acogedores y guardadores legales o de hecho, *por ese orden*, responderán civilmente de forma solidaria con el menor de edad que cometa un hecho delictivo, no obstante, el Juez de Menores atenuará esta responsabilidad en función de las circunstancias del hecho. [344]

- Cuando se declare la exención de responsabilidad penal por haber obrado el acusado impulsado por un **estado de necesidad**, son responsables civiles directos las personas en cuyo favor se haya precavido el mal, en proporción al perjuicio que se les hubiera evitado. [345] Cuando lo sea por **miedo insuperable**, responderán civilmente quienes hubieran provocado el miedo y, en defecto de ellos, quienes hubieren ejecutado el hecho. [346]

---

[340] Vid. MORENO CATENA; en una obra realizada también por GIMENO SENDRA Y OTROS; ob. Cit. Pág. 137 y 138.
[341] Vid. Artículo 116 CP.
[342] Vid. Artículos 122 CP y 615 LECrim.
[343] Vid. Artículo 118.2° CP.
[344] Vid. Artículo 61 LORPM.
[345] Vid. Artículo 118.1.3ª CP.
[346] Vid. Artículo 118.1.4ª CP.

- Igualmente, son responsables civiles directos, solidariamente y hasta el límite de la indemnización legalmente establecida o convencionalmente pactada, ***los aseguradores*** que hubieran asumido el riesgo de las responsabilidades pecuniarias derivadas del uso o explotación de cualquier bien o cuando se produzca cualquier otro hecho que determine el riesgo contra quien corresponda. [347]

b) Responsabilidad civil subsidiaria:

- Según el artículo 120.1 del CP, son responsables civiles subsidiarios los tutores de mayores de edad sujetos a su patria potestad o tutela y que convivan con ellos, en caso de insolvencia de estos.

- También son responsables subsidiarios, los titulares de establecimientos por los hechos delictivos que se cometan en el interior de los mismos, siempre que haya mediado infracción de reglamentos de policía o disposiciones de la autoridad relacionados con el hecho punible, de modo que éste no se hubiera producido sin dicha infracción. [348]

- Igualmente, los titulares de los medios de comunicación por delitos o faltas cometidos utilizando éstos. Sin embargo, serán responsables solidarios si se tratara de un delito de calumnia o injuria propagadas por imprenta, radiodifusión u otro medio de eficacia semejante. [349]

- Las personas físicas o jurídicas dedicadas a cualquier tipo de industria o comercio, por los delitos cometidos por sus empleados, dependientes, representantes o gestores en el desempeño de sus obligaciones o servicios. [350]

- Los titulares de vehículos por los delitos o faltas cometidos en su utilización por sus dependientes, representantes o personas autorizadas. [351]

---

[347] Vid. Artículos 117 CP. y 76 de la Ley 50/1980 de 8 de octubre, del contrato del seguro; Vid.,en este sentido, STS de 21 de septiembre de 1987.

[348] Vid. Artículo 120.3 CP.

[349] Vid. Artículo 112 CP.

[350] Vid. Artículo 120.4° CP.

[351] Vid. Artículo 120.5° CP.

- En caso de insolvencia del causante del miedo insuperable, responden, subsidiariamente, los que hubieran realizado el acto. [352]

No obstante, los autores, cómplices y encubridores, cada uno dentro de su respectiva clase, serán solidariamente responsables entre sí por sus cuotas, y subsidiariamente por las que correspondan a los demás responsables.

c) Responsabilidad civil subsidiaria de las Administraciones Públicas:

Dejando a un lado la responsabilidad por la vía administrativa prevista en el artículo 106.2 de la CE, desarrollado por la Ley 30/1992 que regula la responsabilidad por el normal o anormal funcionamiento de los servicios públicos, existe la responsabilidad subsidiaria de las Administraciones Públicas o la vía de reparación en el proceso penal por hechos delictivos cometidos por funcionarios públicos en el ejercicio de sus cargos. La misma surge cuando, éstos, son cometidos por una persona con el carácter de "autoridad, agentes y contratados de la misma o funcionarios públicos", siempre que estén presentes ***dos condiciones:***

1º/ Que los hechos se produzcan en el ejercicio del cargo público que desempeñen. [353]

2º/ Que la lesión sea consecuencia directa del funcionamiento de los servicios públicos que les estuvieren confiados. [354]

---

[352] Vid. Artículo 118.4ª CP.

[353] Vid. STS de 17 de septiembre de 1.995.

[354] Vid. STS de 15 de octubre de 1993.

LECCIÓN IX

LA IMPUTACIÓN EN EL PROCESO PENAL:

1.- LA IMPUTACIÓN:

1.1.- Concepto de la imputación:

Uno de los principios generales del proceso penal es la necesidad de una previa imputación para poder ser condenado, ya que, sin ella no puede abrirse el juicio oral ni condenarse a una persona que no haya adquirido formalmente la condición de imputado. [355]

Imputación, según el diccionario de la Real Academia de la Lengua, es la acción de imputar. Si esta imputación la referimos a delitos, la imputación es atribuir la culpa, la acción o la responsabilidad de los mismos a una determinada persona.

La imputación es, siguiendo a MORENO CATENA, [356] "atribuir a una persona determinada la participación en unos hechos concretos que presentan los caracteres de delito", determinando el sujeto pasivo procesal y confiriéndole la condición de "parte procesal". Se trata de una doble concreción, subjetiva y objetiva, tal y como se estudió en la pretensión. [357]

El sujeto pasivo, esto es el imputado, al constituirse en parte procesal se le conceden una serie de derechos procesales que se deben respetar. Si ello no fuera de esta forma se vería afectado el derecho fundamental de todo ciudadano a un proceso justo con todas las garantías.

Entre estos derechos podemos citar el de conocer el contenido del proceso y las razones de su apertura y curso, ejercitar su derecho a la defensa y reaccionar frente a la agresión que la imputación le supone.

En la fase de investigación, como es lógico, no existe, al menos formalmente, la imputación, ya que, la función y finalidad de esta fase es averiguar y hacer constar la culpabilidad de los delincuentes, así como reconstruir lo sucedido el día de autos. [358]

---

[355] Vid., entre otras, STC núm. 129/1993.

[356] GIMENO SENDRA Y OTROS; ob. Cit. Pág. 163.

[357] Vid. Lección 6 de la presente obra.

[358] Vid. Lección 12 de la presente obra y el artículo 299 LECrim.

Teniendo en cuenta lo afirmado en el párrafo anterior, se puede afirmar que la doctrina ha manejado dos conceptos de imputación, el primero, en sentido amplio o lato y, el segundo, en sentido estricto o formal:

- *La imputación en sentido amplio o lato* es toda aquella comunicación que se realiza a un sujeto al objeto de poner en su conocimiento la existencia de indicios que revelan su responsabilidad en un hecho delictivo. Igualmente, se puede efectuar esta imputación mediante la adopción de cualquier medida cautelar contra una persona, ya sea la detención, ya sea la prisión provisional.

- *La imputación en sentido estricto o formal,* por el contrario, es el acto por el cual una Autoridad Judicial decide que los hechos que han llegado a su conocimiento tienen indicios racionales de ser ciertos y que aparece una persona como presuntamente responsable de los mismos, por ello adopta una resolución en la que se concretan unos y otros. Es, según MONTERO AROCA, *"un paso más respecto de la imputación en sentido amplio; ya no es la atribución, más o menos fundada, tal y como decíamos, a una persona de un hecho punible, sino su clara incriminación sobre la base de una apreciación judicial de indicios racionales acerca de su participación o responsabilidad en aquél."* [359]

La forma de esta clase de imputación depende del procedimiento que se haya abierto, si es procedimiento común, este acto de imputación es el "auto de procesamiento", si se trata de un procedimiento ante el Jurado, el acto de imputación judicial formal es el "auto de hechos justiciables", por último si es un procedimiento abreviado se realizará en el "auto de conclusión de las diligencias previas y de apertura del juicio oral". [360]

Es evidente que de acuerdo a lo citado en el segundo concepto de imputación referido, ésta únicamente la puede realizar el Juez competente en cada caso y no puede realizarlo ni la Policía Judicial, ni tan siquiera el Ministerio Fiscal. De aquí se extrae el criterio clasificador de la imputación que se estudiará detenidamente más adelante, la imputación hecha por la Autoridad Judicial y la imputación realizada por personas ajenas al Poder Judicial.

---

[359] MONTERO AROCA Y OTROS; ob. cit. Pág. 235; Vid., igualmente, STS de 5 de mayo de 1987.

[360] Vid. Artículo 779.4 LECrim.

Por lo que, teniendo en cuenta los dos conceptos estudiados, se puede aseverar que la imputación judicial puede ser tanto lata como formal. Sin embargo, la imputación realizada por la Policía Judicial y el Ministerio Fiscal sólo puede ser la referida en primer lugar, pues la imputación formal, como se ha dicho, es función reservada al Juez competente.

De todo ello se deduce, que la Policía Judicial y el Ministerio Fiscal pueden hacer verdaderos actos de imputación con efectos en el procedimiento penal, pues cualquier medida cautelar que adopten por sí mismos, y que por otra parte están legalmente obligados a realizar, se considera acto de imputación, léase detención, imputación sin detención u otra de naturaleza medida cautelar, aún de naturaleza real.

La diferencia estriba en los efectos que una y otra clase de imputación tienen en el proceso. La imputación formal hecha por la Autoridad Judicial es el acto necesario para la apertura del juicio oral. La imputación lata es un acto necesario para que se siga un procedimiento contra una determinada persona y que abre, simplemente, la posibilidad de defensa del mismo y el derecho del conocimiento de los hechos de los cuales se le acusa.

De acuerdo a lo señalado anteriormente, la imputación judicial es el presupuesto necesario para la apertura de la fase del juicio oral, por ello necesariamente se debe dar con anterioridad a la apertura de esa fase.

La LECrim establece, en su artículo 118, [361] varios medios que hacen patente la

[361] Vid. Artículo 118 LECrim: "Toda persona a quien se impute un acto punible podrá ejercitar el derecho de defensa, actuando en el procedimiento, cualquiera que éste sea, desde que se le comunique su existencia, haya sido objeto de detención o de cualquiera otra medida cautelar o se haya acordado su procesamiento, a cuyo efecto se le instruirá de este derecho.
La admisión de denuncia o querella y cualquier actuación procesal de la que resulte la imputación de un delito contra persona o personas determinadas, será puesta inmediatamente en conocimiento de los presuntamente inculpados.
Para ejercitar el derecho concedido en el párrafo primero, las personas interesadas deberán ser representadas por Procurador y defendidas por Letrado, designándoseles de oficio cuando no los hubiesen nombrado por sí mismos y lo solicitaren y, en todo caso, cuando no tuvieran aptitud legal para verificarlo.
Si no hubiesen designado Procurador o Letrado, se les requerirá para que lo verifiquen o se les nombrará de oficio si, requeridos, no los nombrasen, cuando la causa llegue a estado en que se necesite el consejo de aquellos o hayan de intentar algún recurso que hiciese indispensable su actuación."

imputación con efectos en el proceso, es decir, que abren al imputado el derecho de defensa y los demás efectos comentados. De los establecidos en este artículo y de otros actos recogidos a lo largo de la propia LECrim y que traen como necesaria consecuencia la imputación se ha extraído el siguiente resumen de actos de imputación:

1º/ La detención.

2º/ La adopción de otras medidas cautelares.

3º/ La admisión de denuncia o querella.

4º/ Cualquier actuación procesal de la que resulte la imputación, entre las que podemos mencionar la citación para ser oído en calidad de imputado.

5º/ El auto de procesamiento.

6º/ El auto de conclusión de las y de apertura del juicio oral.

7º/ El auto de hechos justiciables.

8º/ La citación para ser oído.

Cuestión diferente y muy debatida entre la doctrina es, si órganos fuera del Poder Judicial, pueden realizar verdaderas imputaciones. Abundando en el tema, actualmente, los autores que postulaban la tesis de que la Policía Judicial y el Ministerio Fiscal no podían efectuar verdaderas imputaciones están en claro retroceso. Por el contrario, se defiende de forma generalizada que, estos últimos, sí pueden realizar imputaciones, aunque éstas presentan claros matices diferentes a las "judiciales". Uno de ellos, es que el Juez puede realizar todas las imputaciones relacionadas en el anterior resumen, sin embargo, a la Policía Judicial y al Ministerio Fiscal se le limitan la mayoría, como seguidamente se verá.

Por lo tanto, antes de la apertura de un concreto procedimiento penal y **fuera de actuaciones con intervención judicial**, pueden tener lugar verdaderos actos de imputación con relevancia procesal. Aquéllos que confieren a una persona la condición de sujeto pasivo con derecho a utilizar los medios pertinentes para su defensa, como son en concreto los siguientes:

- La adopción de medidas cautelares, como la detención practicada por la Policía Judicial u ordenada por el Ministerio Fiscal. [362]

- La citación cautelar que puede ordenar el Ministerio Fiscal y que gozará de las mismas obligaciones y garantías que la citación judicial. [363]

Pero esa imputación que concede al sujeto pasivo una serie de derechos que garantizan su defensa, no es suficiente para la celebración del juicio oral que exige, siempre una decisión del órgano judicial encargado de la investigación. Es consecuencia del siguiente principio general: ***"nadie puede ser acusado sin haber sido declarado con anterioridad judicialmente imputado."*** [364]

1.2.- Clases de imputación:

Una vez estudiado el concepto de imputación, en su doble vertiente, se procede a profundizar en las dos clases de imputación que existen de acuerdo al mismo:

a) La imputación judicial:

Se puede dar en varios momentos, según establece la LECrim: [365]

- *Al principio:* Desde el mismo momento de la apertura del procedimiento, con la presentación de la denuncia o querella, donde se incluyen, en la mayoría de los casos, la identificación de un hecho delictivo y de las personas responsables del mismo. Sin embargo, es sólo a raíz del acto de admisión por el órgano judicial, cuando la imputación cumple la función de conferir el status de imputado al sujeto contra quien se dirige. En estos primeros momentos dicha imputación, se puede afirmar que es provisional, pues existe un hecho con la apariencia de delito y una persona que es sospechosa de haber tenido intervención en el mismo con los datos hasta ahora recabados.

---

[362] Vid. Artículo 493 LECrim.
[363] Vid. Artículo 773 LECrim.
[364] Vid. SSTC núms. 128/1993, 129/1993 y 277/1994.
[365] Vid. Artículo 118 LECrim.

El mismo tratamiento y consideración jurídica que la denuncia debe tener el **"atestado policial"**, [366] de tal forma que una vez entregado en el Juzgado correspondiente, si en él se ha determinado a la persona presumiblemente responsable, el Juez competente debe realizar un juicio de verosimilitud del relato contenido en el atestado, denuncia o querella, en base al material fáctico con el que se cuenta. Si admite la denuncia, en este caso a través del atestado, la imputación se entiende realizada, aunque se concrete en un momento posterior con la citación del denunciado para ser oído sobre los hechos de los que se le acusa.

En el procedimiento ante el jurado existe la imputación contra una determinada persona cuando se convoque a todas las partes a una comparecencia para concretar la imputación. [367]

- *El segundo momento:* Una vez admitido el atestado, la denuncia o querella, se deben realizar por parte del Juez las diligencias necesarias para averiguar lo hechos. Cuando de esas diligencias, declaración de un testigo, realización de una inspección ocular o la realización de una entrada y registro, por poner algunos ejemplos, se debe concretar la imputación de forma inmediata.

En ese momento deberá el juez citarle para tomarle declaración, [368] con la finalidad de indagar su participación delictiva, comunicarle los hechos que se le imputan, permitiéndole que sea oído directamente por la autoridad judicial y pueda exculparse de los cargos. [369]

- *Al final* de la fase instructora en la que se tienen, por las diligencias de prueba y de investigación realizadas, indicios racionalmente bastantes para someter a la parte pasiva del procedimiento al juicio oral. Esta imputación, llamada formal, se concreta en el llamado acto de imputación judicial, que recibe diversos nombres dependiendo del procedimiento que se esté instruyendo, auto de procesamiento, auto de apertura y el auto de hechos enjuiciables.

---

[366] Vid., en esta línea, SOLÍS NAVARRO Y OTROS; ob. Cit, Págs 280 y ss. Vid., igualmente, artículo 297 LECrim.

[367] Vid. Artículos. 24 y 25 de la LOTJ.

[368] Vid. Artículo 775 LECrim.

[369] Vid. STC núm. 186/1990.

b) La imputación extrajudicial:

A pesar de que algunos autores defiendan la imputación judicial como única forma de imputación, se puede afirmar que la actuación de la Policía Judicial, en la investigación de hechos delictivos, lleva necesariamente a realizar **verdaderos actos de imputación**. Su justificación se encuentra porque de no entenderse así, podrían lesionarse algunos derechos del imputado, como el de defensa, conocimiento de la investigación y la asistencia letrada.

Sin embargo, la afirmación realizada en relación con la imputación en el atestado, como cuando se habla de su valoración de denuncia, [370] debe ser matizada esta cuestión. No puede confundirse esta imputación con la judicial, pues una y otra se realizan en momentos diferentes y, sobre todo, tienen muy diferentes efectos en procedimiento. Pero, ahora interesa citar los actos en los que esta imputación extrajudicial se materializa, fundamentalmente la detención y la citación para la imputación sin detención.

Desde el momento de la comunicación de la imputación nace en la persona, a la que se realiza, una serie de derechos de defensa, que deben ser escrupulosamente respetados:

- A tener conocimiento de que se está siguiendo una investigación contra él.

- A tener conocimiento de los hechos que se le imputan.

- A tener asistencia letrada.

1.3.- La imputación y sus efectos:

Es un derecho fundamental del sujeto cuando se ve sometido a un proceso penal que, éste, sea informado de la acusación desde los primeros momentos del procedimiento. Por ello, la LECrim, obliga al Juez a informar al imputado, hasta entonces sospechoso, de forma inmediata de las acusaciones por las que se le investiga.

---

[370] Vid., en esta línea, SOLÍS NAVARRO Y OTROS; ob. Cit. Págs. 280 y ss.

Esto, en la práctica, ha propiciado numerosos problemas, pues la LECrim establece, como se ha dicho, que la comunicación se debe hacer de forma inmediata, sin que se pueda retrasar más de lo necesario. En concreto establece que, cuando la persona se encuentre detenida, el plazo para realizar la imputación es de 24 horas, pudiendo retrasarla, con resolución motivada, otras 48 horas. Finalizadas esas 72 horas, que se corresponden con el plazo de detención judicial, el Juez debe haber oído al detenido y haberle procedido a comunicar los hechos que se le imputan, materializando esta primera imputación provisional judicial. [371]

Los problemas referidos se dan, sobre todo, cuando en esos primeros momentos se llevan a cabo diligencias de investigación y de prueba que, por su propia esencia, se desnaturalizarían si se comunicara a la parte pasiva la imputación. Un ejemplo de ello son las intervenciones telefónicas, en el trascurso de los cuales, el procedimiento debe estar sometido al "secreto de sumario", pues de otra forma, la medida sería inútil.

La comunicación de la imputación consistirá en dar a conocer al imputado, de modo que le sea comprensible, todos y cada uno de los hechos delictivos que se le atribuyen y que están siendo investigados, el sentido de la instrucción, las posibles consecuencias del proceso penal, incluyendo en esta fase una provisional calificación jurídica de los hechos y una ilustración de todos los derechos que integran la defensa y que permite tomarle declaración. [372]

Los **dos efectos principales** de la imputación son, en primer lugar, que el sometido a un procedimiento penal pueda ejercer su derecho a la defensa y, en segundo lugar, que la imputación o imputaciones realizadas marcarán los límites de los hechos por los cuales se les puede juzgar.

a) ***Derecho de defensa:*** Es evidente que si no se conoce las acusaciones que contra una persona se hacen, no se puede llevar a cabo de forma alguna la defensa. Por lo tanto, se vulnerará el derecho fundamental a la defensa del artículo 24 de la CE y se considerarán nulas todas las actuaciones hasta entonces practicadas. [373] Este derecho de defensa, además, se materializa a través del nombramiento obligatorio de letrado.

---

[371] Vid. Artículos 118 y 386 LECrim.

[372] Vid. STC núm. 186/1990.

[373] Vid. SSTC núms. 128/1993, 129/1993 y 152/1993, entre otras.

b) ***Los hechos por los que se va a seguir el procedimiento o límite fáctico:*** En la imputación se concretan los hechos delictivos acaecidos investigados donde aparece el "imputado" como presunto responsable. Por lo tanto, los únicos hechos que se van a discutir en el juicio son los introducidos en la imputación formal. Si hay otros hechos delictivos que no han sido introducidos en esa imputación, tendrá que abrirse un nuevo procedimiento y realizar una nueva imputación. Para el caso de que esos nuevos hechos sean conexos con los primeros, se podrán dirimir en el mismo juicio, pero igualmente necesitará ampliar la primera imputación para introducir los nuevos delitos.

2.- LOS ACTOS DE IMPUTACIÓN JUDICIALES:

Se ha mencionado que la imputación, de forma general, se puede realizar tanto por órganos judiciales como por otras entidades fuera del Poder Judicial. No obstante, los más importantes actos de imputación son los realizados precisamente por los primeros, que reciben distinto nombre dependiendo de la clase de procedimiento.

2.1.- La imputación judicial en el procedimiento común:

a) La citación para ser oído:

A través de esta *citación para ser oído* se ordena, por el Juez de Instrucción, la comparecencia inmediata del imputado a fin de ponerle en su conocimiento la imputación que recae sobre él y prestarle declaración a fin de que pueda ejercitar su derecho de defensa con anterioridad al cierre de la instrucción.

Esta clase de imputación se encuentra regulada para el procedimiento común en los artículos 486 y 487 de la LECrim, de aplicación subsidiaria a los restantes procedimientos, siempre que no contradigan los preceptos especiales de los mismos.

Tanto es así, que en la práctica se da en todos los procedimientos con carácter previo al acto de imputación formal, y tiene especial importancia en el procedimiento abreviado, pues en éste, formalmente, no existe tal acto. [374]

---

[374] Vid. Artículos 384 y 767 LECrim.

Notas características de la citación para ser oído: [375]

- **Es un acto coercitivo:** En el sentido de que el citado está obligado a acudir al mandamiento judicial, si no comparece podrá convertirse la citación en una orden de detención. [376] Sin embargo, su finalidad no es en sí la comparecencia del imputado sino posibilitar el interrogatorio judicial.

- **Contiene un acto judicial de imputación:** Se podrá contener por escrito en la misma citación o con anterioridad al interrogatorio. Este acto judicial de imputación, se realice de una forma u otra, debe contener la determinación del hecho punible y su calificación jurídica, el derecho de estar asistido de abogado y los demás derechos contenidos en el artículo 520.2 LECrim.

- **Realizar el interrogatorio judicial del imputado:** Esta es la finalidad de la citación para ser oído, por lo que deberá ser citado en esa calidad. Como tal interrogatorio, participa de una doble naturaleza, por un lado, es un acto de investigación del Juez y, por otro, es un acto de defensa del imputado. [377]

- El TC ha establecido en el procedimiento abreviado, que no puede el Juez de Instrucción clausurar las diligencias previas sin, al menos, haber prestado declaración al imputado para ser oído con anterioridad al auto de apertura del juicio oral, [378] por lo que se constituye en el verdadero acto formal de imputación en este procedimiento.

b) El auto de procesamiento:

Es el acto judicial de imputación por excelencia regulado en el artículo 384 de la LECrim y que consiste en una resolución motivada del Juez Instructor competente en la que se declara a una persona como formalmente imputada.

Notas características del auto de procesamiento: [379]

---

[375] Vid. GIMENO SENDRA Y OTROS; ob. Cit. Págs. 169 y ss.
[376] Vid. Artículo 487 LECrim.
[377] Vid. Artículos 385 a 409 LECrim.
[378] Vid. SSTC núms. 186/1990, 128/1993, 129/1993, 152/1993, 273/1993, 290/1993, 32/1994 y 277/1994.
[379] Vid. GIMENO SENDRA Y OTROS; ob. Cit. Pág.171 y ss.

- Es una **resolución judicial motivada**, por lo tanto, exige la forma de auto. Sin esa necesaria motivación, se puede conculcar el derecho de defensa del procesado y declarar nulo. [380]

- **Tiene carácter provisional**, es decir, ha de pronunciarse cuando surja *"algún indicio racional de criminalidad contra persona determinada"*. Por ello, se puede levantar o modificar si de las pesquisas realizadas en la instrucción resultare la inocencia de una persona o se detectara que cometió nuevos delitos, respectivamente.

- Su función es determinar la **legitimación pasiva** y convertirse en requisito previo de la acusación, para evitar que se puedan realizar acusaciones sorpresivas.

- **Juez competente es el Juez de Instrucción**, [381] con excepción de los Tribunales encargados por disposición de la CE y LOPJ para pronunciar el procesamiento y enjuiciamiento de determinadas personas aforadas.

- **Resolución formal de imputación**, pues, aunque el procesado hubiera adquirido la condición de imputado con anterioridad en la vía judicial o extrajudicial, [382] el auto de procesamiento tiene la virtud de asumir por el Juez de Instrucción competente esa imputación, a la vez que garantiza un eficaz ejercicio del derecho de defensa.

- Ha de dirigirse contra **persona determinada**, que no necesariamente debe estar completamente identificada, pues puede llegar el caso que se desconozca de forma completa a la persona responsable del delito. En tal caso se harán constar las señas que le dieran a conocer. [383]

- Existencia de algún **indicio racional de criminalidad**, el cual debe ser más profundo, razonado e investigado que en los primeros momentos de la fase instructora, donde se tenían simples indicios. Por lo tanto, cuando el Juez acuerda el "auto de procesamiento" debe tener por segura la existencia del hecho delictivo y por muy probable la participación del encausado.

---

[380] Vid. STC núm. 66/1989.

[381] Vid. Artículo 384.5 LECrim.

[382] Vid., principalmente, el artículo 118 LECrim.

[383] Vid. Artículo 513 LECrim.

- Produce importantes **efectos sobre las medidas cautelares y de seguridad**, de cuya adopción es presupuesto necesario la notificación del auto de procesamiento.

c) Auto de apertura del juicio oral:

En la fase intermedia del procedimiento común, la Sala de lo Penal de la Audiencia Provincial examina el sumario [384] y decide la apertura de la fase de plenario a través del auto de apertura del juicio oral, donde, además de citar para juicio y declarar pertinentes las pruebas propuestas por las partes, hace suyas las imputaciones realizadas por la partes activas y el Juez de Instrucción en los escritos de calificaciones provisionales y auto de procesamiento, respectivamente.

2.2.- La imputación judicial en el procedimiento ante el Tribunal del Jurado:

a) La audiencia para la concreción de la imputación:

Una vez transformadas las diligencias previas en instrucción del procedimiento ante el Jurado, el Juez de Instrucción lo notificará a las partes, debiendo contener, en dicha resolución, la citación de comparecencia con la finalidad de que en el día y hora señalada se efectúe la audiencia para la concreción de la imputación. [385] No obstante el Juez no asume la imputación que en este acto realizan las partes activas, aunque se efectúe en su presencia, motivo por el cual se ha incardinado esta forma de imputación en el presente apartado. Con ello, la LOTJ corrige la parquedad de la LECrim que no regula detalladamente un acto parecido en el resto de los procedimientos. En este sentido, el objeto principal de esta audiencia, aunque tiene otros, es concretar la imputación realizada por las partes a presencia judicial.

b) El auto de apertura del juicio oral:

En este procedimiento, el auto de apertura del juicio oral, con iguales características que en el procedimiento común, se constituye en el verdadero acto de imputación judicial, debido a que no existe el "auto de procesamiento".

---

[384] Vid. Artículo 633 LECrim.

[385] Vid. Artículo 25 LOTJ.

c) El auto de hechos enjuiciables:

Aunque, en el procedimiento ante el Tribunal del Jurado, el verdadero acto de imputación formal se efectúa en el *"auto de apertura del juicio oral"* realizado en la fase intermedia, con posterioridad, en el juicio oral se produce el auto de hechos enjuiciables, donde el Magistrado presidente del Tribunal de Jurado precisa de una forma definitiva los hechos que van a ser enjuiciados por el tribunal popular.

2.3.- La imputación judicial en el procedimiento abreviado:

Como se ha mencionado en varias ocasiones en el procedimiento abreviado no existía en principio ningún acto de imputación judicial de manera formal. Ello, provocó numerosos recursos ante el Tribunal Constitucional, pues iba en contra del repetido principio de que *"nadie puede ser acusado sin haber sido previamente judicialmente imputado."*

Dicho principio se extendió para que el procedimiento abreviado no se convirtiera en anticonstitucional con la expresión *"...y sin haber prestado, al menos, el Juez declaración para ser oído dentro de las diligencias previas"*, pues, como se ha repetido, en este procedimiento no aparece regulado el auto de procesamiento, acto judicial de imputación por excelencia.

a) Citación para ser oído:

Por lo dicho anteriormente, la citación para ser oído se constituye en el procedimiento abreviado en el verdadero acto de imputación formal. En este orden de cosas, el Tribunal Constitucional establece que para que el principio de que nadie puede ser condenado sin haber sido previamente judicialmente imputado se respete se deben dar los siguientes puntos: [386]

- Que nadie puede ser acusado sin haber sido con anterioridad declarado judicialmente imputado.

- Que nadie puede ser acusado sin haber sido oído por el Juez con anterioridad

[386] Vid. STC núm. 149/1997, de 29 de septiembre.

a la conclusión de la fase de instrucción que, en lo que aquí interesa, se traduce en que no pueda clausurarse la fase de instrucción sin que el Juez haya ilustrado al imputado de sus derechos y, particularmente, sin la designación de abogado defensor ni haber dado lugar a la posibilidad de alegar su exculpación en la "primera comparecencia" contemplada, actualmente, en el artículo 779.4 de la LECrim. [387]

- Que no debe pedirse al imputado simple declaración testifical cuando de las diligencias practicadas pueda, fácilmente, inferirse que contra él existe sospecha de haber participado en la comisión de un hecho punible.

b) Auto de apertura del juicio oral:

Con este auto de apertura del juicio oral, sucede una cuestión idéntica de lo explicado en el procedimiento ante el Tribunal del Jurado, es decir, se constituye en el verdadero acto de imputación judicial formal, debido a que en el procedimiento abreviado, tampoco existe el "auto de procesamiento".

2.4.- La imputación en el procedimiento de juicios rápidos:

Las formas de imputación judicial en este procedimiento son las mismas que las explicadas en el procedimiento abreviado. Sin embargo, en este procedimiento se regula de una forma más amplia la "citación para ser oído" que se lleva a cabo en la comparecencia regulada en el artículo 797 de la LECrim, [388] cuyas finalidades principales son oír al detenido o imputado y realizar la imputación judicial. La principal diferencia con el procedimiento abreviado es que la citación para celebrar este acto judicial se realiza por parte de la Policía Judicial en lugar de realizarlo el Juzgado correspondiente. [389]

2.5.- La imputación en el procedimiento de faltas:

- Citación para ser oído:

[387] Vid. la redacción anterior de la LECrim en su artículo 789.4 LECrim.

[388] En concordancia con los artículos 775 y 779.1 LECrim.

[389] Vid. Artículo 796 3º LECrim

La característica principal del juicio de faltas es la ausencia de fase instructora, debido a que, en general, la simplicidad técnico-jurídica y la levedad de las faltas hacen innecesaria dicha fase. Sin embargo, como ocurre con el resto de los principios relativos a los procedimientos por delito, también el presente se respeta el repetido principio de que nadie puede ser condenado sin ser oído.

Es por ello, que en este procedimiento se realiza la citación para ser oído con las mismas características que en el común y abreviado. Por consiguiente, en el *juicio de faltas ordinario,* el Juez de instrucción debe proceder a la citación del imputado no detenido al objeto de tomarle declaración para ser oído, [390] citación que será realizada directamente por la Policía Judicial en el *juicio de faltas inmediato.*

[390] Vid. Artículos 486 y ss.

LECCIÓN X

LA INSTRUCCIÓN (I)

1.- FORMAS DE INICIACIÓN:

Existen varias formas de iniciación del proceso penal, esto es, actos mediante los cuales se pone en conocimiento hechos, presumiblemente delictivos, a las instituciones que tienen como obligación la puesta en marcha del proceso penal. Entre ellas, se pueden distinguir la denuncia y la querella, como formas de iniciación más comunes, la iniciación de oficio y la excitación especial del gobierno, como formas de iniciación de menor utilización práctica. [391]

2.- CONCEPTO Y OBJETO DE LA INSTRUCCIÓN:

De acuerdo a lo explicado en las primeras lecciones de esta obra, la vigencia del Principio Acusatorio impone, en nuestro ordenamiento, la obligación de que existan dos fases en los procedimientos penales, cuya competencia corresponde a dos órganos judiciales diferentes, uno el que instruye y otro el que enjuicia, residiendo en el primero de ellos la dirección de la fase de instrucción del procedimiento penal, entendida como aquélla que consiste en realizar las actuaciones y averiguaciones necesarias para decidir si debe o no abrirse el juicio contra una determinada persona.

En esta línea, la LECrim cita la fase de instrucción, cuando se refiere al "sumario" en la regulación del procedimiento común, definiéndola como el *"conjunto de actuaciones encaminadas a preparar el juicio y practicadas para averiguar y hacer constar la perpetración de los delitos con todas las circunstancias que puedan influir en su calificación, y la culpabilidad de los delincuentes."* [392]

En esta fase instructora, cuya realización es competencia del Juez de Instrucción, [393] es el momento donde se investigan los hechos acaecidos, si éstos tienen apariencia delictiva y si existe alguna o algunas personas a quien se le pueden imputar.

Otra de las finalidades de la fase instructora, no menos importante, es conseguir

[391] Vid., para un estudio en profundidad, SOLÍS NAVARRO Y OTROS; ob. Cit. Pág. 201 y ss.

[392] Vid. Artículo 299 LECrim.

[393] Vid. Artículo 303 LECrim.

el aseguramiento de las personas y de las responsabilidades pecuniarias que derivan del hecho delictivo, en definitiva, la adopción de medidas cautelares personales y reales respectivamente.

En contraposición a la instrucción existe la fase de enjuiciamiento o de plenario, también llamada de juicio oral, cuya finalidad consiste en determinar lo que ocurrió el día de autos, quien fue el responsable de los hechos y sus consecuencias jurídicas.

Entre estas dos fases la doctrina ha distinguido una tercera fase en el procedimiento penal, llamada fase intermedia, donde se adopta la resolución formal de abrir el juicio oral teniendo en cuenta las diligencias obtenidas en la fase de instrucción.

3.- NOTAS CARACTERÍSTICAS DE LA FASE DE INSTRUCCIÓN:

Las dos finalidades principales de la instrucción, como se ha dicho, son la averiguación de los hechos aparentemente delictivos y localizar a las personas responsables de los mismos. Pero, es sin duda esta última, la que determina las notas más esenciales de esta fase:

1. Las actuaciones en esta fase son principalmente escritas, sin dejar de decir que algunas pueden ser orales. Por este motivo, los hechos se deben introducir dejando debida constancia para que las partes y el Juez que enjuicie puedan tener conocimiento de todo lo actuado en la fase del juicio oral.

Por otra parte, no se aplica en esta fase el principio de concentración, ya que las averiguaciones penales no se realizan en un instante, sino que deben realizarse a lo largo del tiempo.

2. Las resoluciones que se adoptan dentro de esta fase, si exceptuamos el auto de sobreseimiento libre, normalmente; no producen el efecto de causa juzgada y por lo general son revisables de oficio o a instancia de parte.

3. Las partes normalmente no tienen más intervención que la necesaria y conveniente a juicio del órgano instructor, pero no por ello, se les debe excluir de forma general, pues si están personadas en la causa, la LECrim establece la

obligación de que acudan a determinadas diligencias, salvo que esté declarado el secreto de sumario. Un ejemplo clarificador de ello, es la obligatoria presencia del detenido en la práctica del registro domiciliario.

4. La competencia judicial de la fase de instrucción es del Juez de Instrucción en los procedimientos donde no haya persona aforada. Si la hubiere, será, en todo caso, un Magistrado del Tribunal competente para el enjuiciamiento que no formará Sala para enjuiciar.

5. Las diligencias instructoras, no son actos probatorios, pues estos se desarrollan normalmente en el juicio oral, salvo que por imposibilidad material no sea posible, en cuyo caso, se pueden realizar en la fase de instrucción, es la llamada prueba anticipada. Ello, no quiere decir que las diligencias que se realizan en esta fase no tengan importancia, pues, en ocasiones, constituyen hechos y datos de carácter objetivo que pueden influir en la decisión del órgano decisor.

6. Las diligencias en la instrucción tienen diferentes finalidades que las que se realizan en el juicio oral, pues si las primeras persiguen determinar las circunstancias que posibilitarán en el futuro abrir o no el juicio oral, las segundas van encaminados a demostrar la verdad de la existencia de unos hechos que darán lugar a la absolución o la condena.

7. Como se ha estudiado en las primeras lecciones de la presente obra, en la fase de instrucción rige el principio de investigación de oficio, que se plasma en que los actos del procedimiento se realizan por decisión del órgano instructor y sin necesidad que las partes soliciten su actuación. En cambio, en la fase de juicio oral, rige el principio contrario a éste, a saber, el principio de aportación de parte.

8. Los actos de la fase de instrucción presentan lo que se ha venido a llamar por parte de la doctrina una "naturaleza mixta". Esto es debido a que, algunos de sus actos son considerados administrativos con finalidad y eficacia en el proceso y otros tienen naturaleza procesal. Ello, en el sentido de que los primeros pueden ser realizados por una autoridad distinta a la judicial, por ejemplo el Ministerio Fiscal o la Policía Judicial y los segundos únicamente pueden ser realizados por los jueces. En estos últimos casos se encuentran la "diligencia de entrada y registro", "intervención telefónica" y todos aquellos que afecten a los derechos fundamentales.

Sin embargo, a nuestro juicio, esta distinción no debería realizarse, pues tanto unos actos, los de la Policía Judicial y el Ministerio Fiscal, como otros, los de la Autoridad Judicial, son realizados en, por y para el proceso, por lo que deben considerarse todos ellos de naturaleza procesal. Otra cosa distinta, es que algunos de esos actos únicamente puedan ser acordados por un Juez, pues en su realización se afectan derechos fundamentales de los ciudadanos, que sólo pueden ser limitados por resolución motivada judicial.

9. No se aplica en toda su extensión el principio de publicidad. Así es, desde la publicación de la LECrim, se instauró el secreto absoluto en la fase instructora, de acuerdo con el mismo, nadie podía conocer el contenido de esa fase, ni siquiera el procesado. En 1978 se modificó la LECrim en su artículo 302 LECrim, desde entonces ese secreto absoluto de la fase instructora se trasformó en secreto relativo. Esto significa, que si bien la instrucción debe ser secreta para la sociedad en general, no lo debe ser para las partes personadas y menos aún, cuando una de esas partes es la pasiva, [394] pues si ello se hiciera se podría causar "indefensión". La función principal del secreto instructorio consiste en garantizar el éxito de la investigación sumarial, evitando las comunicaciones en la causa que puedan provocar la fuga de los partícipes en el hecho punible o la destrucción, manipulación u ocultamiento [395] de las fuentes de prueba.

Todo ello, salvo que por resolución motivada se adopte el secreto de sumario, en cuyo caso, ni siquiera las partes personadas pueden conocer lo instruido. Evidentemente, este secreto afecta a todas las partes personadas exceptuando el Ministerio Fiscal, para quien no se le puede, por mandato legislativo, [396] vedar la posibilidad de inspeccionar el sumario. Igualmente, debe estar amparada por este secreto absoluto, la fase de instrucción preeliminar, es decir las diligencias que realiza bien la Policía Judicial o el Ministerio Fiscal, con anterioridad a dar cuenta a la autoridad judicial. Un ejemplo se encuentra en el atestado policial mientras no esté entregado en el juzgado de instrucción. [397]

---

[394] Vid., en esta línea, ARMANDO FIGUEREDO; El secreto de Instrucción, en Revista electrónica Venezuela analítica nº 15, 1997, consultado en página web www.analitica.com, el 20 de noviembre de 2006.

[395] ARMANDO FIGUEREDO; El secreto de Instrucción, en Revista electrónica Venezuela analítica nº 15, 1997, consultado en página web www.analitica.com, el 20 de noviembre de 2006.

396 Vid. Artículo 4.1 EOMF.

[397] Vid. Artículo 301 LECrim.

4.- ÓRGANOS COMPETENTES PARA LA INSTRUCCIÓN:

El órgano competente por excelencia para la instrucción penal es el Juez de Instrucción. No obstante existen procedimientos en los cuales el Juez que instruye no es el de instrucción, sino el Ministerio Fiscal, en procedimiento de responsabilidad penal de los menores, y el Magistrado del Tribunal Supremo o del Tribunal Superior de Justicia correspondiente, en aquellas causas seguidas contra personas aforadas, que no formará sala para el enjuiciamiento. [398]

En relación con la instrucción penal, de todos, es conocido el gran debate doctrinal que existe en la actualidad sobre cual será el órgano que debe instruir los procedimientos penales en la, siempre próxima y eterna, elaboración de la nueva LECrim. La disyuntiva se presenta entre, seguir dejando la competencia al Juez de Instrucción como órgano judicial independiente y distinto del que va a tener la competencia para enjuiciar el asunto, o, por el contrario, dar un nuevo giro al sistema procesal penal para convertirlo en un sistema acusatorio puro.

Para ello, sería necesario que el órgano encargado de la instrucción del procedimiento penal no perteneciera al Poder Judicial, no pudiendo ser otro que el Ministerio Fiscal. Esto, en la actualidad, únicamente ocurre en el procedimiento penal de menores en donde se han obtenido unos resultados más que aceptables.[399]

Para poner en marcha esta reforma, se necesitaría potenciar en número y en medios al Ministerio Fiscal y que la relación de éstos con la Policía Judicial se estrechara para trabajar "codo con codo" en la instrucción e investigación de los hechos delictivos. Con esta finalidad, deberían crearse unidades orgánicas de Policía Judicial adscritas al Ministerio Fiscal, al menos, a nivel provincial y que ayudaran a éste en su labor de averiguación de los hechos y detención de los presuntos culpables. Desde luego, la preparación de la fase de plenario, sería mucho más completa, debido a que el Fiscal conocería en la totalidad de los casos el procedimiento por completo, ello y la mejora de relación profesional entre la Policía Judicial y este órgano constitucional, así lo haría posible. [400]

---

[398] Vid. Artículos 57.2 y 73.4 LOPJ.

[399] Vid. LORPM.

[400] Vid., en este sentido, ESPINOSA RAMOS; Algunas reflexiones sobre la instrucción por el Ministerio Fiscal, en artículos doctrinales de Derecho Procesal Penal, Noticias Jurídicas, 2002, consultado en la página web http.//noticias juridicas.com, el 25 de noviembre de 2006.

De continuar con el sistema actualmente vigente en España se continuaría con el absurdo de que "el Juez investiga para el Fiscal, y el Fiscal inspecciona la legalidad de las actuaciones sumariales del Juez". [401] Por otra parte, la confusión entre las funciones de ambos hace que se realicen multitud de diligencias inútiles.

La única cuestión negativa de la mencionada atribución de la instrucción al Ministerio Fiscal, es que por imperativo constitucional, las diligencias que afectan de una forma esencial a los derechos fundamentales de las personas, no pueden ser adoptadas por autoridad distinta a la Judicial, ello impediría realizar, en ocasiones, la instrucción de una forma completa por parte del Fiscal.

Sin embargo y como ha ocurrido en el proceso penal de menores, esto no es tal problema, pues se pueden realizar la mayoría de las actuaciones por el Ministerio Fiscal, y cuando se precise realizar una diligencia, como la entrada y registro o la intervención telefónica, pedir autorización a un Juez que fiscalizaría los presupuestos de su realización. Esto se haría, si cabe, con más garantías que en la actualidad, puesto que examinaría el caso desde el exterior de la instrucción de una forma totalmente aséptica y neutral.

Pero que el Fiscal no tenga la competencia de instruir, no quiere decir que en el procedimiento y, en concreto, en la fase de instrucción no tenga funciones que realizar, muy al contrario, el Ministerio Fiscal se erige en la fase instructora en el órgano fiscalizador de la instrucción, [402] ello en dos sentidos:

1. Impulsa y simplifica la tramitación de la instrucción instando la realización de cuantas diligencias estime convenientes, exigiendo la terminación de la instrucción cuando, a su juicio, observe que las actuaciones realizadas son suficientes para basar la acusación en las mismas.

2. Velando por el respeto de las garantías procesales del imputado y por la protección de los derechos de la víctima y de los perjudicados por el delito.

Por otro lado, también se puede afirma que la Policía Judicial puede actuar en la fase de instrucción, investigando, bien "a prevención", es decir, de oficio para

---

[401] Vid. FLORES PRADA; El Ministerio Fiscal en España, Ed. Tirant lo Blanch, Madrid, 1999.
[402] Vid. Artículos 124 CE y 306, 324 y 773 LECrim.

averiguar la comisión de los hechos delictivos cometidos en el territorio de su demarcación; bien de acuerdo con las órdenes recibidas del Ministerio Fiscal o del órgano judicial. [403]

La mayoría de los autores están alineados en la teoría de que estas diligencias que hace la Policía Judicial no son de "instrucción", salvo que sean ordenadas directamente por la Autoridad Judicial, olvidando que las funciones que la Policía Judicial realiza de propia iniciativa, son siempre dirigidas al proceso y que serán la base con la que cuente el Juez de Instrucción para realizar las diligencias ampliatorias. Por ello, aunque no sean diligencias de instrucción realizadas por el Juez, sí que se pueden considerar parte de las mismas, pues en ellas se incardinan y a prevención del Juez se realizan.

5.- TIPOS DE INSTRUCCIÓN:

Fundamentalmente, se pueden distinguir dos grandes grupos o clases de instrucción, la realizada por la Autoridad Judicial y la realizada por órganos no jurisdiccionales, llamada instrucción preliminar:

5.1.- La instrucción realizada por la Autoridad Judicial:

Requisito indispensable para ser calificada de tal, es que un órgano jurisdiccional, normalmente el Juez de Instrucción, sea quien realice la fase instructora de unas diligencias.

La fase de instrucción recibe distintos nombres dependiendo del procedimiento al que se esté refiriendo:

- Sumario: Procedimiento común

- Diligencias previas: Procedimiento abreviado

- Diligencias Urgentes: Procedimiento de Juicios Rápidos

- Instrucción: Procedimiento ante el Jurado

[403] Vid. Artículos 126 CE y 282 y ss LECrim.

5.2.- La Instrucción preliminar:

Es la llevada a cabo por la Policía Judicial o por el Ministerio Fiscal, antes de la iniciación del proceso penal propiamente dicho, es decir, antes de la puesta en conocimiento de los hechos presumiblemente delictivos a la Autoridad Judicial.

La instrucción preliminar esa definida por GIMENO SENDRA como *"aquellos actos instructorios que, como consecuencia de una denuncia o de las propias investigaciones que ha de efectuar la policía ante la sospecha de la comisión de un delito público, ha de practicar urgentemente y trasladarlas ante el Juez de Guardia a fin de que éste decida la incoación, en su caso, de la fase instructora".* [404]

Esta clase de instrucción tiene las siguientes notas características: [405]

1. Únicamente, puede llevarse a cabo en los supuestos en los que no exista, sobre los mismos hechos, una instrucción judicial en curso. En el momento de que la Policía Judicial o el Ministerio Fiscal detectaran que en relación con los hechos investigados existe un procedimiento judicial abierto, deberán cesar en sus diligencias dando cuenta al juez competente de lo actuado. [406] Su duración, en lo que se refiere a la Policía Judicial, debe ser mínima, puesto que la función de la misma es recoger aquellos datos sobre los delitos públicos que se cometieren en su territorio para ponerlos a disposición de la Autoridad Judicial, a partir de ese momento, termina esta instrucción preliminar y empieza la fase de instrucción propiamente dicha.

2. No se da en todas las ocasiones, por lo que puede considerarse eventual, pues el proceso ha podido iniciarse directamente por la Autoridad Judicial, bien porque se haya interpuesto querella o denuncia o bien porque haya existido una iniciación de oficio.

3. No tiene carácter jurisdiccional, pues ni la Policía Judicial ni el Ministerio Fiscal son órganos jurisdiccionales. En el caso de la Policía Judicial, todo lo actuado para el proceso penal se plasma en un documento llamado atestado, que

---

[404] GIMENO SENDRA Y OTROS, ob. Cit. Pág. 183

[405] GIMENO SENDRA Y OTROS, ob. Cit. Pág. 183.

[406] Vid. Artículo 773.2 LECrim.

se puede definir como *"el conjunto de diligencias llevadas a cabo por la Policía Judicial traducidas a un documento, que se actúa a prevención del correspondiente órgano judicial o ministerio fiscal, al objeto de comprobar la existencia de un acaecimiento que pueda revestir carácter de delito, (hecho histórico), verificar lo elementos integrantes del mismo al objeto de determinar su ilicitud (hecho típico), aportando al órgano llamado a resolver en su día el material objeto de prueba que permita constatar el hecho en su doble vertiente y, en su caso, los presuntos responsables."* [407]

4. El contenido de las diligencias de instrucción preliminares está regulado en el artículo 282.1 de la LECrim, estableciendo las funciones de la Policía Judicial, que tiene por objeto y será obligación de todos los que la componen, averiguar los delitos públicos que se cometieren en su territorio o demarcación; practicar, según sus atribuciones, las diligencias necesarias para comprobarlos y descubrir a los delincuentes, y recoger todos los efectos, instrumentos o pruebas del delito de cuya desaparición hubiere peligro, poniéndolos a disposición de la Autoridad Judicial.

---

[407] MARCHAL ESCALONA,; El atestado, inicio del proceso penal, 4ª Edición, Imprime artes gráficas COYVE, S.A., Madrid, 2003, pág. 21.

LECCIÓN XI

LA INSTRUCCIÓN (II)

1.- LOS ACTOS EN LA INSTRUCCIÓN:

En la anterior lección se han visto, entre otras cosas, las finalidades principales de la fase de instrucción, a saber, la averiguación de los hechos aparentemente delictivos y de las personas responsables de los mismos. En cambio, en la presente lección se pretende realizar un estudio de los diferentes actos que existen en la mencionada fase de instrucción, todo ello, teniendo en cuenta su naturaleza e importancia para la fase del juicio oral, considerada como la fundamental del proceso penal.

Las tres clases principales de actos que presenta esta fase de instrucción son los actos de aportación de hechos, los actos de investigación, y los actos de prueba, siendo, estos últimos, los que únicamente se pueden realizar, en esta fase, cuando existen determinadas circunstancias. No obstante, hay autores, como GIMENO SENDRA, [408] en el que incluyen los dos últimos actos citados en el primero. Sin embargo, debido a la importancia que tienen los actos de investigación para la Policía Judicial, a nuestro juicio, es preferible esta clasificación, pero sin olvidar que, si algo en común tienen los actos de investigación y de prueba, es que introducen los hechos en el proceso.

a) Actos de aportación de hechos:

Son los actos que consisten en la introducción de los hechos en el proceso y que van a conformar los hechos enjuiciables, en definitiva, es el intento por reproducir en la instrucción todo lo que pasó y cómo pasó el día de autos.

La fijación de los hechos delictivos tenderá al esclarecimiento de lo acaecido y a la obtención de los datos externos que prueben la perpetración del delito. La determinación de los sujetos exigirá cerciorarse de la identidad de los mismos y de las circunstancias que en ellos concurran.

Esta aportación de hechos en el procedimiento se realiza principalmente en la fase de instrucción, aunque no se puede dejar de señalar que, en el juicio oral, existe una última oportunidad para incorporar más hechos, los cuales por alguna razón, no hayan podido ser introducidos hasta entonces. Esta aportación de hechos se puede efectuar tanto por la parte activa como por la pasiva del proceso, sin embargo, si quienes realizan la introducción de hechos son los llamados

[408] Vid. GIMENO SENDRA; ob. Cit. Págs 347 y ss.

"operadores de justicia", es decir, la Autoridad Judicial, el Ministerio Fiscal y la Policía Judicial, a estos actos se les debe llamar actos de investigación.

b) Actos de investigación:

Los actos de investigación, también denominados medios de investigación, tienden a "descubrir lo sucedido", en definitiva, son los actos que tanto la Policía Judicial, el Ministerio Fiscal o la Autoridad Judicial están obligados a realizar, con objeto de introducir el material de hecho en el procedimiento.

Otro concepto del vocablo "investigar", que puede aclarar su significado, es el recogido por la Real Academia de la Lengua: *"Realizar actividades intelectuales y experimentales de modo sistemático con el propósito de aumentar los conocimientos sobre una determinada materia."*

Los ***medios de investigación*** tienen la finalidad de establecer el conocimiento de los hechos necesarios para fundamentar la acusación contra una persona o, en sentido contrario, demostrar su inocencia. Son la base que utilizará el Juez de Instrucción para imputar hechos delictivos a una o varias personas y que utilizará el Ministerio Fiscal para formalizar su acusación.

Ello no quiere decir, que los actos de investigación no estén sometidos a las reglas de la Constitución y de la Ley de Enjuiciamiento Criminal, así como, a los principios del proceso y del procedimiento. Bien es verdad que, algunos no se dan con la intensidad que luego se van a respetar en la fase del juicio oral, prueba de ello, es el principio de proporcionalidad. Éste, ha de imperar de forma y manera que no exista, entre los objetivos perseguidos y el quebranto de los derechos de las personas o propiedades, un desequilibrio evidente. Para ello, se deberá valorar y considerar los siguientes aspectos del caso concreto: la gravedad de la infracción penal, la trascendencia social del hecho a investigar, las personas o bienes a los que afecta, el tipo de derechos conculcados, el grado de restricción de los mismos, la afección al honor y la fama o reputación de las personas.

En este sentido, se puede afirmar, siguiendo a SOLÍS NAVARRO y otros, [409] que *"Las diligencias de investigación penal, ante hechos presuntamente delictivos, ya*

[409] SOLÍS NAVARRO Y OTROS; ob. Cit. Pág. 178.

sean policiales o judiciales, deben realizarse dejando a salvo las garantías constitucionales de los derechos y libertades fundamentales, por lo que en cada caso habrá que ponderar si las intromisiones que tales investigaciones suponen son legítimas, para lo que resulta necesario atender a la confrontación de los intereses en conflicto."

En resumen, los actos de investigación o instructorios son actos de las partes y del Juez de Instrucción, mediante los cuales se introducen en la fase instructora los hechos necesarios, bien para acreditar la existencia del hecho punible, su tipicidad y autoría; bien para evidenciar la ausencia de algún presupuesto condicionante de la apertura del juicio oral. [410] Pues, como afirma el artículo 2 de la LECrim, las autoridades y funcionarios que intervienen en el procedimiento penal están obligados a "consignar y apreciar las circunstancias así adversas como favorables al presunto reo...".

c) Actos de prueba:

Los medios probatorios, pretenden lograr la convicción del órgano judicial que decide sobre la certeza de los hechos investigados. [411] Por ello, normalmente, estas pruebas se deben realizar en presencia del órgano judicial encargado del enjuiciamiento en la fase de juicio oral, lo que no quiere decir, que en la fase de instrucción no se realice un aseguramiento de las pruebas, [412] para demostrar, en su día, la certeza de los hechos delictivos y la culpabilidad de los sujetos acusados.

De esta forma, no se deben confundir los actos de investigación y los actos de prueba, pues tienen finalidades diferentes. Si, los primeros tienden a introducir los hechos en el procedimiento e intentar conocer lo hechos con hipótesis probables de lo que ocurrió, los segundos están destinados a lograr la convicción de la Autoridad Judicial, es decir, a convencer al Juez que los hechos trascurrieron tal y como afirma una de las partes.

Por otra parte, desde el ***punto de vista subjetivo***, se pueden clasificar los actos

[410] Vid. Artículo 299 LECrim y, en este mismo sentido, GIMENO SENDRA; ob. Cit. Pág. 348.
[411] Vid. STS de 25 de junio de 1990.
[412] Vid. Artículos 282 y ss LECrim, en lo que respecta a la Policía Judicial.

de instrucción en los actos de aportación de las partes y los aportados de oficio por el Juez de Instrucción.

1º/ *De las partes:* Se distinguen los actos de aportación de hechos de la parte o partes acusadoras y de las partes defensoras, también conocidos como actos de defensa.

Los actos de las **partes acusadoras** son aquéllos cuya finalidad es la aportación de los hechos constitutivos de la pretensión penal y están dirigidos a obtener del Juez de Instrucción el convencimiento sobre la participación del imputado en el hecho punible, con la finalidad última de obtener la apertura del juicio oral.

En esta línea, GIMENO SENDRA, [413] los clasifica en *actos instructorios directos y actos instructorios indirectos.* Los primeros son aquéllos que introducen o amplían la notitia criminis, como la denuncia, la querella, los escritos de ampliación de estos, la petición de adopción de medidas cautelares y el auto de procesamiento; los segundos, no son aptos para la entrada del objeto procesal, pero son atendidos por el Juez y dispuesta su práctica, como por ejemplo, la petición de práctica de diligencias. [414]

Los actos de la defensa son los dirigidos a acreditar la inocencia del imputado y a provocar el archivo o sobreseimiento de las actuaciones sumariales intentando demostrar la inexistencia del hecho, su falta de tipicidad, la participación en él del imputado o la concurrencia en el caso de alguna causa de extinción o de exención de la responsabilidad penal.

Donde se ejercen, principalmente, estos actos de defensa de una forma directa es en el escrito de defensa, en las declaraciones del imputado, en los escritos de oposición de solicitud de petición de medidas cautelares o en el auto de procesamiento y en las peticiones de archivo y sobreseimiento, por poner algunos ejemplos.

2º/ *Actos del Juez de Instrucción:* En la fase instructora, como ya se ha dicho y a diferencia del juicio oral, rige el Principio de Investigación de Oficio, conforme al

[413] GIMENO SENDRA; ob. Cit. Pág. 348.

[414] Vid. Artículos 311 y 315 LECrim.

cual, el Juez, ante la sospecha de la comisión de un delito público, está obligado a incoar sumario. Igualmente, esta Autoridad Judicial, el Ministerio Fiscal y la Policía Judicial, tienen la obligación de practicar todos los actos de investigación necesarios y pertinentes para acreditar *el hecho y la responsabilidad de su autor.*

El Juez, como director de la instrucción, es quien debiera efectuar todos los actos de instrucción, aunque como, es obvio, también los puede realizar la Policía Judicial y el Ministerio Fiscal "a prevención" o "por mandato" de la Autoridad Judicial.

Por otro lado, las partes personadas también pueden llevar a cabo esos actos de instrucción, pero, es siempre el Juez de Instrucción quien, como tal director de la investigación, decide motivadamente cuales son los actos que definitivamente se introducen y qué diligencias se practican.

La mayoría de tales actos de investigación coinciden con los medios de prueba, por ello, las prescripciones legales referidas a los primeros son de aplicación supletoria en sus correlativos medios de prueba.

Junto a los actos instructorios "clásicos", han aparecido en las últimas tres décadas, como consecuencia de los progresos de la ciencia, sobre todo, en la medicina legal y en las telecomunicaciones, medios de investigación y prueba que no encuentran regulación en la vetusta LECrim del siglo XIX. En estos casos, se debe tener en cuenta lo establecido por la jurisprudencia al respecto y no vulnerar a los derechos fundamentales en conflicto. [415]

2.- ACTOS DE PRUEBA: DIFERENCIAS CON LOS ACTOS DE INVESTIGACIÓN:

Aunque, como se ha repetido en numerosas ocasiones, la prueba debe ser realizada en condiciones normales en la fase de juicio oral, ello no quiere decir, que las diligencias sumariales no tengan ningún valor y, lo que es más importante, que no se puedan realizar verdaderas pruebas en la fase de instrucción.

Bien es verdad que, para realizar actividades probatorias fuera de la fase de

[415] Vid. Artículo 11 LOPJ.

plenario, deben concurrir unas determinadas circunstancias que hagan imposible su realización en la misma. Es decir, que no se pueda esperar a efectuarlas, bien porque es imposible realizarlas materialmente en el acto del juicio oral, bien porque si se esperara no surtirían los efectos previstos o desaparecería la fuente de prueba.

Por ello, en ocasiones, es necesario llevar a cabo la prueba en la misma fase de instrucción, hablándose, en tal caso, de la prueba anticipada y de la prueba preconstituida, concepto que se abordará en la próxima lección.

Ahora interesa dejar claro que, aunque haya actos de prueba que se realizan en la instrucción, se diferencian de los actos de investigación, como parte de los actos instructorios, porque los actos de prueba se llevan a cabo por *"...la actividad de las partes procesales, dirigida a ocasionar la evidencia necesaria para obtener la convicción del Juez o Tribunal decisor sobre los hechos por ellas afirmados, intervenida por el órgano jurisdiccional bajo la vigencia de los principios de contradicción, igualdad y de las garantías constitucionales tendentes a asegurar su espontaneidad e introducido en el juicio oral a través de medios lícitos de prueba."* [416]

En este mismo sentido, MONTERO AROCA define prueba en al aseverar que *"es la actividad procesal del juzgador y de las partes dirigida a la formación de la convicción psicológica del juzgador sobre los datos (fundamentalmente) de hecho aportados."* [417]

Como se ha podido comprobar, hasta el momento, se han citado algunas de las diferencias existentes entre los actos de investigación y los actos de prueba, que a continuación se amplían:

- En los actos de investigación, una finalidad se encuentra en que sirven para introducir los hechos en el procedimiento y contribuir a formar en el Juez el *"juicio de probabilidad"* suficiente para disponer la imputación y adoptar las oportunas medidas cautelares. Por otro lado, una segunda finalidad es poder decidir acerca de la apertura del juicio oral en la fase intermedia del procedimiento, es decir, preparar el juicio oral. Sin embargo, los **actos de prueba** presuponen la entrada de

[416] GIMENO SENDRA; ob. Cit. Pag. 645.
[417] MONTERO AROCA Y OTROS; ob. Cit. Pag. 316.

los hechos y tienden a formar la certeza o evidencia suficiente para lograr la convicción del Tribunal sobre la preexistencia de los mismos y la participación en ellos del acusado, sirviendo de base para la sentencia.

En este sentido, la finalidad inmediata de la prueba consiste en conseguir la evidencia del Tribunal sobre la veracidad de los hechos afirmados en los escritos de calificación. Ahora bien, dicha evidencia, que ha de surgir de la ejecución de la prueba, no puede obtenerse de cualquier modo ni a cualquier precio, sino mediante la instauración del Principio de Contradicción en un juicio oral público en donde las partes, con igualdad de armas, han de convencer al Tribunal sentenciador de sus respectivas pretensiones.

- En los actos de prueba se exige la intervención de un órgano jurisdiccional imparcial e institucionalmente dotado de independencia, [418] debido a que la actividad decisoria del Tribunal ha de recaer sobre las pruebas practicadas en el juicio con objeto de respetar el Principio de Inmediación.

Como regla general, se defiende por la doctrina que los únicos actos de prueba son los que transcurren en el juicio oral, bajo la inmediación del Tribunal y con respeto al Principio de Contradicción. [419] De esta regla general, únicamente, cabe exceptuar los escasos supuestos de la prueba instructoria anticipada y preconstituida, que se han citado. [420]

Sin embargo, el Principio de Contradicción no es imprescindible en la realización de todos los actos de investigación, porque, es posible que el sumario se declare secreto, mientras que los actos de prueba se desarrollarán siempre bajo la vigencia del Principio de Contradicción y de Publicidad, al menos relativa.

Por otro lado, se debe tener en cuenta en este apartado que en el proceso penal rige la garantía constitucional de *presunción de inocencia*, con el consecuente desplazamiento de la carga de la prueba sobre las partes acusadoras. Pero entendiendo que, si se declaran probados los hechos de la acusación, la defensa,

[418] Con la excepción de la prueba preconstituida.
[419] Vid. STC núm. 283/1994.
[420] Vid. Artículos 448 y 476 LECrim, en relación con el 467.2º LECrim.

para obtener una sentencia absolutoria, tiene la carga de la prueba de los hechos impeditivos, extintivos o excluyentes. [421]

En definitiva, lo decisivo en cuanto a los medios de prueba, es que se realicen de forma lícita y con absoluto respeto a las normas tuteladoras de los derechos fundamentales, al objeto de que no sean anulados conforme lo dispuesto en el artículo 11 de la LOPJ.

3.- EL PRINCIPIO DE PROPORCIONALIDAD:

Si se quiere buscar un punto de unión entre los actos de investigación y los de prueba, éste se encuentra recogido en el Principio de Proporcionalidad, sobre todo, cuando en la realización de los mismos se afecta, aún mínimamente, un derecho fundamental.

El Principio de Proporcionalidad debe estudiarse caso por caso, sin que sea acertado dar una solución general para todas las situaciones. Se puede decir, como en numerosas ocasiones ha dictaminado el supremo intérprete de la Constitución, que para considerar respetado el Principio de Proporcionalidad debe ponderarse: La importancia del fin perseguido, obtener una determinada prueba o medio de investigación, y lo que se pisotea, el derecho fundamental.

Por lo tanto, en relación con el Principio de Proporcionalidad, en el caso concreto para determinar si este principio ha sido respetado, se deben ponderar dos parámetros: La gravedad o trascendencia social del hecho a investigar y las molestias o invasión de los derechos del sujeto sometido a aquélla.

Otra consideración, que se puede realizar relacionada con el Principio de Proporcionalidad, es si existe en la actuación policial arbitrariedad o fundamento de la medida adoptada en un [422] a determinada actuación, en definitiva, si el Principio de Proporcionalidad ha sido respetado. Pues bien, como ha dicho el Tribunal Supremo, cuando *"...la actuación de los agentes policiales, que poseen una formación profesionalizada, se realiza en base a unos datos e indicios analizados y apreciados por su experiencia e instinto policial, cabe decirse que no*

---

[421] Vid. STS de 4 de febrero de 1995.

[422] Vid. Vid. STS de 23 de febrero de 1994.

actúan de forma arbitraria, ni desproporcionada, más bien, al contrario, están cumpliendo con su obligación constitucional."

Es más, *"...esa formación y experiencia les hace a veces valorar extremos intrascendentes para el profano, pasando del dato a la conclusión en un silogismo directo no siempre fácil de expresar, pero que cuando las diligencias ulteriores revelan lo certero de las sospechas iniciales, no puede menos que estimarse fundado, pues no hay mayor fundamento de un indicio que la evidencia de su certeza."* [423]

En un caso concreto, referido a una actuación policial en la que se procedió a la identificación de unos viajeros en el departamento de literas de un tren, ocupando "hachís", el Tribunal Supremo tuvo ocasión de analizar la actuación y concluyó que *"...se efectuó en el ejercicio de la función policial de averiguación de los delitos y con proporcionalidad entre el contenido de la diligencia y la finalidad y resultado de la misma, sin que tal diligencia fuera irrespetuosa, degradante, innecesaria o desproporcionada, máxime cuando no consta una negativa u oposición expresa por los acusados a abrir sus bolsas de equipaje..."* [424]

Para que se respete el Principio de Proporcionalidad deben darse los siguientes requisitos [425] en la restricción [426] de derechos durante la instrucción:

- ***Principio de legalidad:*** Toda ingerencia de la autoridad pública en la esfera privada debe estar "prevista por la ley". [427]

- ***Jurisdiccionalidad de la medida:*** [428] Los Jueces de Instrucción son los únicos competentes para adoptarlas. Excepcionalmente, por estrictas razones de urgencia y bajo el cumplimiento de especiales garantías, puede la Policía Judicial restringir derechos fundamentales, como es el caso de la detención policial.

---

[423] Vid. STS de 20 diciembre 1993.

[424] Vid. STC de 28 de diciembre de 1994.

[425] GIMENO SENDRA Y OTROS; ob. Cit. Pág. 368.

[426] No obstante, hay que tener en cuenta que en numerosas diligencias policiales, aún no restringiendo los derechos fundamentales si se afectan, por lo que igualmente se deben tener en cuenta los requisitos de legalidad y de necesidad.

[427] Vid. Artículo 8.2 del Convenio Europeo de Derechos Humanos.

[428] Vid. SSTC núms. 49/1999 y 123/1997.

- ***Necesidad:*** No basta con que la medida esté prevista por ley o la adopte un Juez, sino que es imprescindible que objetivamente se justifique para obtener el cumplimiento de los fines constitucionales que la legitiman, debiéndose adoptar en cualquier caso la alternativa menos gravosa para el derecho fundamental. El cumplimiento del principio de necesidad implica la observancia de dos presupuestos especiales, uno de carácter material y otro procesal:

a) *Material:* La adopción de una medida limitativa de un derecho fundamental exige que el objeto de la instrucción lo constituya ***un delito grave***, el cual ha de determinarse en la solicitud de la intervención. No puede sacrificarse un derecho fundamental para investigar una falta o una infracción administrativa.

b) *Procesal:* Obliga a que, tales actos de prueba, se adopten por la Autoridad Judicial competente dentro del procedimiento penal adecuado, que además debe efectuar una especial motivación de la resolución limitativa del derecho fundamental en la que ha de plasmar el juicio de ponderación entre los contradictorios derechos e intereses en pugna, a fin de justificar en él la necesidad de la medida, sino existiera dicha motivación, el Tribunal Constitucional admite el recurso de amparo.

4.- COMPROBACIÓN DEL DELITO: EL "CUERPO DEL DELITO":

En los puntos anteriores de esta lección se ha tratado la distinción entre los medios de investigación y los medios de prueba, en las siguientes páginas se estudiarán dos ejemplos de medios de investigación, empezando por el "Cuerpo del delito", que se encuentra regulado en el Título V de la LECrim, "De la comprobación del delito y averiguación del delincuente" en los capítulos primero y segundo, respectivamente [429] y, continuando, por los documentos y piezas de convicción que se abordarán en el próximo apartado.

Un concepto amplio de "cuerpo del delito" se extiende a todos los elementos materiales relacionados con el delito que sirvan para probarlo. No obstante, en sentido restringido, ***"cuerpo del delito"*** es el conjunto de elementos materiales y manifestaciones externas producidos directamente por el delito en las personas o

[429] Vid. Artículos 326 y ss. y el 785 de la LECrim, este último referente al procedimiento abreviado.

en las cosas objeto del mismo. A este concepto se refiere el artículo 335 de la LECrim al ordenar la actividad instructoria:

"Siendo habida la persona o cosa objeto del delito, el Juez instructor describirá detalladamente su estado y circunstancias, y especialmente todas las que tuviesen relación con el hecho punible".

Sin embargo, la existencia y naturaleza del hecho, no en todos los casos deja "vestigios o pruebas materiales de su perpetración". En los delitos de omisión y en los de simple actividad, el resultado se concreta en la prueba de la inacción o en la producción de la actividad.

Distinto del "cuerpo del delito", en sentido estricto, son las *"armas, instrumentos o efectos de cualquier clase que puedan tener relación con el delito".* [430] Esta enumeración legal comprende dos conceptos, los ***"instrumentos"*** empleados para la comisión de delitos, relación de medio a fin; armas, ganzúas o cualquier cosa o medio material que haya servido para producir el delito, y los ***"efectos"*** del delito, que son las cosas obtenidas como resultado del mismo.

En el artículo 334 de la LECrim se ordena al Juez instructor que se recoja las armas, instrumentos o efectos de cualquier clase que puedan tener relación con el delito, que se hallen en el lugar de comisión o inmediaciones, en poder del reo u otra parte conocida, reflejándose por diligencia expresiva de las circunstancias en las fueron hallados. Respecto del cuerpo del delito, persona o cosa objeto del mismo, insiste la Ley en que se describa tanto el "estado como las circunstancias". [431]

Por último, ordenará el Juez el reconocimiento por peritos, de lugares, armas, instrumentos o efectos, [432] caso de resultar necesario para la aclaración de los hechos.

---

[430] Vid. Artículo 334 LECrim.

[431] Vid. Artículo 335 LECrim.

[432] Vid. Artículo 336 LECrim.

5.- DOCUMENTOS Y PIEZAS DE CONVICCIÓN:

En el proceso penal aparecen los documentos y las piezas de convicción formando parte de los actos de investigación y de los actos de prueba. Por este motivo, resulta de gran interés hacer hincapié en este punto, aunque sea brevemente, al objeto de examinar ambas clases de objetos.

Aunque los ***documentos*** son también piezas de convicción, se reserva esta expresión para aquellas cosas muebles, generalmente papel u otras materias aptas para la incorporación de señales, producto de la inteligencia y expresivas de un significado.

En cuanto a las ***piezas de convicción***, la LECrim no las define de modo taxativo. No obstante, se puede afirmar que son todas aquellas cosas u objetos inanimados [433] relacionados con la perpetración del delito que proporcionan alguna indicación para formar juicio sobre el modo, circunstancias u ocurrencia del hecho delictivo. En este sentido, aunque de una forma más concreta, aparece en la regulación de algunos países al recoger la definición de las mismas haciendo referencia a armas, instrumentos y efectos del delito, así como a huellas, vestigios o pruebas materiales del mismo.

Dispone la LECrim que, una vez concluido el sumario, el Juez de Instrucción deberá remitir las actuaciones y las piezas de convicción al Tribunal competente para conocer del delito, [434] pudiendo ser examinadas, estas últimas, por las partes al cumplimentarse el traslado para la calificación provisional de los hechos delictivos, tomando el Tribunal las medidas adecuadas al objeto de que no se produzcan alteraciones en su estado. [435]

Al dar principio el juicio oral, deberán colocarse en el local del Tribunal todas las piezas de convicción que se hubieren recogido a efectos de la práctica de los distintos medios de prueba. [436] En este sentido, el Tribunal Supremo ha manifestado que si no lo solicitan las partes, ello no es imprescindible ni puede ser, en ese caso, motivo de casación.

---

[433] Vid. STS de 10 de mayo de 2001.
[434] Vid. Artículo 622 LECrim.
[435] Vid. Artículo 629 LECrim.
[436] Vid. Artículo 688 LECrim.

Presentadas las piezas de convicción al principio del juicio oral, el Tribunal examinará por sí mismo los libros, documentos, papeles y demás medios de prueba que puedan contribuir al esclarecimiento de los hechos con la más segura investigación de la verdad. [437]

Por último, está prevista, en el artículo 338 de la LECrim, la destrucción de las piezas de convicción ordenada por el Juez de Instrucción, no sin antes haber dejado constancia mediante diligencia de la naturaleza, calidad, peso, cantidad y medida de los efectos, pudiendo, dicha diligencia, ser leída en el juicio oral cuando fuese de interés. Igualmente, se deben guardar muestras suficientes, con motivo de algún posible análisis posterior.

[437] Vid. Artículo 726 LECrim.

LECCIÓN XII

LA PRUEBA EN LA FASE DE INSTRUCCIÓN

1.- CONCEPTO Y CLASIFICACIÓN:

Como ampliación al concepto de prueba que se está estudiando, se deben aclarar distintas cuestiones relacionadas con la misma, al objeto de, sin duda, ayudar a conocer de una forma más amplia todo lo que se refiere a la prueba penal:

- *Actividad Probatoria:* Conjunto de operaciones necesarias para la realización de una determinada prueba.

- *Fuente de prueba:* Es la persona o el objeto sobre el que se realiza una prueba, en definitiva, de donde emana la prueba. Si se realiza una prueba testifical la fuente de prueba es "el testigo", si por el contrario se realiza una prueba documental, será el "documento".

- *Medio de prueba:* Es el nombre que se le da a las pruebas con objeto de clasificarlas e identificarlas, "la testifical", "la documental", por consiguiente es la actividad dirigida a la convicción.

- *Objeto de prueba:* Es la percepción, documento, declaración o cosa que sirve de vehículo para trasladar al Juez la fuente de prueba, por ejemplo "la declaración" en la prueba testifical.

La competencia para realizar la actividad probatoria es de las partes, debiendo proponer y en su caso ejecutar la prueba propuesta. En esta línea, se ha de recordar que en el juicio oral, fase donde se practican la mayor parte de las pruebas, el principio aplicado es el de "aportación de parte", por ello es, a éstas, a las que corresponde todo lo concerniente a la actividad probatoria.

Pero esto, no quiere decir que el Juez sentenciador no intervenga en dicha actividad probatoria. Nada más alejado de la realidad, pues en verdad, las partes no son dueñas de la apertura del procedimiento a prueba, sino que, es el Juez o Tribunal, el que finalmente debe admitir la práctica de las mismas.

En resumen, corresponde a las partes determinar la prueba mediante la afirmación de los hechos constitutivos a través de los escritos de calificación provisional o de acusación, según el caso. El Tribunal podrá rechazar aquellos medios de prueba propuestos en los escritos de acusación y defensa, que no guarden relación alguna con el objeto del proceso, sean impertinentes o inútiles con los hechos y el tema de discusión. [438]

Además el Juez, de acuerdo con el artículo 729 de la LECrim, puede proponer de oficio las pruebas que considere pertinentes e imprescindibles para la comprobación de los hechos y que no hayan sido propuestas por las partes. Sin embargo, la iniciativa de la Autoridad Judicial en la fase probatoria no queda ahí, la LECrim va más allá, cuando la diligencia de prueba a realizar es el "careo". En este caso, el Juez tiene mayor autonomía, si cabe, puesto que es una diligencia de iniciativa judicial, siendo excepcional que las partes lo soliciten y si éstas lo hacen, la negativa de su práctica está vedada al recurso de casación. [439]

Por otro lado, en relación con esta prueba de "careo", únicamente, puede ser acordada cuando no exista otro modo de averiguar la verdad material y se considere oportuno para la averiguación de los hechos. Adicionalmente, deben existir contradicciones entre las declaraciones prestadas en la "testifical" de los testigos, peritos o imputados. [440]

La prueba puede ser objeto de diversas clasificaciones, las realizadas en esta lección son aquéllas que atienden en primer lugar a la importancia de las mismas en el procedimiento, o lo que es lo mismo, la carga de importancia que tienen en la sentencia. Están incluidas en este criterio de clasificación la prueba de cargo y la prueba indiciaria.

En segundo lugar, se estudiará la prueba atendiendo a la fase del procedimiento donde se realiza. Desde este punto de vista se clasifican las pruebas realizadas en el juicio oral y las pruebas realizadas en la fase de instrucción, dentro de estas últimas están las pruebas anticipadas y las pruebas preconstituidas de singular importancia para la Policía Judicial, puesto que su intervención en ellas es mayor. En el estudio de este criterio clasificador es donde se encuadra el estudio de la presente lección.

---

[438] Vid. Artículos 683 y 659 LECrim.

[439] Vid. STS de 5 de mayo de 2003.

[440] Vid. Artículos 451 y ss LECrim.

Finalmente, las pruebas se pueden dividir en relación a la corrección que se ha seguido en su acuerdo y práctica. Atendiendo a este criterio, existen las pruebas prohibidas y las pruebas irregulares.

2.- LAS PRUEBAS EN RELACIÓN CON SU IMPORTANCIA:

2.1.- La Prueba de Cargo:

En España impera en el proceso penal el ***principio de presunción de inocencia***, recogido en el artículo 24.2 de la CE y 11 de la Declaración Universal de Derechos Humanos. En su virtud, *"toda persona acusada de una infracción no puede considerarse culpable hasta que se acredite el hecho delictivo y su participación ante un Tribunal independiente, imparcial, previamente establecido por la Ley, tras un proceso celebrado con plenitud de garantías". O lo que es lo mismo, "en todo juicio se parte de considerar inocente a quien sea acusado".*

La presunción de inocencia es una verdad interina de inculpabilidad, que puede enervarse mediante una actividad probatoria mínima, *requisito cuantitativo*, que aporte un sentido incriminador respecto de la participación del acusado en el hecho, siendo por tanto "de cargo", [441] *requisito cualitativo.*

La presunción de inocencia, se completa, con el Principio de Libre Valoración de la Prueba, en virtud del cual, la convicción de la Autoridad Judicial debe estar basada en una mínima actividad probatoria que tenga la consideración de **prueba de cargo.**

De esta forma, se afirma que no es suficiente que el órgano sentenciador haya dispuesto de una mínima actividad probatoria, es decir, que se hayan practicado pruebas y que los órganos policiales y jurisdiccionales hayan desplegado el máximo celo en averiguar el delito e identificar a su autor; sino que es necesario que el resultado de la prueba pueda considerarse racionalmente de signo incriminatorio, es decir "de cargo".

[441] Vid., en esta línea, ECHARRI CASI; La «prueba» de la prueba: a propósito de la sentencia del Tribunal Constitucional 207/2002, de 11 de noviembre, Diario La Ley, Nº 5710, Año XXIV, Madrid, 2003, pág. 2.

Abundando en la cuestión, se puede afirmar que ***prueba de cargo*** es aquella que consiste en una actividad probatoria de signo incriminatorio o inculpatorio, es decir, una prueba de la que se infiere racionalmente la culpabilidad del acusado, ello es, su participación en un hecho delictivo. En definitiva, cuando de la misma, el órgano jurisdiccional, pueda obtener la convicción sobre la participación del acusado en el hecho punible.

De las pruebas realizadas en un procedimiento puede haber una o varias consideradas de cargo, pero al menos debe existir una que tenga tal consideración. De esta forma, se destruye la presunción de inocencia y la Autoridad Judicial puede dictar una resolución condenatoria. En caso negativo, es decir, cuando de las pruebas practicadas en el procedimiento no se ha podido deducir la culpabilidad del encausado, la sentencia debe ser obligatoriamente "absolutoria".

En palabras del Tribunal Supremo y en relación con la presunción de inocencia: *"la labor del Tribunal Supremo en los casos que se invoca el derecho a la presunción de inocencia, fundamentalmente ha de consistir en verificar si ha existido un mínimo de actividad probatoria que pueda estimarse de cargo, esto es, que, además de los hechos, cuya certeza resulta de la prueba practicada, se pueda deducir de los mismos la culpabilidad del acusado".* [442]

Afirmaciones homólogas realiza el Tribunal Constitucional cuando dice que es fundamental *"que los hechos cuya certeza resulta de la prueba practicada acrediten la culpabilidad del acusado".* O lo establecido en otra sentencia, donde afirma que para desvirtuar la presunción de inocencia *"es necesario que la evidencia que origine su resultado lo sea, tanto respecto a la existencia del hecho punible, como en todo lo atinente a la participación que en él tuvo el acusado".* [443]

Sin embargo, no únicamente se debe acreditar ***la participación del acusado***, además, es necesario comprobar la ***realidad misma de la infracción penal*** y la concurrencia de sus ***elementos constitutivos***, tanto subjetivos como objetivos.

No obstante, no hay que confundir prueba de cargo con la propuesta por la parte o partes acusadoras. Lo normal será que una de esas pruebas finalmente

[442] Vid., entre otras, STC de 27 abril 1994.
[443] Vid. STC núm. 82/1992.

pueda considerarse "de cargo", ello no significa que, a raíz de la prueba propuesta por la defensa puedan obtenerse elementos que acrediten la participación del acusado en el delito, por lo tanto "de cargo".

De las pruebas contenidas en la LECrim, cualquiera puede llegar a constituirse como prueba de cargo. Ahora bien, dependiendo de la clase de prueba de la que estemos hablando, los requisitos, para que se pueda constituir "prueba de cargo", son distintos. Esto, sin dejar de lado, que en el proceso penal español impera el Principio de Libre Valoración de la Prueba, conforme el cual será el Juez quien definitivamente decida, según las reglas de la experiencia y de la lógica, si una prueba se constituye "de cargo".

En relación con lo dicho, y a nivel general, las declaraciones testificales podrán constituir prueba de cargo, siempre que haya ausencia de incredibilidad subjetiva. Es decir, que no exista ánimo de venganza o resentimiento entre quien ha prestado declaración, víctima o testigo, y el acusado.

Otro de los requisitos que deben tener las declaraciones testificales es la verosimilitud, esto es, creíbles por no ofrecer ningún carácter de falsedad y que hayan sido mínimamente corroboradas por diligencias objetivas. [444] Y por último, las declaraciones deben ser persistentes en la incriminación sin contradicciones ni ambigüedades.

Los *testimonios de referencia* no ratificados por el testigo origen, esta generalmente no constituirán prueba de cargo. Podría aceptarse, en algún caso, por imposibilidad de declarar del testigo origen. Normalmente, tendrá el valor de prueba complementaria, no suficiente de modo aislado para fundamentar una sentencia condenatoria, es decir, para constituirse de "cargo".

En relación con la validez de las *declaraciones de los coimputados*, siempre que no se declare por móviles espúreos, se pretenda desplazar la responsabilidad y valorando previamente la personalidad del coautor y las relaciones anteriores entre ambos, pueden constituirse en prueba de cargo.

---

[444] Vid. STC núm. 30/2005, de 14 de febrero.
Vid. Art. 710 LECrim.

2.2.- La prueba indiciaria, indirecta o circunstancial:

En ocasiones existen procedimientos penales en los que no se cuenta con una prueba directa de la participación del acusado en los hechos. En estos casos puede aparecer la llamada prueba indirecta o circunstancial, mediante la cual el Juez o Tribunal realiza la motivación de su sentencia.

Esta prueba *indirecta o circunstancial,* también llamada *prueba indiciaria* es aquélla que se dirige a convencer al órgano judicial de la verdad o certeza de unos hechos que no son los integrantes de la figura delictiva enjuiciada, pero de los que puede deducirse, conforme a las reglas de la lógica y la experiencia, la realidad del delito o participación del acusado en el mismo. [445]

Es decir, cuando el **objeto de la prueba** no es el mismo hecho delictivo investigado, sino otro u otros, no constitutivos de delito, que sirven para demostrar la existencia del hecho principal, el supuesto típico, por vía de inducción.

En relación con la prueba indiciaria el Tribunal Constitucional propugna lo siguiente: *"Hace entrada en ella la subjetividad del Juez en cuanto, mentalmente, ha de realizar el engarce entre el hecho base y el hecho consecuencia y ello de un modo coherente, lógico y racional, entendida la racionalidad, por supuesto, no como mero mecanismo o automatismo, sino como comprensión razonable de la realidad normalmente vivida y apreciada conforme a los criterios colectivos vigentes."* [446] En resumen, cuanto más sencillo y llano sea ese engarce o razonamiento que une al hecho probado del delito perseguido, más fuerza, consistencia y valor tendrá esta prueba indirecta.

El derecho a la presunción de inocencia no se opone a que la convicción judicial en un proceso penal pueda formarse sobre la base de la prueba indiciaria, ya que, no siempre es posible en estos juicios utilizar la prueba directa, puesto que prescindir de aquélla llevaría en ocasiones a la impunidad. Lo contrario sería favorecer a que se incrementen determinados tipos delictivos que, en multitud de ocasiones, no pueden demostrarse por la vía directa. Ejemplo de ello, y es donde se está conformando últimamente la teoría de la prueba indiciaria con más

---

[445] DE LA OLIVA SANTOS Y OTROS; ob. Cit. Pág. 464.

[446] Vid. STC núm. 169/1986, de 22 de diciembre.

frecuencia, son los casos del "delito de blanqueo de capitales" y de "la posesión de drogas con objeto y finalidad de traficar con ellas". [447]

No obstante, ***los requisitos*** formales y materiales fijados tanto por el Tribunal Supremo [448] como por el Tribunal Constitucional para que la prueba de indicios pueda ser aceptada y considerada "de cargo" son:

- Desde el punto de vista formal:

a) Que en la sentencia se expresen cuales son los hechos base o indicios que se estimen plenamente acreditados y, a su vez, servirán de fundamento a la deducción o inferencia.

b) Que es **necesario motivar convenientemente** el proceso por el que, partiendo de los indicios, se infiere el hecho delictivo y la participación en él del acusado. [449] Es decir, la sentencia debe hacer explícito el razonamiento a través del cual, partiendo de los indicios, se ha llegado a la convicción sobre el acaecimiento del hecho punible y la participación en el mismo del acusado, explicitación que, aún cuando pueda ser sucinta o escueta, se hace imprescindible en el caso de la prueba indiciaria, precisamente para posibilitar el control casacional de la inferencia. Esto es, es necesario que el órgano judicial precise cuales son los indicios y como se deduce de ellos la autoría del acusado, de tal modo que cualquier otro Tribunal que intervenga con posterioridad pueda comprobar y comprender el juicio formulado a partir de tales indicios, siendo preciso, pues, que el órgano judicial explique no sólo las conclusiones obtenidas, sino también los elementos de prueba que conducen a dichas conclusiones y el iter mental que le ha llevado a entender probados los hechos, a fin de que pueda enjuiciarse la racionalidad y coherencia del proceso mental seguido y constatarse que el Juez ha formado su convicción sobre una prueba de cargo capaz de desvirtuar la presunción de inocencia.

- Desde el punto de vista material, tanto en lo que se refiere a los indicios, en sí mismos, como a la deducción o inferencia :

---

[447] Vid. SSTS de 11 de diciembre de 2000, de 29 de octubre de 2001, de 15 de marzo de 2002 y de 24 de febrero de 2005.

[448] Vid. STS núm. 1453/2002, de 13 de septiembre.

[449] Vid. STC núm. 229/1988.

a) En cuanto a los indicios es necesario:

- Que estén plenamente acreditados.

- Que sean plurales o si es único, que sea de una singular potencia acreditativa.[450]

- Que los hechos a partir de los que se establece la prueba de indicios, al margen de ser múltiples, **deben estar absolutamente probados**, es decir, plenamente acreditados.

- Que sean concomitantes al hecho delictivo que se trata de probar. Esto es que entre esos hechos, exista una armonía o concomitancia, un enlace preciso y directo por medio del cual, acreditando unos, pueda inferirse el otro. [451] Deben estar relacionados, material y directamente, con el hecho criminal y su agente. Resulta preciso que el indicio sea periférico o concomitante con el dato fáctico a probar; ser circunstancial, es decir, estar alrededor, sin ser la cosa misma, pero sí estar relacionado con proximidad a ella.

- Que cuando sean varios estén interrelacionados de modo que se refuerzan entre sí. [452]

- Que admitan los contraindicios o falsas coartadas. Se convierten en un indicio si se acredita su inconsistencia o falsedad. Todo ello, siempre que su aplicación no implique para el procesado soportar la intolerable carga de probar su inocencia, lo que sería inconstitucional.

b) En cuanto a la *inducción o inferencia* es necesario que sea razonable, es decir, que no solamente no sea arbitraria, absurda e infundada, sino que responda plenamente a las reglas de la lógica y de la experiencia, de manera que de los hechos base acreditados fluya, como conclusión natural, el dato preciso de acreditar, existiendo entre ambos un "enlace previo y directo, según las reglas del criterio humano". [453]

---

[450] Vid. STS de 7 de julio de 1989.

[451] Vid. Artículo 1253 CC.

[452] Vid. SSTS núm. 515/1997, de 12 de diciembre, núm. 1026/1996, de 16 de diciembre y de 29 de octubre de 2001.

[453] Vid. SSTS núm. 1015/1995, de 18 de octubre, núm.1/1996, de 19 de enero y núm. 807/1996, de 13 de julio.

Es de vital importancia la relevancia del indicio en la tarea policial. Ya que, en muchos casos será lo único observable y, por tanto, lo único que pueda insertarse en el atestado. Por nimio que parezca algún indicio apreciado por la Policía Judicial, al comienzo o durante la investigación, y, aunque a primera vista pareciera carecer de consideración, deberá recogerse en la correspondiente diligencia, debido a que posteriormente y en unión de otros, pudiera ser que conformara esa prueba indiciaria bastante para destruir la presunción de inocencia del encartado.

Ahora bien, conviene distinguir la "prueba indiciaria" de las meras "sospechas" policiales o judiciales, pues si bien las primeras pueden, como se viene insistiendo, destruir la "presunción de inocencia"; las segundas son simples conjeturas o posibilidades a partir de las cuales no se puede construir una certeza y que sirven simplemente para abrir nuevos caminos, esto es, nuevas líneas de investigación, cuya finalidad, no puede ser otra, que la de conseguir medios de prueba directos o indirectos.

A continuación se trascribe una sentencia donde se razonan algunos de los requisitos mencionados de la prueba indiciaria: [454]

"El hecho de la posesión de hachís por el procesado, que aparece acreditado, pero como es habitual en estos casos no hubo prueba directa respecto al propósito de destinar al tráfico la mencionada droga tóxica; pero por medio del mecanismo de la prueba de indicios se puede deducir la realidad de tal propósito. En efecto, la resolución recurrida recoge una serie de datos muy significativos en este punto, la pluralidad de barritas en que estaba distribuida la mercancía, su preparación al encontrarse envueltas en papel de aluminio, el carecer de trabajo u otra fuente de ingresos que le hubieran permitido atender a su elevado coste, así como el carecer de papel y de otros utensilios necesarios para el consumo de tal sustancia, extremos todos plenamente acreditados por las manifestaciones hechos por el procesado y por los policías que declararon como testigos en el juicio oral, con lo que se cumple el requisito básico exigido para la prueba indirecta, de indicios o presunciones, (Art. 1.249 CC). Deducir de tales hechos el propósito de tráfico en la persona del acusado es algo conforme a la reglas de la lógica según nos muestra la experiencia en cuanto a la forma en que se producen habitualmente esta clase de comportamientos, (Art. 1.253 CC)." [455]

---

[454] Vid. STS de 31 de octubre de 1990.

[455] Vid., a mayor abundamiento, la STC núm. 117/2000, de 5 de mayo.

3.- LA PRUEBA EN RELACIÓN CON EL MOMENTO DE SU PRÁCTICA.-

No se debe olvidar que en la fase de instrucción, objeto del anterior y del presente tema, no se tiene la intención de realizar un estudio profundo de la fase probatoria que se práctica, como se ha repetido, en la fase del juicio oral.

Sin embargo, sí que interesa al estudio actual las pruebas que excepcionalmente se realizan fuera de la mencionada fase de juicio oral y dentro, precisamente, de la fase de instrucción, a la cual estamos dedicando estas lecciones. Es por ello, que se procederá a analizar, con más profundidad, la prueba anticipada y la prueba preconstituida, con particular detención en esta última por su importancia para la Policía Judicial.

3.1.- La Prueba Sumarial Anticipada:

La prueba anticipada es la más importante excepción al principio general elaborado por el Tribunal Constitucional y que viene a decir *"nadie puede ser condenado, sino mediante auténticas y válidas pruebas de cargo, practicadas bajo la inmediación, contradicción y publicidad del juicio oral"*. Principio que aparece recogido en el artículo 741 de la LECrim, cuando establece que las pruebas deben practicarse en el juicio oral. Por lo tanto, prueba anticipada ***es aquélla que se realiza en un momento anterior al de inicio de las sesiones del juicio oral, motivado por la imposibilidad material de practicarla en este acto, o tras su suspensión***. Se anticipa por la razonable previsión de imposibilidad de la práctica en el momento del juicio oral o la necesidad de suspender el juicio oral para proceder a la misma.

Se puede distinguir entre la prueba anticipada que se practica durante la fase de instrucción preliminar o sumario y la que se realiza en la fase de plenario. En ambas deben respetarse las ***garantías de defensa y contradicción*** que presiden la realización de la prueba en el juicio oral.

De modo estricto sólo se califica como prueba anticipada, aquélla que se practica tras la propuesta de los escritos de calificaciones, inmediatamente antes del inicio de las sesiones del juicio oral. Una interpretación más amplia y acertada, es considerar que prueba anticipada es toda aquella que se realiza con anterioridad a la fase probatoria, bien se esté en la fase de instrucción, bien en la fase de juicio oral. Se puede ampliar esta visión de la prueba anticipada mediante la lectura de los artículos de la LECrim que regulan esta prueba:

Art. 657.: "...Podrán pedir además las partes que se practiquen desde luego aquellas diligencias de prueba que por cualquier causa fuere de temer que no se puedan practicar en el juicio oral, o que pudieran motivar su suspensión".

Art. 781.1 in fine: "En el escrito de acusación se podrá solicitar la práctica anticipada de aquellas pruebas...".

Art. 785.1: "En cuanto las actuaciones se encontraren a disposición del órgano competente para el enjuiciamiento, el Juez o Tribunal examinará las pruebas propuestas e inmediata dictará auto admitiendo las que considere pertinentes y rechazando las demás, prevendrá lo necesario para la práctica de la prueba anticipada y señalará..."

El fundamento de la prueba anticipada está en evitar que se pierdan definitivamente aquellos datos probatorios relevantes para la formación de la convicción judicial, pues si no se práctica sin dilación, el fundamento de realizarla desaparece con el tiempo. Otra de las razones para su realización ocurre, cuando por su propia naturaleza es una prueba que no se puede realizar en estrados, caso por ejemplo del reconocimiento judicial de un inmueble.

La realización anticipada de la prueba debe tener un **carácter excepcional**, evitando que se convierta en una práctica generalizada a través del cual se desvirtúe el principio general de que las pruebas han de practicarse en el juicio oral. Por ello, no deben utilizarse por simples razones de comodidad, o para posibilitar que la prueba se practique de modo concentrado en la vista oral. De esta manera, si no se cumple el requisito de la **previsibilidad** de imposibilidad de práctica de la prueba en el juicio oral, determinará la ausencia de valor probatorio de la actuación practicada.

Esta imposibilidad puede ser absoluta o sobrevenida:

- **Imposibilidad absoluta:** Cuando es inherente al medio probatorio propuesto; es decir, cuando es por su propia naturaleza irreproducible en el acto del juicio oral. Por ejemplo, el reconocimiento judicial de un inmueble.

- **Imposibilidad relativa o sobrevenida:** Cuando el medio de prueba propuesto es de los que generalmente se pueden practicar en la sede del Tribunal durante el juicio oral, pero por circunstancias especiales no puede llevarse a cabo. Se deberán, no obstante, por parte del Tribunal agotar todas las posibilidades legales para practicarla en el juicio, como iniciar el juicio más tarde, suspenderlo temporalmente. Por ejemplo, un testigo que se encuentre impedido físicamente por enfermedad grave y al cual se le toma la prueba testifical en la fase de instrucción, con objeto de evitar que la misma no se pueda realizar si se espera a la celebración del juicio oral.

En relación a los ***requisitos*** que deben cumplirse en la prueba anticipada, se puede decir que para su realización la única particularidad es el hecho de realizarla fuera de la sede del juicio oral y antes de la fase probatoria, sin cumplir pues plenamente los principios de concentración y de publicidad general, lo que no es óbice para que se cumplan todos los demás. [456]

Deben cumplirse, especialmente, los Principios de ***Inmediación y Contradicción***, con la presencia del Juez o Tribunal sentenciador al completo y con intervención de todas las partes, respectivamente, pues de otra forma no se estaría ante verdaderas pruebas.

El órgano judicial debe pues notificar y citar previamente, con antelación suficiente a la práctica anticipada de la prueba, a las partes personadas y al Ministerio Fiscal. Dicha intervención no será meramente pasiva, sino activa. La no presencia injustificada del acusado y su letrado, convenientemente citados, no invalida la realización de la prueba. Ahora bien, si el procesado se encontrara detenido o preso debe asistir obligatoriamente a la práctica de la diligencia, salvo que por razones de fuerza mayor no sea posible.

Si se han respetado los presupuestos, condiciones y garantías antes expuestos, la prueba anticipada adquirirá valor probatorio al igual que las pruebas practicadas durante las sesiones del juicio oral y los datos podrán ser utilizados por el Tribunal para fundamentar su sentencia. [457] En caso contrario, por ejemplo, la realización de

---

[456] Los principios que se aplican a la realización de pruebas son el de igualdad, contradicción, inmediación y publicidad.

[457] Vid. STS núm. 49/1992, de 14 de septiembre.

un registro efectuado en el domicilio de un detenido, que no presencia esta diligencia, permaneciendo en dependencias policiales, provoca que, por incumplimiento del Principio de Contradicción, la prueba no pueda considerarse prueba anticipada. [458]

El resultado de la prueba anticipada debe ***introducirse en el acto del juicio oral*** mediante la ***lectura del acta levantada*** con ocasión de la misma por el Secretario judicial, respetándose así el Principio de Publicidad. [459] Sin embargo, si en el momento del inicio del juicio hubiesen desaparecido las causas que motivaron la práctica de la prueba, ésta deberá perder su eficacia y reproducirse nuevamente en la vista oral.

En definitiva, en la realización de la prueba anticipada deben respetarse los siguientes **requisitos**:

- Imposibilidad de reproducción en el juicio oral.

- Necesaria intervención del Juez, aunque en algún caso puede intervenir la Policía Judicial por mandato expreso de la Autoridad Judicial, siendo en este supuesto necesario la ratificación de los policías en el juicio oral. Ejemplo de ello, es la realización de la diligencia de entrada y registro.

- Posibilidad de contradicción, con asistencia letrada si es necesario.

- Reproducción en el juicio oral, para su eficacia en el procedimiento la prueba anticipada debe procederse a la lectura de su documentación escrita en el acto del juicio oral, conforme a lo establecido por el artículo 730 de la LECrim.

En resumen, siguiendo la jurisprudencia sentada tanto por el Tribunal Constitucional como por el Tribunal Supremo, para que la prueba anticipada tenga eficacia como prueba de cargo, debe cumplir los siguientes requisitos: [460]

- Material: Debe existir una causa de imposibilidad de realización en el juicio oral.

---

[458] Vid. STS núm. 1867/2000, de 29 de diciembre.

[459] Vid. Artículo 730 LECrim.

[460] Vid. STC núm. 141/2001 y STS de 6 dew octubre de 1997.

- Subjetivo: Debe realizarse ante el Juez de Instrucción.

- Objetivo: Debe darse todas las garantías y principios que se aplican a la realización de pruebas en el acto del juicio oral.

- Formal: Deben quedar documentadas por escrito, para en caso necesario sean reproducidas mediante su lectura en el acto del juicio oral.

En definitiva, lo que la prueba anticipada pretende es que no se pierdan aquellos elementos de convicción obtenidos en la instrucción o investigación del hecho que no puedan reproducirse en la vista oral como prueba.

A continuación se realiza una relación de los supuestos más frecuentes de práctica de prueba anticipada que se dan en el proceso penal español:

- *Prueba testifical:* Uno de lo motivos de suspensión del juicio oral que establece la LECrim es la incomparecencia de un testigo. [461] Para evitar esta causa de suspensión, cuando se prevea que un determinado testigo no va a comparecer a juicio, bien sea por imposibilidad física, edad avanzada, enfermedad, residencia en el extranjero u otra causa, el Juez junto con las partes se trasladarán a la residencia del testigo para la práctica de la declaración testifical. [462]

En la práctica se da en numerosas ocasiones cuando el testigo es residente allende de nuestras fronteras y se prevea que no asistirá a la vista oral. En este caso se les toma declaración respetando los Principios de Contradicción y de Inmediación, con objeto de no suspender el juicio oral y, lo que es más importante, con la finalidad de no imposibilitar, en muchos casos, la única prueba existente en el procedimiento.

- *Reconocimiento judicial:* Se podrá practicar con antelación y con aplicación de los Principios de Inmediación y Contradicción. Para el caso que se hayan iniciado las sesiones del juicio oral, se suspenderán las mismas y se trasladarán allí las partes, asistidas de letrado cuando lo precisen, y el Tribunal al completo.

---

[461] Vid. Artículo 746 LECrim.

[462] Vid. Artículo 419 LECrim.

- *Prueba pericial:* Se practica como prueba anticipada cuando se realiza en la instrucción por imposibilidad técnica de espera a su realización en un momento posterior.[463] Para que tenga eficacia se han de respetar, igualmente, el principio de Inmediación y Contradicción y la posibilidad de recusación de los peritos. Si se cumplen todas las formalidades, la prueba pericial así practicada tendrá su eficacia en el procedimiento una vez que se introduzca mediante la lectura del acta e informe realizado en el juicio oral. Ello no impide que los peritos que realizaron el informe comparezcan en el juicio oral y se sometan a las preguntas y aclaraciones que soliciten las partes.

Otro caso resulta cuando no se puede practicar la pericia en el mismo local del juicio, se suspenderá el mismo y trasladado el Tribunal se realizará la pericia.

3.2.- La Prueba Preconstituida:

Es el segundo de los supuestos en los que una diligencia realizada en la fase de instrucción puede tener eficacia probatoria en la fase de juicio oral, cumpliendo, eso sí, con todos los requisitos y presupuestos para su realización que marca la jurisprudencia, que se pasan seguidamente a citar.

En algunos casos se confunde con la prueba anticipada, ya que sus límites no están demasiado claros. Sin embargo, para la Policía Judicial interesa marcar dichos límites con objeto de realizar sus funciones con mayor eficacia, pues no se debe olvidar que es, en estas llamadas *"pruebas preconstituidas"*, donde actúa con mayor iniciativa y que de su correcta realización pudiera depender el éxito de la investigación y juicio.

Para el Tribunal Constitucional, en general, son aquellas pruebas de imposible o muy difícil reproducción en el acto de juicio oral. En otros casos son el mecanismo de conceder eficacia probatoria a las ***diligencias policiales y sumariales,*** las cuales no constituyen verdaderos actos de prueba, permitiendo que el Tribunal pueda formar su convicción en base a las mismas.

La prueba preconstituida se diferencia de las meras diligencias policiales y sumariales porque éstas no pueden tener eficacia probatoria, sino que

---

[463] Vid. STS de 9 de octubre de 2003.

principalmente cumplen con la función de introducir los hechos en el procedimiento y averiguar la verdad material. Por el contrario, llegado el caso, la prueba preconstituida puede, por sí misma, constituirse en prueba de cargo.

Se diferencia, por otra parte, de la prueba anticipada, en que la prueba preconstituida puede formalizarse por la Policía Judicial, sin la intervención del Juez de Instrucción. Desde otro punto de vista, la prueba preconstituida, además de ser una diligencia de las llamadas objetivas o de constatación, debe tener un requisito de urgencia y necesidad, que no siempre se aplica a la prueba anticipada, como establece alguna sentencia debe tener un carácter aseguratorio de los indicios y fuentes de prueba que se observan en ese preciso momento y que de no actuar desaparecerían de inmediato. [464]

En definitiva, la prueba preconstituida puede definirse como la actuación bien de la Policía Judicial, bien del Juez de Instrucción "a prevención" de la Autoridad Judicial competente para conocer del hecho delictivo, motivada por una urgencia y necesidad de evitar la pérdida de la fuente de prueba, sin cumplir plenamente con todos los principios que se aplican a la prueba practicada en el juicio oral.

Una vez desaparecidas dichas razones de urgencia, ha de ser el Juez de Instrucción competente en el caso, quien, previo el cumplimiento de los requisitos de la prueba sumarial anticipada, pueda dotar al acto de investigación sumarial del carácter jurisdiccional de acto probatorio, susceptible por sí solo para poder fundamentar posteriormente una sentencia de condena.

Otra de las diferencias entre la prueba preconstituida y anticipada, que precisamente no está suficientemente definida, es el requisito formal para su puesta en consideración en el acto del juicio oral. Como se ha dicho en el caso de la prueba anticipada, para su introducción en el juicio se debe producir la lectura del acta donde se documentó, en el caso de la prueba preconstituida no queda claro si el modo de aportación puede ser el mismo, [465] o bien debe ser introducida mediante la práctica de otro medio de prueba, comúnmente la testifical de los agentes intervinientes. [466]

---

[464] Vid. STC núm. 303/1993, de 25 de octubre y STS de 6 de mayo de 2005.

[465] Vid. Artículo 740 LECrim.

[466] Vid. STS núm. 850/2005, de 6 de mayo.

La diferencia estriba en que, sobre todo cuando la prueba preconstituida se ha realizado por la Policía Judicial, si bien se puede leer el acta, para constituirse en verdadera prueba, debe complementarse la diligencia con la declaración de los agentes que intervinieron de una forma directa en su realización. [467] Otra cosa iría en contra del Principio de Contradicción y del Principio de Inmediación, ya que en esta clase de prueba preconstituida no ha tenido participación ninguna Autoridad Judicial. Cuestión que no ocurre cuando la prueba ha sido preconstituida por el Juez de Instrucción, caso en el cual es suficiente la lectura del acta donde se documentó el acto, tal y como establece el artículo 740 de la LECrim.

Los Tribunales están otorgando el valor de prueba preconstituida a todas aquellas diligencias que como las ***fotografías, croquis, resultados de las pruebas alcoholimétricas***, que realiza la Policía Judicial y que se limitan a reflejar fielmente determinados datos o elementos fácticos de la realidad externa, siempre que, además, se den las repetidas razones de urgencia y necesidad, que hagan al hecho irrepetible el día del juicio oral. [468]

En otras palabras, cuando al dato de la ***objetividad*** de las actuaciones obtenidas en el atestado, se añade ***su irrepetibilidad***, las actas policiales se convierten en prueba preconstituida, la cual ha de introducirse en el juicio oral mediante su lectura y con la declaración de los agentes.

Poco y confuso existe, en nuestra doctrina, escrito sobre la prueba preconstituida, sin embargo, recientemente, el profesor GIMENO SENDRA ha hecho una magnífica estructuración donde se efectúa un estudio de la misma que no se debe dejar de citar: [469]

- Prueba preconstituida realizada por la policía.

- Prueba preconstituida de la Policía Judicial con control judicial.

- Pruebas preconstituidas del Juez de Instrucción.

---

[467] Vid. STC núm. 217/1989.

[468] Vid. SSTC núms. 138/1992 y 303/1993.

[469] GIMENO SENDRA; ob. Cit. Pág. 357 y ss.

Por lo tanto, siguiendo lo apuntado hasta el momento, se puede afirmar que una misma diligencia, puede ser prueba anticipada, prueba preconstituida o medio de investigación, según el caso, como se va a explicar a continuación siguiendo el ejemplo del registro de un automóvil.

De esta manera, la diligencia de registro de un automóvil puede tener el valor de prueba anticipada si se practica judicialmente, como inspección ocular realizada con todas las garantías, respetando el Principio de Contradicción mediante la asistencia del imputado y su letrado, si ello fuera posible.

Supuesto distinto sería el registro de un automóvil que, de acuerdo con la ley, se realiza en un control de carretera concurriendo los requisitos de urgencia y necesidad, los cuales justificarían la actuación policial "a prevención" de la Autoridad Judicial y la valoración de la diligencia como prueba preconstituida.

Por lo tanto, en estas diligencias, si los requisitos de "urgencia y necesidad" no existen, bien porque el individúo se encuentra detenido, bien porque el vehículo se encuentra intervenido o por cualquier otra razón, el registro que se hace en el vehículo tendría la naturaleza de medio de investigación si no cuenta con la presencia judicial. [470]

En cualquier caso, para que tales actos de investigación posean esa naturaleza de prueba preconstituida, se hace preciso que la Policía Judicial haya actuado en ellos por estrictas ***razones de urgencia y necesidad***, de modo que, desaparecidas dichas razones, *"ha de ser el Juez de Instrucción quien, previo el cumplimiento de los requisitos de la prueba sumarial anticipada, pueda dotar al acto de investigación sumarial del carácter jurisdiccional de acto probatorio, susceptible por sí solo de fundamentar una sentencia condenatoria."* [471]

Siguiendo la división apuntada se puede decir que son posibles actos de prueba preconstituida de la Policía Judicial, por ejemplo, las pruebas alcoholimétricas, las grabaciones de videovigilancia y los análisis de estupefacientes.

Por último, se ha de recordar que el Juez de Instrucción, a veces actúa en

---

[470] Vid. Artículo 284 LECrim.
[471] Vid. STC núm. 303/1993.

prevención de otra Autoridad Judicial, en estos casos determinadas diligencias, como la recogida y conservación del cuerpo del delito, el reconocimiento judicial, las inspecciones e intervenciones corporales, la entrada y registro y la intervención de las comunicaciones, pueden ser consideradas pruebas preconstituidas de realización judicial.

4.- LA PRUEBA EN RELACIÓN CON SU EFICACÍA:

La jurisprudencia del Tribunal Constitucional y del Tribunal Supremo viene continuamente reiterando que la presunción de inocencia se destruye por una prueba validamente obtenida en un proceso con todas las garantías. Los requisitos para que una prueba tenga esta naturaleza se dan cuando la sentencia se ha fundado en una prueba de cargo suficiente, constitucionalmente obtenida, legalmente practicada y racionalmente valorada.

Si todo esto no ocurre se estará ante, según el caso, una prueba prohibida o ilegal y tendrá los efectos en el proceso que se van a analizar a continuación.

4.1.- La Prueba Prohibida y sus efectos:

Del ámbito de apreciación de la prueba se debe extraer los supuestos de prueba prohibida y prueba ilícita. Aunque ambos términos suelen utilizarse indistintamente, entrañan conceptos diferentes.

Prueba ilícita es aquella en la que en su origen y desarrollo se ha vulnerado un derecho o libertad fundamental; en tanto que la ***prueba prohibida*** es la consecuencia de la prueba ilícita, que no puede ser traída al proceso porque surge con violación de las normas constitucionalmente tuteladoras de los derechos fundamentales.

Sin embargo, no toda irregularidad en la forma de practicar una diligencia de investigación o de prueba conduce necesariamente a negarle valor probatorio, únicamente, cuando el origen de la ilicitud de la prueba se encuentra en la violación de un derecho fundamental, dicha prueba carece de validez en el proceso. [472]

[472] Vid. STS de 29 de marzo de 1990.

A la **prueba prohibida** se refiere expresamente el artículo 11 de la LOPJ, según el cual, *"no surtirán efecto las pruebas obtenidas, directa o indirectamente, violentando los derechos o libertades fundamentales"*. Del precepto se infiere, claramente, que el ámbito de la prohibición de la valoración se limita a las pruebas que hayan infringido normas constitucionales y tuteladoras de derechos fundamentales.

Tales efectos se producen aunque la violación de derechos fundamentales los haya producido un particular y no la Autoridad. Esto ocurrió en el caso de la apertura de una carta que contenía droga por parte de un particular, que erróneamente creía ser el destinatario. La prueba obtenida fue considerada nula. [473]

Constituirán ***supuestos claros de pruebas ilícitas y pruebas prohibidas,*** los siguientes:

a) Los medios de prueba que pudieran practicarse con violación de derechos fundamentales, tales como el derecho a la integridad física, una intervención corporal; a la libertad, mediante retenciones o cacheos inconstitucionales; al derecho a la intimidad, inspección corporal de partes íntimas; la infracción del principio de proporcionalidad, el acta de entrada y registro practicada fuera de los casos permitidos por la ley y las grabaciones de las comunicaciones no cumpliendo los requisitos establecidos.

b) La declaración del imputado arrancada mediante torturas, coacciones o a través de medios que la ley no autoriza e, igualmente, la "confesión" obtenida mediante "ventajas materiales" que tampoco puede gozar de valor probatorio alguno para servir de base a sentencias condenatorias contra otros copartícipes.

c) La declaración del imputado, que, con sacrificio de su derecho constitucional de defensa, es interrogado en calidad de testigo o que se somete a un interrogatorio judicial o prueba pericial, [474] sin haber sido previamente informado de sus derechos.

Pero el verdadero problema que interesa respecto a la prueba prohibida, es el de

---

[473] Vid. STS de 10 de febrero de 1995.

[474] Caso de la prueba de alcoholemia.

determinar la extensión de los efectos de la misma. Dos teorías han surgido al respecto: la teoría directa y la indirecta o de la prueba refleja.

De secundar la primera, ***teoría directa***, la prohibición de valoración ha de circunscribir sus efectos al acto de la prueba que causó la violación del derecho fundamental. Pongamos por caso una escucha telefónica inconstitucional, cuyo resultado, la audición de la cinta magnetofónica, nunca podrá ser valorado por el Tribunal. Pero, según esta teoría, nada impide que el acusado sea condenado en base a otra actividad probatoria aunque pueda derivarse de ella. Por ejemplo, a raíz de dicha escucha telefónica y la información obtenida, la policía ha montado un dispositivo para la detención del vehículo en el que se va a transportar, siendo aprehendido *in fraganti* el acusado.

La teoría indirecta o refleja, [475] por el contrario, extiende la prohibición no sólo a la prueba inconstitucional, sino también a todas aquellas pruebas que se deriven de ella. Esta teoría es conocida en el mundo anglosajón como la doctrina del "fruto del árbol envenenado", "The fruit of the poisonous tree doctrine" [476]

De esta forma, esta teoría amplía los efectos de la prohibición a todas aquellas pruebas que no hubieran podido nunca ser practicadas de no conocerse el resultado de la prueba obtenida con vulneración de derechos fundamentales.

En el ejemplo anterior, el cuerpo del delito intervenido no puede servir para condenar al acusado, pues la Policía Judicial nunca hubiera podido montar el dispositivo de detención si no hubiera conocido a través de la escucha telefónica inconstitucional, que el acusado iba a desplazarse con la droga un día determinado.

Además, la prueba nula despliega sus efectos sobre otras pruebas distintas en cuanto pudiera servir para que éstas puedan ser valoradas en un determinado sentido. Así, *"el ilegítimo hallazgo de droga incautada en un registro domiciliario declarado nulo, no puede servir para acreditar que la papelina que se ocupó con anterioridad al acusado en la escalera del inmueble y de otra forma lícita, se poseía para traficar con ella"*. [477]

---

[475] Seguida de una forma estricta en EEUU, Canadá, Holanda e Italia.

[476] Vid. STC núm. 85/1994 y STS de 7 de febrero de 1992.

[477] Vid. STS de 29 de marzo de 1990.

Esta teoría refleja se encuentra en nuestro ordenamiento recogida explícitamente en el mencionado artículo 11 de la LOPJ, al afirmar que *"no surtirán efecto en proceso las pruebas obtenidas, directa o indirectamente, violentando los derechos o libertades fundamentales".*

Pero nuestra jurisprudencia, [478] más prudente, no la ha consagrado plenamente, sino que ha ido matizando la cuestión. De tal forma que, cuando pueda desconectarse la prueba legalmente obtenida con la vulneración del derecho fundamental, podría eventualmente valorarse la misma. Dicho de otra forma, cuando exista o pudiera haber existido un camino distinto para llegar a dicha prueba independiente a la vulneración del derecho fundamental. Alrededor de esta idea se ha configurado la teoría de la *"conexión de antijuricidad"*, según la cual todas las pruebas son válidas siempre que se logren desconectar de la vulneración del derecho fundamental. [479]

Es la doctrina también llamada de *"la fuente de prueba independiente"*. [480] Desde esta óptica, no es extraño que la evaluación de la relación entre la prueba ilícita y la derivada se realice a partir de la conexión causal existente entre ambas, aunque asignando una importancia decisiva a la secuencia temporal entre la acción lícita y la ilícita, lo que llevará, finalmente, a excluir la aplicación del efecto reflejo cuando el tiempo transcurrido entre una y otra es muy prolongado. [481]

Es el caso que ocurre cuando a partir de una intervención telefónica ilícita se conoce una cita, que de todas formas hubiera sido descubierta teniendo en cuenta las circunstancias, observación y seguimiento del que el acusado era objeto con anterioridad. Así, *"lo obtenido de la intervención telefónica no fue indispensable ni determinante para la ocupación de la droga..."* [482]

[478] Sobre todo la jurisprudencia del TC, ya que si hubiera adoptado repetidamente lo que establece el art. 11.1 LOPJ, hubiera representado la instauración definitiva y con todas la consecuencias de la doctrina anglosajona, con los efectos, a veces perversos, para el procedimiento y la frustración para el "ius puniendi" del Estado.

[479] Vid. SSTC núms. 81/1998 y 167/2002.

[480] Vid. STC núm. 86/1995, que recurre a la doctrina de la fuente independiente, de la que ya había hecho uso la jurisprudencia del Tribunal Supremo excluyendo el efecto derivado cuando se trata de apreciar como elemento de convicción las declaraciones realizadas por el acusado.

[481] LÓPEZ ORTEGA; Los principios constitucionales del proceso penal, editorial Justicia de Paz C.S.J., San Salvador, 2000.

[482] Vid. STC núm. 8/1998.

Sin embargo, si nos encontramos en un registro nulo por vulneración del derecho fundamental a la inviolabilidad de domicilio y sin que exista prueba independiente de signo acusatorio, al apreciarse **conexión de antijuricidad**, no pueden ser valoradas las demás pruebas derivadas del registro ni entrar en el acervo probatorio de cargo.

La jurisprudencia del Tribunal Supremo matiza la aplicación de esta teoría estableciendo un cuerpo de doctrina consolidado del cual se apuntan las cuestiones más interesantes: [483]

1º) Mediante la no consideración de contaminadas para las restantes pruebas si es posible establecer una ***desconexión causal*** entre las que fundarían la condena y las ilícitamente obtenidas. Para ello, se ha de justificar suficientemente por parte del instructor de las diligencias que, se hubiera llegado al mismo resultado por otra vía que obra en el atestado y que no está contaminada. [484]

De otro modo si, en el caso, existió una relación de causalidad *"entre la ocupación de la droga y el resultado de la intervención telefónica ilícita, porque ésta fue el medio que permitió a la Guardia Civil conocer que uno de los sospechosos se desplazaría para hacerse cargo del alijo de drogas".* [485]

2º) Esa desconexión siempre existe en los casos conocidos en la jurisprudencia norteamericana como ***"hallazgo inevitable"***, por ejemplo, el descubrimiento de armas en una "entrada y registro" autorizada para un delito de pornografía infantil, [486] pues en realidad en estos casos no se ha vulnerado ningún derecho fundamental, únicamente es un caso de irregularidad procesal ordinaria.

4.2.- Las Pruebas Irregulares o Anulables:

Son aquellas [487] en cuya práctica se hubieran vulnerado normas procesales reguladoras de la obtención y práctica de pruebas, pero que no ocasionan

---

[483] Vid. SSTS de 5 de junio de 1995 y de 24 de enero de 1998.
[484] Vid. STS núm. 498/2003, de 24 de abril.
[485] Vid. STC núm. 86/1995.
[486] Vid. SSTS núms. 210/1992, 311/1994, 2783/1993 y 725/1995.
[487] SOLÍS NAVARRO Y OTROS; ob. Cit. Pág. 194.

indefensión en las partes en sentido constitucional, indefensión formal, así como no producen un efecto material de indefensión con menoscabo real y efectivo del derecho de defensa y que, por tanto, podrían ser convalidadas. [488]

En este orden de cosas, la doctrina y la jurisprudencia han entendido que, cuando no se han lesionado los derechos fundamentales, el problema se resolverá a través de la llamada "ponderación de intereses involucrados".

Por ejemplo, en una entrada y registro con mandamiento judicial efectuada sin la presencia del secretario judicial, [489] se puede afirmar que el derecho fundamental a la inviolabilidad de domicilio no se ve afectado, pues la entrada ha sido acordada judicialmente con un mandamiento válido. Lo que sucede es que la realización de la diligencia se ha hecho infringiendo una norma procesal, en este caso, el artículo 569 de la LECrim exige la presencia del secretario judicial en las entradas y registros acordadas judicialmente. Irregularidad que debe moverse en el plano de legalidad ordinaria y no en el ámbito de la constitucionalidad.

Lo importante, como se apuntó en la prueba prohibida, son los efectos de la irregularidad ordinaria relatada. Pues bien, en éste y en todos los supuestos que existan las llamadas pruebas irregulares, el efecto debe ponderarse en el plano de la validez de la prueba por el Juez o Tribunal competente para su valoración. En definitiva, la realización irregular de una prueba no impide su subsanación y, por ende, su valoración. [490]

Normalmente, esta subsanación viene dada por otras pruebas, tales como la testifical de los agentes intervinientes, testigos o imputados, amén de por el hecho incontestable de los hallazgos realizados en el registro. [491]

En definitiva, el incumplimiento de la norma procesal donde se impone ese requisito no transciende al plano de la constitucionalidad y sus efectos se

---

[488] Vid. SSTC núms. 145/1990 y 106/1993.

[489] Vid. STS núm. 372/2004, de 12 de marzo.

[490] Vid. SSTC núm. 290/1994, de 27 de octubre; y núm. 133/1995, de 25 de septiembre y SSTS de 18 de octubre de 1990 y de 16 de octubre de 1991.

[491] Vid. SSTC núm. 290/1994, núm. 133/1995, de 25 de septiembre y núm. 309/1994 y AATC núms. 45/1995 y 87/1995.

producen en el ámbito de la validez y eficacia de los medios de prueba. O lo que es lo mismo, la no presencia del Secretario judicial afectará a la calidad y cualidad de la prueba, pero no a su posible calificación como inconstitucional a la vista del artículo 24.2 de la CE en relación con el 18.2. [492]

Dichos efectos aparecen recogidos en los artículos 240 y 242 de la LOPJ, conforme a los cuales los actos procesales deben ser declarados nulos en los siguientes supuestos:

1º/ Nulidad de pleno derecho en todo caso. [493]

2ª/ Los defectos de forma en los actos procesales que impliquen ausencia de los requisitos indispensables para alcanzar su fin o determinen efectiva indefensión. [494]

3º/ Actuaciones fuera de plazo: Estas sólo serán anulables cuando así lo impusiere la naturaleza del término o plazo. [495]

Dichos efectos aparecen recogidos en el artículo 243 de la LOPS, que establece la nulidad de un acto la de sucesivos que fueren independientes de áquel ni la aquéllos cuyo contenido.

Articulo 243

1. La nulidad de un acto no implicará la de los sucesivos que fueren independientes de áquel ni la de aquéllos cuyo contenido hubiese permanecido invariado aun sin haberse cometido la infracción que dio lugar a la nulidad.

2. La nulidad parcial de un acto no implicará la de las partes del mismo independientes de la declarada nula.

3. El juzgado o tribunal cuidará de que puedan ser subsanados los defectos en que incurran los actos procesales de las partes, siempre que en dichos actos se

---

[492] Vid. STC núm. 133/1995, de 25 de septiembre.

[493] Vid. Artículo 240 LOPJ.

[494] Vid. Artículo 240 LOPJ.

[495] Vid. Artículo 242 LOPJ.

hubiese manisfestado la voluntad de cumplir los requisitos exigidos por la ley.

4. Los actos de las partes que carezcan de los requisitos exigidos por la ley serán subsanables en los casos, condiciones y plazos previstos en las leyes procesales.

Una vez que se han estudiado en la presente lección las pruebas y su clasificación, a continuación y a modo de resumen y recordatorio, se incluye un cuadro de la citada clasificación:

CRITERIO CLASIFICATORIO	CLASES DE PRUEBAS
En relación con la importancia para el procedimiento	De cargo De indicios
En relación al momento de su práctica	En el juicio oral En la instrucción: - Anticipada - Preconstituida
Corrección en su acuerdo y práctica	Prohibidas Irregulares

LECCIÓN XIII

LOS PROCEDIMIENTOS PENALES (I)

1.- LOS PROCEDIMIENTOS PENALES ORDINARIOS:

1.1.- El Procedimiento Común:

En primer lugar, se debe hacer referencia, brevemente, al significado de los términos Procedimiento y Proceso, estudiados en las primeras lecciones de esta obra. Procedimiento es el método para desarrollar una secuencia de actos, en cambio, Proceso es la secuencia de actos propiamente dicha. [496] No obstante, en la mayoría de las ocasiones se utilizan ambos conceptos indistintamente. En este sentido, se define el proceso penal, como el instrumento, entendido como conjunto de herramientas, adecuado para obtener una decisión jurisdiccional sobre la condena o absolución del imputado, y adopta según las infracciones y circunstancias concurrentes, una forma, unos trámites diferentes, constituidos por los procedimientos penales. [497]

Dentro de los procedimientos penales ordinarios, nuestra Ley de Enjuiciamiento Criminal originaria estableció el procedimiento común para el conocimiento de todos los delitos, y que en la actualidad ha quedado reservado para los de mayor entidad, [498] es decir, para el enjuiciamiento de todos los delitos castigados con pena privativa de libertad superior a nueve años.

Debido a que la regulación de los procedimientos penales ordinarios viene reflejada en la LECrim, sus reglas serán de aplicación supletoria para los demás procedimientos. Por ello, es sumamente interesante conocer las fases en las que se encuentra dividido este procedimiento: [499]

a) Iniciación

b) Instructora o sumario

c) Intermedia

---

[496] GÓMEZ DE LIAÑO; ob. Cit. Pág. 37.
[497] GÓMEZ DE LIAÑO; ob. Cit. Pág. 363.
[498] GÓMEZ DE LIAÑO; ob. Cit. Pág. 214.
[499] GIMENO SENDRA; ob. Cit. Pág. 787.

d) Juicio oral

a) Iniciación:

1. Originaria:

La iniciación de forma originaria sucede mediante **auto de incoación** a la apertura de **sumario**. Este auto lo realiza el Juez de Instrucción cuando recibe la noticia criminis, después de valorada la gravedad de los hechos, por cualquiera de los medios de incoación del procedimiento penal: denuncia, querella o iniciación de oficio.

2. Por conversión:

Una segunda forma de iniciación del procedimiento ordinario es *por conversión* de otra clase de procedimiento iniciado anteriormente, bien sea el procedimiento abreviado, bien el procedimiento ante el Jurado. Este modo de iniciación es el más frecuente en la práctica.

b) Fase Instructora o Sumario:

Se denomina ***sumario*** al conjunto de actos de investigación, de defensa y de medidas cautelares que pueden adoptarse desde el auto de incoación al de conclusión de la instrucción. [500]

La función del sumario y, por ende, de la fase de instrucción, es la de aportar el material de hecho al procedimiento, la realización de las correspondientes diligencias o cualquier actuación encaminada a preparar el juicio, debido a que el sumario, al contrario que sucede en la fase del juicio oral, está informado por el principio de la **escritura**. [501] No obstante, aunque las funciones citadas son esenciales, existen otras no menos importantes, como son:

- La determinación de la "legitimidad pasiva", es decir, determinar contra quien

[500] MORENO CATENA, en una obra realizada también por GIMENO SENDRA Y OTROS; ob. Cit. Pág. 478.
[501] GIMENO SENDRA; ob. Cit. Pág. 788.

se va a dirigir el proceso, "el procesado" a quien se le notifica el "auto de procesamiento".

- El aseguramiento de la pretensión penal a través de las medidas cautelares.

Con motivo de estar informado el sumario del principio de escritura, las diligencias adquieren un valor sustancial. Por ello, se ha ido produciendo una clasificación de las mismas, según la terminología utilizada, aunque no existe una doctrina pacífica en este sentido, sí se puede citar la denominación de algunas:

1) Diligencias de prevención. Según el artículo 286 de la LECrim, son las que efectúa la Policía Judicial tras recibir la denuncia o "prequerella". La realización de las mismas ha de ser puesta inmediatamente en conocimiento del Juez, [502] como máximo antes de las 24 horas desde su inicio, debiéndose plasmar esta circunstancia en el atestado o, excepcionalmente, en una relación verbal circunstanciada.

2) Primeras diligencias. Son las contenidas en el artículo 13 de la LECrim, donde se incluyen como tales: *"...la de consignar las pruebas del delito que puedan desaparecer, la de recoger y poner en custodia cuanto conduzca a su comprobación y a la identificación del delincuente, la de detener, en su caso, a los presuntos responsables del delito, y la de proteger a los ofendidos o perjudicados por el mismo, a sus familiares o a otras personas, pudiendo acordarse a tal efecto las medidas cautelares a las que se refiere el artículo 544 bis o la orden de protección prevista en el artículo 544 ter de esta Ley"*. Por lo tanto, son diligencias que están pensadas para su realización por parte de la Autoridad Judicial, [503] sin perjuicio de que la Policía Judicial, cuando concurran motivos de urgencia y necesidad, las pueda efectuar.

3) Diligencias a prevención. Éste término es utilizado en múltiples ocasiones para referirse propiamente a las "diligencias de prevención". No obstante, se ha ido asentando esta expresión, en el ámbito de la Policía Judicial, para denominar a aquellas actuaciones confeccionadas por ésta, donde se recogen una serie de datos en previsión de ser necesitados *"a posteriori"* y que no son entregadas a la

---

[502] Vid. Artículos 282 y 284 LECrim.

[503] Vid. Artículo 13 y 498 y ss. LECrim.

Autoridad Judicial, hasta tanto no se cumpla el requisito de procedibilidad, [504] es decir la denuncia del perjudicado. Hasta ese momento, no se deben entender que son diligencias propiamente de instrucción. Como ejemplo de este tipo de diligencias, se encontraban las realizadas por los componentes de la Agrupación de Tráfico de la Guardia Civil en accidentes leves producidos en carretera, con anterioridad al 1 de enero de 2.006, momento desde el cual se dejaron de emplear.

Por otra parte, el sumario lo forma un conjunto de documentos, cuyo número dependerá del hecho enjuiciado. Estos documentos se incluyen, en aras de una mejor organización del mismo, en las distintas ***piezas*** del sumario: [505]

1.- *La pieza principal,* donde se determina la tipicidad del hecho y la presunta participación de su autor.

2.- *La pieza de situación personal,* donde constan la adopción de medidas cautelares penales de naturaleza personal.

3.- *La pieza de responsabilidad civil,* contiene la medidas aseguratorias de la pretensión civil, costas y fianzas o embargos.

4.- *La pieza de responsabilidad civil subsidiaria o pieza de terceros,* que contiene a las personas civilmente responsables, por imperativo de ley o contrato.

Pero si algo identifica claramente el "procedimiento común" es la existencia en el mismo del ***auto de procesamiento***, ya que es en el único procedimiento donde se da esta resolución judicial. Su finalidad es la de determinar la *"legitimidad pasiva"*, es decir, contra quién va a dirigirse el proceso. El procesamiento es una declaración formal por la que el órgano jurisdiccional atribuye o imputa provisionalmente a una persona la comisión de unos hechos presumiblemente delictivos. *El procesamiento no está sometido a límites temporales,* es decir, el auto puede dictarse en cualquier momento del sumario, aunque sea una práctica relativamente frecuente esperar a los momentos finales de la instrucción. Éste, supone un cambio en la situación procesal del encausado que deja de ser el

---

[504] Vid. Artículo 639 CP.

[505] MORENO CATENA, en una obra realizada también por GIMENO SENDRA Y OTROS; ob. Cit. Págs. 481 y 482.

"posible" responsable de los hechos delictivos, para convertirse en el "probable" culpable de los mismos, habida cuenta los indicios racionales de criminalidad que pesan sobre él.

Lo que resulta incontrovertido es que el auto de procesamiento supone un presupuesto de la fase decisoria, en el sentido de que sin él no podrá acordarse la apertura del juicio oral. [506]

Por último, el sumario concluye mediante el ***auto de conclusión***. Una vez practicadas las diligencias declaradas oportunas, el Juez Instructor considera terminado el sumario, así lo declara, y manda los autos y las piezas de convicción al Tribunal competente para el fallo. Estas circunstancias deben ser notificadas a las partes personadas.

c) Fase intermedia:

Comprende las actuaciones dirigidas a la confirmación o revocación del auto de terminación del sumario y decidir acerca de la apertura o no del juicio oral. Siendo, esta última finalidad, la principal de la fase intermedia.

La fase intermedia comienza con la recepción del *auto de conclusión* del sumario por parte del Tribunal competente para decidir, al cual las partes deben manifestar su conformidad o, por el contrario, si entienden que deben practicarse nuevas diligencias de instrucción. Como se puede observar, esta fase del proceso penal ordinario está "montada a caballo" entre sus dos fases principales [507] y finaliza con alguna de estas dos resoluciones:

1.- Auto de Sobreseimiento. Entendido como la declaración de voluntad que pone fin al proceso por falta de los presupuestos necesarios para decretar la apertura del juicio oral. [508] Dicho auto puede ser de varias clases:

---

[506] ARAGONESES MARTÍNEZ, en una obra realizada también por DE LA OLIVA SANTOS Y OTROS; ob. Cit. Págs. 404 y ss.

[507] PRIETO-CASTRO Y FERRÁNDIZ Y GUTIÉRREZ DE CABIEDES Y FERNÁNDEZ DE HEREDIA; ob. Cit. Pág. 299.

[508] GÓMEZ ORBANEJA Y HERCE QUEMADA; ob. Cit. Pág. 245.

- ***Total:*** Alcanza a todos los presuntos culpables.

- ***Parcial:*** Alcanza a unos y a otros no.

- ***Libre:*** Supone la terminación definitiva del proceso, [509] cuando el hecho no ha existido; aún cuando el hecho ha existido pero no es delictivo o cuando aparezcan exentos de responsabilidad criminal los procesados como autores, cómplices o encubridores.

- ***Provisional:*** Supone la paralización y archivo temporal del procedimiento por no existir pruebas de cargo o por no existir personas contra las que dirigir la acusación. Como curiosidad, en el derecho comparado, este auto no existe en todos los países, como es el caso de México. [510]

2.- Auto de apertura del juicio oral, que dictará el Tribunal cuando concurran los siguientes requisitos:

- Que el hecho sea constitutivo de delito.

- Que alguien se encuentre procesado como responsable criminal del hecho.

- Que el Ministerio Fiscal o alguna de las partes acusadoras solicite la apertura del juicio oral.

d) Fase del Juicio oral:

Aunque formalmente se inicia con el auto de apertura, materialmente esta fase comienza con los **escritos de acusación y defensa** y termina con la sentencia. No obstante, el proceso puede derivar en sobreseimiento, es decir, no se inicia juicio oral, [511] con la conformidad del acusado [512] o con condena o, en su caso, con la absolución.

---

[509] Vid. Artículo 637 LECrim.

[510] GARCÍA RAMÍREZ; Proceso Penal y Derechos Humanos, segunda edición, Editorial Porrua S.A., México, 1993, pág. 223.

[511] Vid. Artículos 634 y ss. LECrim.

[512] Vid. Artículos 655 LECrim.

Este periodo contiene, a su vez, tres fases:

1.- Preparación:

En la fase de preparación se interponen los escritos de calificaciones provisionales, de acusación y de defensa por ese orden, y el Tribunal, realizada la calificación, ordena el pase de la causa al ponente para el examen de las pruebas propuestas.

2.- Proposición y resolución de las cuestiones previas o artículos de previo pronunciamiento:

Bajo la expresión "artículos de previo pronunciamiento", nuestra Ley de Enjuiciamiento Criminal [513] se refiere a algunos presupuestos procesales que han de ser resueltos con carácter previo al juicio oral.

3.- Celebración de la vista oral:

El día señalado para la vista oral, el presidente declarará abierto el juicio, cuyos debates son públicos, a menos que, por razones justificadas y razonadas, se declare el juicio a puerta cerrada. Igualmente, los citados debates deben ser dirigidos por el presidente del Tribunal.

En esta fase del juicio oral, es donde ha de transcurrir la importantísima actividad probatoria. Una vez finalizada, las partes podrán mantener o modificar sus conclusiones provisionales con objeto de elevarlas a definitivas. Posteriormente, se dará la palabra a las partes con objeto de que realicen oralmente sus "informes", donde se exponen los hechos que consideran probados y su calificación legal, así como las personas que participaron en los mismos.

Por último, se le concede la palabra al procesado, *"derecho a la última palabra"*, y el Tribunal declara el juicio *"visto para sentencia"*. Constituyendo la sentencia la forma normal de terminación del proceso penal, ya que la sentencia

[513] Vid. Artículos 666 y ss. LECrim.
[514] TOMÉ GARCÍA, en una obra realizada también por DE LA OLIVA SANTOS Y OTROS; ob. Cit. Pág. 427.

supone un acto del Juez o Tribunal, el cual, después de realizar el juicio de hecho y el juicio de derecho, dicta el fallo como conclusión entre la relación de ambos juicios, suponiendo, además, una declaración de voluntad del Juez o Tribunal. [515]

La *instrucción* de este procedimiento corresponde a los Jueces de Instrucción ordinarios. En cambio, el *conocimiento y fallo* incumbe al Tribunal competente, que en la mayoría de los supuestos es la Sala de lo Penal de la Audiencia Provincial.

1.2.- El Procedimiento ante el Jurado:

El artículo 125 de nuestra Constitución ordena expresamente al legislador la elaboración de una ley del jurado, dejándole carta blanca sobre los términos de esta regulación. [516] Por ello, mediante la LO 5/1995, de 22 de mayo, del Tribunal del Jurado, se instituyó este proceso, que de modo supletorio se rige además por la Ley de Enjuiciamiento Criminal en lo prescrito para el procedimiento ordinario.

Con la instauración del Jurado se retoma un instrumento de indiscutible raigambre liberal y se consigue enlazar la administración de justicia con dos derechos fundamentales: La participación directa de los ciudadanos en los asuntos públicos, regulado en el artículo 23.1 de la CE, y el derecho al Juez Ordinario Predeterminado por la Ley del 24.2 de nuestro Texto fundamental. [517]

1.2.1.- Competencia objetiva:

El Tribunal del Jurado tiene competencia objetiva, la cual debe ser examinada de oficio por el Juez Instructor, para los delitos incardinados dentro de las rúbricas recogidas en el artículo 1 de la citada ley:

a. Delitos contra las personas.

b. Delitos cometidos por los funcionarios públicos en el ejercicio de sus cargos.

---

[515] ARAGONESES ALONSO; ob. Cit. Pág. 382.
[516] SORIANO; El nuevo jurado español, Editorial Ariel S.A., Barcelona, 1.985, pág. 130.
[517] GONZÁLEZ-CUELLAR Y OTROS; Ley de Enjuiciamiento Criminal y Ley del Jurado, 15ª edición, Editorial Colex, Madrid, 2005, pág. 675.

c. Delitos contra el honor.

d. Delitos contra la libertad y la seguridad.

e. Delitos de incendios.

Estas rúbricas, a su vez, se corresponden con los siguientes títulos del actual Código Penal:

- Del homicidio y sus formas.

- Delitos contra la libertad.

- De la omisión del deber de socorro.

- De los incendios.

- Delitos contra la Administración Pública.

- Delitos contra la Administración de Justicia.

En este orden de cosas, dentro del ámbito de enjuiciamiento previsto en el apartado anterior, el Tribunal del Jurado será competente para el conocimiento y fallo de las causas por los delitos tipificados en los siguientes preceptos del Código Penal:

a. Del homicidio, artículos 138 a 140.

b. De las amenazas, artículo 169.1.

c. De la omisión del deber de socorro, artículos 195 y 196.

d. Del allanamiento de morada, artículos 202 y 204.

e. De los incendios forestales, artículos 352 a 354.

f. De la infidelidad en la custodia de documentos, artículos 413 a 415.

g. Del cohecho, artículos 419 a 426.

h. Del tráfico de influencias, artículos 428 a 430.

i. De la malversación de caudales públicos, artículos 432 a 434.

j. De los fraudes y exacciones ilegales, artículos 436 a 438.

k. De las negociaciones prohibidas a funcionarios públicos, artículos 439 y 440.

l. De la infidelidad en la custodia de los presos, artículo 471.

Igualmente, su competencia se extenderá al conocimiento de los delitos conexos, [518] conforme a lo establecido en los artículos 1 y 5.2 de la LOTJ, en cualquier grado de participación y ejecución, excepto el homicidio que debe ser consumado. [519] En cambio, no cabe la competencia del Tribunal del Jurado en la prevaricación.

El juicio del Jurado se celebrará sólo en el ámbito de la Audiencia Provincial y, en su caso, de los Tribunales que correspondan por razón del aforamiento del acusado. En todo caso, quedan excluidos de la competencia del Jurado los delitos cuyo enjuiciamiento venga atribuido a la Audiencia Nacional.

1.2.2.- Fases:

El procedimiento ante el Jurado se subdivide en las siguientes fases:

a) Fase instructora:

De acuerdo a los *artículos 24 al 29 de la LO 5/1995 del Tribunal del Jurado*, esta fase es competencia del Juez de Instrucción, distinguiendo en la misma los siguientes actos procesales:

---

[518] Vid. Artículo 65.1º LOPJ.

[519] Vid., en este sentido, STS de 15 de marzo de 2002.

- Incoación. Las formas más comunes de iniciación del procedimiento penal son *"...La denuncia, la querella y la iniciación de oficio,"* [520] de ellas, únicamente las dos primeras son susceptibles de ser empleadas para instar el procedimiento ante el Jurado. No obstante, para este procedimiento en concreto la forma de iniciación más frecuente, es otra, por *conversión*, mediante auto, de unas diligencias previas o de un sumario incoado anteriormente.

- El auto de incoación del procedimiento ante el Jurado. Es aquella resolución, a través de la cual el Juez de Instrucción decide que la competencia para encausar la tiene este Tribunal.

- Audiencia para la concreción de la imputación. En el mismo auto de incoación del procedimiento del Tribunal del Jurado aparecerá la citación de las partes para que acudan a esta audiencia, en la que se realiza la denominada imputación judicial.

- El auto de confirmación o de sobreseimiento. Una vez que se ha terminado la anterior audiencia y *"oídas las partes, el Juez de Instrucción decidirá la continuación del procedimiento o el sobreseimiento, si hubiere causa para ello..."*.[521] Igualmente, en este momento, puede dictar auto de cambio de procedimiento, si se observa la inaplicabilidad del procedimiento del Tribunal del Jurado, o cualquiera de las clases de sobreseimiento existentes, según corresponda.[522]

- Práctica de nuevas diligencias. Llegado a este punto, el Juez de Instrucción podrá realizar nuevas diligencias de oficio o a instancia de parte, con independencia a las anteriormente realizadas en las diligencias previas o en el sumario.

b) Fase intermedia:

Tiene la misma finalidad que la fase intermedia del procedimiento común, es decir, determinar si se abre el juicio oral o si por el contrario se dicta auto de sobreseimiento.

---

[520] SOLÍS NAVARRO Y OTROS; ob. Cit. Pág. 196.

[521] Vid Artículo 26.1 LOTJ.

[522] Vid. STS de 19 de enero de 2004.

Sin embargo, al contrario que en el procedimiento anterior, esta fase la lleva a cabo el Juez de Instrucción. En primer lugar, se presentan **los escritos de calificación provisional y de defensa**, en los que se solicita la apertura del juicio oral, se califican los hechos y se identifican a las personas responsables. Estos escritos deben contener todos los datos del escrito de calificación regulado en el procedimiento común. No obstante, si la parte considera que no es competencia del Jurado, puede solicitar el cambio de procedimiento.

Un segundo acto en esta fase es la **"audiencia preeliminar"**, regulada en los artículos 30 al 35 de la LO 5/1995 del Tribunal del Jurado, donde se discute si efectivamente los hechos se sustanciarán por el procedimiento recogido en esta ley o, si por el contrario, procede el reenvío a otro procedimiento. Asimismo, en esta audiencia, el Juez de Instrucción puede practicar nuevas diligencias complementarias o incluso puede dictar auto de sobreseimiento.

Una vez sustanciada esta primera cuestión, si el Juez decide continuar por el procedimiento de la "Ley del Jurado", deberá resolver si se abre o no el juicio oral y si, a su vez, existe alguna cuestión de competencia.

Además, se dan en esta fase todas las normas sobre testimonios, emplazamientos y personaciones necesarias, así como la designación por parte de la Audiencia Provincial del Magistrado al que por turno le corresponda, que junto con los jueces legos formará parte del Jurado que decidirá sobre los hechos que se enjuician.

c) Juicio oral:

Esta fase se inicia con el auto de apertura y finaliza con la sentencia. En este periodo temporal, todos los actos que se desarrollan son competencia del Tribunal del Jurado, el cual se debe constituir tal y como regulan los artículos 38 y siguientes de la LO 5/1995 del Tribunal del Jurado.

En este último sentido, la ley define un exhaustivo procedimiento de selección objetivo mediante la insaculación por sucesivos sorteos a través de las listas del censo provincial, seleccionando inicialmente cincuenta veces el número de causas previstas para el año y publicando dos listas provisionales y una definitiva, tras sucesivas posibilidades de reclamación.

Para celebrar la causa, a la que deben asistir nueve Jurados, más otros dos en calidad de suplentes, se nombran por sorteo inicialmente a treinta y seis, a los que se cita formalmente, conteniendo la cédula de citación un cuestionario especificando los requisitos, causas de incapacidad, incompatibilidad o prohibición que los candidatos a Jurados designados vienen obligados a manifestar, así como los supuestos de excusa que por aquéllos puedan alegarse. El mencionado cuestionario se devolverá por correo a los cinco días siguientes a la recepción del mismo, al objeto de que los candidatos puedan ser recusados por estos mismos motivos. [523]

Seguidamente se procederá a la designación, de nuevo por sorteo entre los candidatos asignados, cuyo número no debe ser inferior a veinte, ante el Magistrado-Presidente elegido por la Audiencia Provincial y en presencia del secretario que dará fe. Una vez realizadas las preguntas que el Magistrado-Presidente determine como pertinentes, las partes podrán recusar a un máximo de cuatro candidatos, sin necesidad de motivar la causa por la cual realizan tal recusación. Finalmente, el Magistrado-Presidente redactará el acta nombrando los Jueces Legos y sus suplentes. [524]

Como se puede observar de todo lo dicho, el sistema elegido por la legislación española para instituir el Jurado, es el denominado de *"naturaleza mixta"*, es decir, compuesto por Jueces Legos en Derecho y un Magistrado-Presidente perteneciente al Poder Judicial, quien ostenta, en esta fase, más funciones que las apuntadas anteriormente:

- Conocer de las cuestiones previas, como son la falta de presupuestos procesales y la posible violación de derechos fundamentales.

- Dictar el **auto de hechos justiciables**.

- Presidir la constitución del Jurado lego.

Ante el *Tribunal del Jurado,* compuesto por un Magistrado-Presidente y nueve Jueces Legos en Derecho, se sustenta el correspondiente juicio oral: Práctica de la

---

[523] Vid. Artículo 19 LOTJ.

[524] Vid. Artículo 40 LOTJ.

prueba, informes, conclusiones, conformidad y desistimientos, determinación del objeto del veredicto, deliberación, veredicto y acta.

Las funciones de los Jueces Legos, tras prestar juramento o promesa, es presenciar pasivamente el juicio oral, valorar la prueba y emitir el voto con absoluta imparcialidad, guardando secreto de las deliberaciones.

Por su particular importancia se procede a realizar un estudio comparativo del **veredicto**, que tiene lugar en la parte final de la fase del juicio oral, con la sentencia, la cual se dicta una vez finalizada esta fase. El veredicto, es la afirmación realizada por el Jurado, los Jueces Legos, a las preguntas que le plantea el Magistrado-Presidente, proclamando la culpabilidad o inculpabilidad del acusado. Este segundo vocablo, ha sido muy criticado por la doctrina, pues muchos autores defienden el término "inocencia" con preferencia a "inculpabilidad". [525]

En este momento procesal, lo más importante es la votación que realizan los Jueces Legos. En primer lugar se votan los hechos probados, que requieren una mayoría de siete votos cuando los hechos sean contrarios al acusado; y, en cambio, cinco votos si son favorables. En segundo lugar, se procede a votar la culpabilidad o inculpabilidad-inocencia del encausado, que requiere para su aprobación igual número de votos que en el caso anterior. Por último, y en su caso, se vota la remisión condicional y el indulto, que necesita para su concesión cinco votos a favor. Sin embargo, no se vota la responsabilidad civil, al ser competencia exclusiva del Magistrado-Presidente. [526]

En cambio, la **Sentencia** es aquella resolución donde el Magistrado-Presidente plasma las consecuencias jurídicas del veredicto en consonancia con lo acordado en el mismo, existiendo la posibilidad de recurrir la sentencia en apelación ante el Tribunal Superior de Justicia; o en casación contra las resoluciones de estos.

---

[525] LÓPEZ-MUÑOZ Y LARRAZ; Comentarios a la Ley Orgánica 5/1995 del Tribunal del Jurado, Editorial Dykinson, Madrid, 1.995, pág. 55.

[526] GÓMEZ COLOMER; ob. Cit. Pág. 406.

1.2.3.- Composición y requisitos del Jurado:

Como se ha citado anteriormente, la composición del Jurado español es de carácter mixto, es decir, esta integrado por un Magistrado-Presidente, perteneciente al órgano jurisdiccional donde se celebra el juicio, y los Jueces legos, para los cuales la Ley establece los siguientes requisitos de capacidad, causas de incompatibilidad, prohibición y excusa que posibilitan la independencia y correcto funcionamiento del Tribunal:

a) Tienen ***capacidad***, [527] los españoles mayores de edad, residentes en la demarcación de la provincia en la que el delito se hubiere cometido, que gocen de plena capacidad de obrar y no estén impedidos física, psíquica o sensorialmente para el desempeño de la función de jurado. En esta línea, carecen de capacidad [528] los condenados y no rehabilitados por delito doloso, los procesados, acusados, detenidos, presos o suspensos en empleo o cargo público por resolución judicial.

b) Son ***incompatibles*** para la función de Jurado, [529] el Rey y la Familia Real, los altos cargos de la Nación, de la administración periférica, de las Comunidades Autónomas, los Jueces y Magistrados en activo, abogados, procuradores, profesores de Derecho, miembros de las Fuerzas y Cuerpos de Seguridad y de las Instituciones Penitenciarias, y el personal diplomático.

c) Se ***prohíbe*** ser Jurado [530] a los acusadores particulares o privados, acusados o terceros responsables civiles, así como quien esté relacionado o "haya intervenido como testigo, perito, fiador o intérprete, o tenga interés directo o indirecto en al causa". [531]

d) Pueden ***excusarse*** para ser Jurado [532] los mayores de 65 años, los que hayan sido Jurados en los cuatro años anteriores, los que sufran grave trastorno debido a las cargas familiares, los que desempeñen trabajo de relevante interés general, los que residan en el extranjero, los militares profesionales si concurren razones de servicio, así como cualquier otra causa que les dificulte de forma grave el desempeño de esta función.

---

[527] Vid. Artículo 8 LOTJ.
[528] Vid. Artículo 9 LOTJ.
[529] Vid. Artículo 10 LOTJ.
[530] Vid. Artículo 11 LOTJ.
[531] Vid. Artículo 219 LOPJ.
[532] Vid. Artículo 12 LOTJ.

LECCIÓN XIV

LOS PROCEDIMIENTOS PENALES (II)

1.- EL PROCEDIMIENTO PENAL ABREVIADO:

1.1.- Introducción:

El procedimiento penal abreviado se introduce en la legislación española a finales de 1988, con objeto de responder, inicialmente, a la obligación del legislador de acomodarse a lo establecido por la sentencia del Tribunal Constitucional número 145/1988, de 12 de julio, [533] por la cual se declara la inconstitucionalidad de la acumulación de las funciones instructora y juzgadora en un mismo Juez. Por este motivo, fue modificada la LECrim, a través de la LO 7/1988, derogando los antiguos procedimientos de urgencia y el procedimiento oral regulado por la LO 10/1980, y, a su vez, estableciendo el procedimiento abreviado para determinados delitos.

Posteriormente, la Ley 38/2002, de 24 de octubre, de reforma parcial de la LECrim, sobre el procedimiento para el enjuiciamiento rápido e inmediato de determinados delitos y faltas, y de modificación del procedimiento abreviado, estableció nuevas e importantes novedades respecto a estos procedimientos, que serán objeto de estudio en la presente lección y en la siguiente, con especial atención a aquéllas que afectan a la Policía Judicial.

No obstante, en esta introducción, se deben conocer unas ideas básicas del procedimiento abreviado:

- Las reglas del Titulo II del Libro IV, *"Del procedimiento abreviado"*, se aplicarán al enjuiciamiento de los delitos castigados con pena privativa de libertad no superior a nueve años, u otras únicas, conjuntas o alternativas, cualquiera que sea su duración o cuantía. [534]

- Las actuaciones seguidas por el Juez de Instrucción en este procedimiento se denominarán **diligencias previas**.

- La *instrucción* de este procedimiento corresponderá a los Juzgados de Instrucción o, en su caso, a los Juzgados Centrales de Instrucción de la Audiencia Nacional.

---

[533] GÓMEZ COLOMER; ob. Cit. Pág. 394.

[534] Vid. Artículo 757 LECrim.

- El *enjuiciamiento*, en cambio, corresponderá a los Juzgados de lo Penal o, en su caso, a los Juzgados Centrales de lo Penal, para delitos castigados con pena de prisión de hasta cinco años, y *para las restantes penas de multa cualquiera que sea su cuantía, o cualesquiera otras de distinta naturaleza, bien sean únicas, conjuntas o alternativas, siempre que la duración de éstas no exceda de diez años;* o a la Audiencia Provincial o, en su caso, a la Sala de lo Penal de la Audiencia Nacional, para los restantes delitos, penas de prisión entre cinco y nueve años, y las restantes penas de otra naturaleza. [535]

A continuación, se confecciona en la siguiente tabla un resumen de las competencias de los diferentes órganos jurisdiccionales, en el sentido citado anteriormente.

Procedimiento Penal Abreviado, "artículo 757 LECrim"		
DELITO	**INSTRUCCIÓN**	**ENJUICIAMIENTO**
Castigados con penas de prisión hasta 5 años o de distinta naturaleza.	Juzgados de Instrucción	Juzgados de lo Penal
Castigados con pena de prisión de más de 5 años y menos de 9 y los demás de distinta naturaleza.	Juzgados de Instrucción	Sala de lo Penal de la Audiencia Provincial
Castigados con pena de prisión hasta 5 años o de distinta naturaleza de los que conoce la Audiencia Nacional.	Juzgados Centrales de Instrucción	Juzgados Centrales de lo Penal
Castigados con pena de prisión de más de 5 años y menos de 9, de los que conoce la Audiencia Nacional.	Juzgados Centrales de Instrucción	Sala de lo Penal de la Audiencia Nacional

[535] Vid. Artículos 14 y 757 LECrim.

En caso de que alguna cuestión del procedimiento no se encuentre regulada en el referido Título II se aplicarán las normas del procedimiento común, que son de aplicación supletoria, tal y como dispone el artículo 758 de la LECrim.

1.2.- Naturaleza:

El procedimiento abreviado es sin duda un **procedimiento ordinario**, a pesar de que su regulación se encuentra incursa dentro del libro IV de la LECrim, dedicado a los procedimientos especiales desde el artículo 757 hasta al 794 de esta ley. Siendo, por el tipo de delitos que enjuicia, el procedimiento de más frecuente aplicación. [536]

Con la introducción de este procedimiento, se pretendió la implantación de mecanismos que permitieran la agilización de los distintos trámites, el reforzamiento de las garantías de la víctima y del imputado, así como un aumento de las funciones de la Policía Judicial y del Ministerio Fiscal.

Posteriormente, con la entrada en vigor de la citada Ley 38/2002, se ha pretendido dar mayor rapidez al procedimiento, introduciendo nuevas funciones a la Policía Judicial y al Ministerio Fiscal, aclarando y matizando otras que ya estaban en vigor. Con ello, se pretende conseguir una justicia más rápida. Igualmente, se establecen modificaciones y reglas referentes al "perjudicado" de los hechos delictivos, con el objeto de que pueda ver satisfechos los perjuicios sufridos y personarse en el procedimiento desde el primer momento.

1.3.- Las fases del procedimiento penal abreviado:

El procedimiento penal abreviado presenta las siguientes fases, las cuales se estudiarán detenidamente a lo largo de las próximas páginas:

1º/ La Investigación preliminar: Es en estos primeros momentos donde intervienen la Policía Judicial y el Ministerio Fiscal en la investigación y averiguación de los delitos. Por regla general, se trata de una fase que aparece fuera de la fase de instrucción, pero que está destinada a incardinarse dentro de ella, pues con esa

---

[536] MORENO CATENA, en una obra realizada también por GIMENO SENDRA Y OTROS; ob. Cit. Pág. 501.

finalidad se realizan las diligencias tanto de la Policía Judicial como del Ministerio Fiscal. Tanto es así, que en el procedimiento abreviado, lo actuado en está fase puede ser suficiente para la formulación de la acusación, sin necesidad de realizar ninguna otra diligencia de instrucción por parte de la Autoridad Judicial.

2º/ Fase de instrucción preparatoria: En ella se encuentra la realización judicial de diligencias para determinar y averiguar los hechos y sus participantes. Además, dentro de esta fase, pueden existir otros actos como la comparecencia obligatoria del imputado o en su caso el archivo, sobreseimiento o inhibición.

3º/ Fase de preparación del juicio oral: También denominada fase intermedia por situarse a continuación de la fase inicial o de Diligencias Previas y previamente a la fase final o de Juicio oral. [537] En ella, se realiza la petición de diligencias complementarias, sobreseimiento o solicitud de apertura del juicio oral. Igualmente, en esta fase, a diferencia de lo que sucede en el procedimiento común, se presentan dos escritos: el escrito de acusación y el escrito de defensa.

4º/ Fase del juicio oral: En la que se efectúa la actividad probatoria y el juicio oral, propiamente dicho.

5º/ Sentencia y recursos. Una vez elaborada la sentencia por el Juez o Tribunal competente para ello, se procede a su notificación a las partes personadas. Si el procedimiento está informado por el principio de *"doble instancia"*, se podría pasar a la fase de recurso.

2.- INVESTIGACIÓN PRELIMINAR O DILIGENCIAS PREPROCESALES:

En esta fase, en la que actúan tanto el Ministerio Fiscal como la Policía Judicial, se realizan actos previos a la fase de instrucción, es decir, con anterioridad a la intervención del Juez de Instrucción. [538] Pero ello, no quiere decir que en las fases posteriores no puedan intervenir, es más, en muchas ocasiones tendrán que actuar,

[537] MARTÍNEZ PARDO; La fase intermedia o de preparación del juicio en el procedimiento abreviado; 2000, consultado en página web www.uv.es, el 23 de noviembre de 2006.

[538] Vid, en este sentido, MARTÍNEZ PARDO; El procedimiento abreviado: La fase de diligencias previas; 2000, consultado en página web www.uv.es, el 23 de noviembre de 2006.

sobre todo en lo que a la Policía Judicial se refiere a requerimiento de los Jueces y del mismo Ministerio Fiscal.

No obstante, una gran parte de la doctrina opina que la LECrim no resuelve de modo totalmente satisfactorio el principio de subordinación funcional al que debe hallarse sometida la Policía Judicial respecto del Ministerio Fiscal y de los órganos jurisdiccionales. El principal motivo es porque, simplemente, dicha Ley no contempla una verdadera Policía Judicial, que, de ser tal, únicamente habría de estar a la espera de cualquier orden de actuación que emanase del Ministerio Fiscal y de aquellos órganos. [539]

En este sentido, la última normativa que ha modificado este procedimiento abreviado, nuevamente, no soluciona el problema indicado. En cambio, sí potencia, las funciones de carácter investigatorio e instructorio que pueden realizar tanto la Policía Judicial como el Ministerio Fiscal. En lo que respecta a la Policía Judicial, en estas lecciones, como se ha aludido anteriormente, se dedicará especial atención a sus funciones dentro de las distintas clases de procedimiento.

A continuación, se desarrollan las actuaciones de la Policía Judicial en el procedimiento abreviado, establecidas principalmente en el artículo 770 de la LECrim, para posteriormente analizar otras actuaciones que resultan de gran interés en un estudio como el que nos ocupa.

2.1.- Intervención de la Policía Judicial en el procedimiento abreviado, de acuerdo a la regulación del artículo 770 de la LECrim:

En cualquier actuación la Policía Judicial, tanto en la instrucción de diligencias como en las intervenciones de otra naturaleza, debe proceder a su identificación mediante el número del carnet profesional. En este sentido, se debe recordar, que dicha Policía Judicial se encuentra obligada a actuar desde que conoce la existencia de hechos que revisten carácter de delito, confeccionando el atestado constituido por el conjunto de actuaciones que han de realizar para el esclarecimiento de los hechos [540] y que el atestado no tiene valor probatorio como

---

[539] Vid., por ejemplo, PRIETO-CASTRO Y FERRÁNDIZ Y GUTIÉRREZ DE CABIEDES; ob. Cit. Págs. 168 y 169.

[540] GÓMEZ DE LIAÑO; ob. Cit. Pág. 219.

documento, sino que legalmente ostenta el valor de mero acto de transmisión de la noticia criminis y de la investigación realizada. [541] En este orden cosas, la Policía Judicial concurrirá en el lugar donde tenga conocimiento de la existencia de un hecho que pueda revestir el carácter de delito lo más rápidamente posible.

A continuación la actuación de los componentes de la Policía Judicial, en el procedimiento abreviado, se ajustará a lo dispuesto en los apartados del artículo 770 de la LECrim [542] y lo especificado por la Comisión Nacional de Coordinación de la Policía Judicial: [543]

1º/ Requerirá la presencia de cualquier facultativo o personal sanitario.

2º/ Levantará acta de constancia de los hechos acaecidos.

---

[541] LLERA SUAREZ-BARCENA; Derecho Procesal Penal (Manual para Criminólogos y Policías) 2ª edición, Editorial Tirant Lo Blanch, Valencia, 1.997, pág. 179.

[542] Vid. Artículo 770 LECrim: "La Policía Judicial acudirá de inmediato al lugar de los hechos y realizará las siguientes diligencias:
1. Requerirá la presencia de cualquier facultativo o personal sanitario que fuere habido para prestar, si fuere necesario, los oportunos auxilios al ofendido. El requerido, aunque sólo lo fuera verbalmente, que no atienda sin justa causa el requerimiento será sancionado con una multa de 500 a 5.000 euros, sin perjuicio de la responsabilidad criminal en que hubiera podido incurrir.
2. Acompañará al acta de constancia fotografías o cualquier otro soporte magnético o de reproducción de la imagen, cuando sea pertinente para el esclarecimiento del hecho punible y exista riesgo de desaparición de sus fuentes de prueba.
3. Recogerá y custodiará en todo caso los efectos, instrumentos o pruebas del delito de cuya desaparición hubiere peligro, para ponerlos a disposición de la autoridad judicial.
4. Si se hubiere producido la muerte de alguna persona y el cadáver se hallare en la vía pública, en la vía férrea o en otro lugar de tránsito, lo trasladará al lugar próximo que resulte más idóneo dentro de las circunstancias, restableciendo el servicio interrumpido y dando cuenta de inmediato a la autoridad judicial. En las situaciones excepcionales en que haya de adoptarse tal medida de urgencia, se reseñará previamente la posición del interfecto, obteniéndose fotografías y señalando sobre el lugar la situación exacta que ocupaba.
5. Tomará los datos personales y dirección de las personas que se encuentren en el lugar en que se cometió el hecho, así como cualquier otro dato que ayude a su identificación y localización, tales como lugar habitual de trabajo, números de teléfono fijo o móvil, número de fax o dirección de correo electrónico.
Intervendrá, de resultar procedente, el vehículo y retendrá el permiso de circulación del mismo y el permiso de conducir de la persona a la que se impute el hecho."

[543] Vid. Págs. 113 y 114.

3º/ Recogerá y custodiará las posibles pruebas del delito.

4º/ Trasladará, caso de muerte de una persona, el cadáver que se hallare en la vía pública, en la vía férrea o en otro lugar de tránsito cuando fuere necesario.

5º/ Tomará los datos de las personas que se encuentren en el lugar de los hechos.

6º/ Intervendrá el vehículo y retendrá la documentación de los automóviles y de sus conductores implicados en los hechos.

1º/ Requerirá la presencia de cualquier facultativo o personal sanitario: [544]

Una vez en el lugar de los hechos, si fuere necesario, requerirán la asistencia del personal facultativo o sanitario, [545] al objeto de prestar el auxilio preciso tanto al ofendido como, en su caso, al sujeto activo del hecho punible. [546]

En caso de que el médico o facultativo no atienda, sin justa causa, al requerimiento policial, la Policía Judicial le informará de la posibilidad de sanción de multa de 500 a 5.000 euros, sin perjuicio de la responsabilidad criminal en que pueda incurrir. [547] De todo lo actuado, como no puede ser de otra forma, la Policía Judicial dejará constancia mediante la correspondiente diligencia dirigida a la Autoridad Judicial y avisará a otro facultativo o sanitario.

2º/ Levantará acta de constancia de los hechos acaecidos: [548]

La inspección ocular, que es una versión ampliada del acta de constancia, [549] se

[544] Vid. Artículo 770.1º LECrim.

[545] ALONSO PÉREZ Y OTROS; Los Juicios Rápidos; Análisis de la nueva Ley sobre procedimiento abreviado, juicios rápidos y juicios de faltas, Editorial Colex, Madrid, 2002, pág. 66; Vid., igualmente, Artículo 770.1º LECrim.

[546] Vid. Artículo 770 LECrim.

[547] COMISIÓN NACIONAL DE COORDINACIÓN DE LA POLICÍA JUDICIAL; Criterios para la práctica de diligencias por la Policía Judicial y sobre los "juicios rápidos", Madrid, 2005, pág. 111; Vid. En este sentido, artículo 770 LECrim.

[548] Vid. Artículo 770.2º LECrim.

[549] ALONSO PÉREZ Y OTROS; ob. Cit. Pág. 67; y en COMISIÓN NACIONAL DE COORDINACIÓN DE LA POLICÍA JUDICIAL; ob. Cit. Pág. 112.

puede definir como *"el conjunto de observaciones, comprobaciones y operaciones técnico-policiales que se realizan en el lugar de un suceso, a efectos de su investigación"*. Los fines principales de la inspección ocular son tres: *"Comprobar la realidad del delito, identificar al autor o autores del hecho y demostrar su culpabilidad y determinar cuantas circunstancias, tanto adversas como favorables, hayan concurrido en la comisión de los hechos"*.[550]

Por lo que la diligencia o acta de inspección ocular se confeccionará por los hechos ocurridos, acompañando los croquis necesarios del lugar de los hechos, así como reportaje fotográfico, *"...o en cualquier otro soporte magnético o de reproducción de la imagen, cuando sea pertinente para el esclarecimiento del hecho punible y exista riesgo de desaparición de sus fuentes de prueba"*. [551] La incorporación de estos reportajes videográficos y fotográficos, a las diligencias de la Policía Judicial, es de especial importancia en los delitos que se cometen utilizando los medios de comunicación social y en otros en los que la única prueba que exista de su comisión sea la grabación de imágenes y sonidos. [552]

3º/ Recogerá y custodiará las posibles pruebas del delito: [553]

Cuando se esté realizando la inspección ocular, la Policía Judicial debe recoger y custodiar los efectos, instrumentos o pruebas del delito de cuya desaparición hubiere peligro, para ponerlos a disposición de la Autoridad Judicial. [554] En esta recogida y custodia de pruebas, resulta de suma importancia observar los requisitos necesarios para garantizar su validez procesal en el juicio oral, es decir, garantizar la *"cadena de custodia"*, haciendo constar las personas que hayan podido tener contacto con las muestras o vestigios durante la totalidad del proceso. [555]

---

[550] COMISIÓN NACIONAL DE COORDINACIÓN DE LA POLICÍA JUDICIAL; ob. Cit. Pág. 77.

[551] Vid. Artículo 770.2º LECrim.

[552] COMISIÓN NACIONAL DE COORDINACIÓN DE LA POLICÍA JUDICIAL; ob. Cit. Pág. 112.

[553] Vid. Artículo 770.3º LECrim.

[554] Vid. Artículos 326 y 770.3º LECrim.

[555] Vid., sobre el tema, COMISIÓN NACIONAL DE COORDINACIÓN DE LA POLICÍA JUDICIAL; ob. Cit. Págs. 81 y ss; Vid., en particular sobre recogida de muestras de ADN, ETXBERRIA GURIDI, "Los análisis de ADN en la Ley de Enjuiciamiento Criminal (Reformada por la Ley Orgánica 15/2003, de 25 de noviembre)", Diario La Ley, Nº 4, año I, Madrid, 2004.

En este orden de cosas, cuando existieran huellas o vestigios cuyos análisis biológicos pudieran servir para el esclarecimiento del hecho investigado, el Juez de Instrucción adoptará, u ordenará a la Policía Judicial o al médico forense que adopte, las medidas que sean necesarias para su recogida, custodia y examen. [556]

4º/ Trasladará, caso de muerte de una persona, el cadáver que se hallare en la vía pública, en la vía férrea o en otro lugar de tránsito cuando fuere necesario: [557]

Si en la escena del hecho existiera un cadáver, bien en vía pública con un gran tránsito de personas, bien en vía férrea, la Policía Judicial después de comprobado el hecho, podrá proceder a la retirada del finado en situaciones excepcionales que requieran la adopción de esta medida, [558] esto es, en caso necesario y extremo se podrá trasladar al interfecto a un lugar idóneo, que sea próximo y esté fuera de la vista del público o donde no entorpezca el tránsito. Un ejemplo claro de esta situación existe cuando el difunto se encuentra en una vía pública de intenso tráfico y ello pueda suponer un riesgo para la seguridad vial.

La Policía Judicial, con anterioridad a realizar la explicada actuación, deberá efectuar las siguientes previsiones:

- Describir, detalladamente, la posición que ocupa el cadáver, incluso marcando la misma con algún medio que deje constancia de esa posición.

- Realizar el correspondiente reportaje fotográfico, cuando los medios técnicos lo permitan y aconsejen las circunstancias del caso. [559] Tomando fotografías desde todos los planos, al objeto de que quede perfectamente plasmada la posición que ocupa la persona sin vida, incluso en referencia con la zona, donde fue hallado.

5º/ Tomará los datos de las personas que se encuentren en el lugar de los hechos: [560]

---

[556] Vid. Artículo 326, párrafo tercero LECrim, el cual fue añadido por LO 5/2003, de 25 de noviembre de reforma del CP.

[557] Vid. Artículo 770.4º LECrim.

[558] ALONSO PÉREZ Y OTROS; ob. Cit. Pág. 69.

[559] COMISIÓN NACIONAL DE COORDINACIÓN DE LA POLICÍA JUDICIAL; ob. Cit. Pág. 112; Vid., igualmente, artículo 770.4 LECrim.

[560] Vid. Artículo 770. 5 LECrim.

La obligación, en este caso de la Policía Judicial impuesta por la LECrim, en relación a los testigos hallados en lugar de los hechos, es la toma de los datos personales y direcciones postales, telefónicas, faxes, o correos electrónicos, así como cualquier otro dato que ayude a su identificación y localización, citándolos para acudir a sede policial a prestar declaración. [561] No obstante, si fuera necesario, se les podrá tomar declaración sobre lo acaecido en el mismo lugar del hecho.

Si estas personas se niegan infundadamente a identificarse, podrían estar incurriendo en una falta penal [562] por desobediencia leve a agente de la Autoridad o incluso un delito de desobediencia, si la misma es grave, [563] según las circunstancias que concurran en cada caso.

6º/ Intervendrá el vehículo y retendrá la documentación de los automóviles y de sus conductores implicados en los hechos: [564]

La Policía Judicial, cuando algún vehículo a motor se encuentre implicado en un hecho delictivo derivado de su uso y circulación, sobre el que se tenga que realizar algunas comprobaciones o, en su caso, asegurar las posibles responsabilidades pecuniarias, podrá tomar alguna de las siguientes medidas, siempre que resulte procedente: [565]

- Intervención del vehículo.

- Retención del permiso de circulación del mismo.

- Retención del permiso de conducir de la persona a la que se le impute el hecho.

En este orden de cosas, la Policía Judicial en la investigación de accidentes de tráfico, cuando el vehículo utilice tacógrafo, igualmente, podrá realizar la intervención inmediata del mismo y de los discos-diagrama utilizados para incorporarlos al atestado,

---

[561] Vid. Artículo 770.5 LECrim.

[562] Vid. Artículo 634 CP.

[563] Vid. Artículo 556 CP.

[564] Vid. Artículo 770.6º LECrim.

[565] Vid. Artículo 770.6 LECrim.

de esta forma se garantiza la autencidad. Sin embargo, si los discos se aporten posteriormente por los interesados u otras personas, surge el problema de acreditar la autenticidad de los registros contenidos en el disco diagrama en relación con el recorrido o la marcha en que se produjo el accidente, puesto que cabe la posibilidad de que los discos hayan sido preparados con posterioridad con una marcha o recorrido igual al que hubiera hecho el vehículo accidentado. [566]

La Policía Judicial, caso que proceda a la intervención del vehículo o de la documentación, lo debe dejar reflejado por diligencia en la primera declaración que presten los conductores, recogiendo, según el caso, los permisos de conducir de éstos, el permiso de circulación de los vehículos y el certificado del seguro obligatorio, así como el documento acreditativo de su vigencia.

Para el ejercicio de estas actuaciones, los funcionarios de la Policía Judicial tendrán en cuenta que se encuentran ante medidas que presentan las siguientes características específicas: [567]

a) Son medidas accesorias, cautelares y preventivas dentro del procedimiento abreviado.

b) Son medidas que se deben de tomar de forma inmediata.

c) Son medidas temporales, es decir, durante un tiempo determinado.

2.2.- Otras actuaciones de la Policía Judicial en el procedimiento abreviado:

1º/ Ofrecimiento de acciones: [568]

La Policía Judicial debe instruir al ofendido o perjudicado por el delito de forma escrita, sobre los derechos que le asisten de acuerdo con lo establecido en los artículo 109 y 110 de la LECrim, [569] entendiendo como ofendido la persona que recibe el daño penal y por perjudicado, el que recibe el daño civil, pudiendo

---

[566] ALONSO PÉREZ Y OTROS; ob. Cit. Pág. 73.
[567] MAJADA PLANELLES; ob. Cit. Págs. 537 y ss.
[568] Vid. Artículo 771 LECrim.
[569] Vid. Artículo 761.2 LECrim.

ocurrir que ambas figuras coincidan en una misma persona. [570] Estos derechos quedarán reflejados en un acta, la cual recibe la denominación de "ofrecimiento de acciones", adjuntándose al atestado. Si la misma no es realizada por los funcionarios policiales, obligatoriamente se efectuará por la Autoridad Judicial en la primera declaración que se reciba a los ofendidos o perjudicados.

El *"ofrecimiento de acciones"* [571] consiste en informar al ofendido o perjudicado, es decir, en general a cualquier victima de un hecho delictivo, de la posibilidad de mostrarse parte en la causa y de ejercitar la acciones civiles que le correspondan. Igualmente, el contenido del ofrecimiento de acciones incluye la puesta en conocimiento del perjudicado de que, en todo caso, el Ministerio Fiscal ejercitará las acciones penales en el marco de los delitos públicos, salvo renuncia o reserva *"expresa y terminante".* [572] Asimismo, servirá para instar la asistencia jurídica gratuita, [573] comunicando esta petición, por vía telefónica, al Ilustre Colegio de Abogados, dejando constancia en diligencias.

Por lo tanto, la Policía Judicial al cumplir con la obligación de instruir al *ofendido o perjudicado,* como víctima del hecho delictivo y de acuerdo al Principio de Celeridad, [574] debe incluir en el escrito los siguientes derechos:

a) A mostrarse parte en el proceso, mediante el nombramiento de Abogado y Procurador o, en su caso, que le sea nombrado de oficio, y ejercitar las acciones civiles y penales que procedan, o solamente unas u otras, según le convenga.

b) Se le comunica que aunque no haga uso del anterior derecho, el Ministerio Fiscal ejercitará además de las acciones penales que procedan, las acciones civiles que correspondan, salvo renuncia expresa por su parte.

---

[570] Vid, en este sentido, MAJADA PLANELLES; Práctica Procesal Penal. Procedimiento abreviado. Disposiciones Generales. Volumen 1, Ed. Bosch, 5ª edición, Barcelona, 1990, pág. 116.

[571] Vid. Artículo 771. 1º LECrim.

[572] Vid. Artículo 110 LECrim.

[573] Vid. requisitos en la Ley 1/1996, de 10 de enero, de Acceso a la Asistencia Jurídica Gratuita.

[574] Es decir, con el objeto de posibilitar la entrada en el procedimiento del ofendido o perjudicado desde el primer momento; Vid. en este sentido, MUERZA ESPARZA, en una obra realizada también por DE LA OLIVA SANTOS Y OTROS; ob. Cit. Pág. 622.

c) A renunciar a la restitución de la cosa, reparación del daño e indemnización del perjuicio causado. [575]

Por otro lado, cuando se trate de víctimas de delitos violentos y contra la libertad sexual, además, la Policía Judicial, debe informar a éstas de los derechos que contempla la Ley 35/1995, de 11 de diciembre, cuyo contenido mínimo debe ser el siguiente:

a) Derecho a obtener resarcimiento o indemnización por el daño sufrido.

b) Derecho a ser parte en el proceso penal.

c) Derecho a asistencia jurídica gratuita. [576]

d) Derecho a la indemnización que establezca la sentencia, aunque decida dejar de ser parte en el proceso, en cuyo caso, el Ministerio Fiscal ejercerá las acciones que procedan al respecto.

e) Derecho a ser informado por el órgano Judicial de la fecha y lugar de celebración del juicio y a la notificación de la resolución que recaiga, aunque no sea parte.

f) Derecho a ser informado por las autoridades policiales sobre el curso de sus investigaciones, salvo que con ello se ponga en peligro su resultado. Este derecho incluye, la posibilidad de dirigirse al Jefe de la Dependencia Policial donde se lleve la investigación o donde se hizo la denuncia o declaración.

g) Derecho a recibir ayudas económicas para garantizar la indemnización por el delito y el pago de posibles tratamientos terapéuticos.

Todo ello, con independencia de la asistencia que puedan prestarle las Oficinas de Asistencia a las Víctimas.

---

[575] Vid. Artículo 109 LECrim.

[576] Vid. requisitos en la Ley 1/1996, de 10 de enero, de Acceso a la Asistencia Jurídica Gratuita.

Otro tipo de "ofrecimiento de acciones" que complementa el sistema general mencionado, se encuentra en los casos de víctimas de delitos de terrorismo, conforme a lo previsto en la Ley 32/1999, de 8 de octubre, y en los de víctimas de delitos cometidos por menores, acorde a lo establecido en la LO 5/2000, de 12 de enero.

2º/ Información al detenido y al imputado no detenido: [577]

Si de las investigaciones realizadas por la Policía Judicial se logra descubrir la identidad del autor del delito o falta, lo antes posible, según el tipo de hecho o las circunstancias del mismo, podrá proceder a su imputación o incluso a su detención. Para la elección entre una y otra posibilidad, la Policía Judicial debe tener en cuenta el *"peligro de fuga"* o "periculum in mora" del sospechoso, que viene determinado, fundamentalmente, por la pena que tenga señalada la acción delictiva investigada y la alarma social creada por los hechos. Para su valoración, además, entrarán en juego los antecedentes y el arraigo familiar, social y económico del autor. En definitiva, el peligro de fuga, incluye la posibilidad de sustracción u ocultación personal o patrimonial a la acción de la justicia y la probabilidad de que el delincuente oculte, sustraiga o destruya instrumentos o efectos de delito. [578]

De esta forma, si el delito tiene una pena señalada de menos de tres años de privación de libertad, [579] la Policía Judicial puede valorar todos los datos expuestos anteriormente para decidir si detiene al presunto autor de los hechos o, en cambio, procede, simplemente, a la imputación de los hechos delictivos sin detención.

En estos casos, el imputado no detenido tiene derecho a ser informado, lo antes posible y de una forma comprensible, de los hechos que se le atribuyen y de los derechos que le asisten. Más concretamente, la Policía Judicial le debe de informar de todos los derechos del detenido, salvo los establecidos en los apartados d) y f) del artículo 520.2 de la LECrim, es decir, de los siguientes: [580]

---

[577] Vid. Artículo 771.2º LECrim.

[578] Vid., para un estudio más profundo, SOLÍS NAVARRO Y OTROS; ob. Cit. Págs. 485 y ss.

[579] Vid. Artículos 492.3 y 492.4 LECrim.

[580] Vid. Artículo 771.2ª LECrim.

a) Derecho a guardar silencio no declarando si no quiere, a no contestar alguna o algunas de las preguntas que le formulen, o a manifestar que sólo declarará ante el Juez.

b) Derecho a no declarar contra sí mismo y a no confesarse culpable.

c) Derecho a designar Abogado y a solicitar su presencia para que asista a las diligencias policiales y judiciales de declaración e intervenga en todo reconocimiento de identidad de que sea objeto. Si el detenido o preso no designara Abogado, se procederá a la designación de oficio.

e) Derecho a ser asistido gratuitamente por un intérprete, cuando se; trate de extranjero que no comprenda o no hable el castellano.

En caso contrario al explicado en la actuación de la Policía Judicial con los imputados no detenidos, sería cuando la Policía Judicial tiene la obligación de proceder a la detención del sospechoso de haber cometido un hecho delictivo. Esta obligación se produce, cuando los hechos delictivos investigados tienen señalada una pena superior a los tres años de prisión y cuando, teniendo pena inferior, existe peligro de fuga conforme a los criterios explicados anteriormente.

En la actuación de la Policía Judicial cuando proceda a efectuar una detención, [581] en el mismo lugar e inmediatamente, [582] tiene la obligación de informar de los puntos dispuestos en el artículo 520.2 de la LECrim, es decir, de los hechos que se le imputan y las razones motivadoras de su privación de libertad, así como de los derechos que le asisten y especialmente los siguientes:

a) Derecho a guardar silencio no declarando si no quiere, a no contestar alguna o algunas de las preguntas que le formulen, o a manifestar que sólo declarará ante el Juez.

b) Derecho a no declarar contra sí mismo y a no confesarse culpable.

---

[581] Vid., para mayor abundamiento, SOLÍS NAVARRO Y OTROS; ob. Cit. Pág. 485 y ss.

[582] Como ha establecido la jurisprudencia al afirmar que "...lo más pronto posible, dentro del despliegue de su mayor diligencia", STS núm. 919/2004, de 12 de julio.

c) Derecho a designar abogado y a solicitar su presencia para que asista a las diligencias policiales y judiciales de declaración e intervenga en todo reconocimiento de identidad de que sea objeto. Si el detenido o preso no designara Abogado, se procederá a la designación de oficio.

d) Derecho a que se ponga en conocimiento del familiar o persona que desee, el hecho de la detención y el lugar de custodia en que se halle en cada momento. Los extranjeros tendrán derecho a que las circunstancias anteriores se comuniquen a la Oficina Consular de su país.

e) Derecho a ser asistido gratuitamente por un intérprete, cuando se; trate de extranjero que no comprenda o no hable el castellano.

f) Derecho a ser reconocido por el Médico forense o su sustituto legal y, en su defecto, por el de la Institución en que se encuentre, o por cualquier otro dependiente del Estado o de otras Administraciones Públicas.

Todas estas informaciones deben ser realizadas al detenido asegurando que sean, desde todo punto de vista compresibles para él, teniendo en cuenta la madurez intelectual y las circunstancias personales de la persona privada de libertad.

En este instante, es fundamental para la Policía Judicial adoptar, en el traslado del detenido a sede policial, todas aquellas medidas de seguridad que sean pertinentes y necesarias, con dos finalidades principales:

- Averiguar que el detenido no porte ningún tipo de arma u otro material peligroso para la integridad física de los agentes actuantes ni del privado de libertad

- Descubrir en el cuerpo y la indumentaria del detenido posibles pruebas, instrumentos y objetos del delito.

La Policía Judicial alcanzará estos dos objetivos a través de las diferentes formas de inspección e intervención corporal que se hallan establecidas en la legislación y, sobre todo, en la jurisprudencia. [583]

---

[583] Vid., para el estudio de las inspecciones e intervenciones corporales, SOLÍS NAVARRO Y OTROS; ob. Cit. Págs. 178 y ss.

Una vez en dependencias policiales, los agentes actuantes deben formalizar por escrito la información de los derechos que le asisten y que, anteriormente, han sido leídos en el mismo momento de la detención. El detenido podrá firmar voluntariamente dicha diligencia, en el caso de que no deseara, no supiera o no pudiera firmar por alguna circunstancia, los instructores del atestado, harán constar, en la misma información de derechos, el motivo por el que no se ha estampado la firma.

De los derechos contenidos en el artículo 520.2 de la LECrim, conviene resaltar, por su importancia para la actuación de la Policía Judicial, el derecho a la asistencia letrada y el derecho a intérprete gratuito, que, por otra parte, son derechos aplicables tanto al detenido como al imputado no detenido.

En relación con el derecho a la asistencia letrada, en ambos casos, detención o imputación, si *designa abogado* de su confianza, la Policía Judicial procederá a dar aviso telefónico al Ilustre Colegio de Abogados, indicando el nombre del letrado designado, dejando constancia de la misma por diligencia. El abogado designado debe aceptar la defensa del imputado o detenido, *"...en caso de que el designado no aceptare el referido encargo, no fuera hallado o no compareciere, el Colegio de Abogados procederá al nombramiento de un Abogado de oficio. El Abogado designado acudirá al centro de detención a la mayor brevedad y en todo caso, en el plazo máximo de ocho horas, contadas desde el momento de la comunicación al referido Colegio".* [584]

Es importante recordar, en la actuación de la Autoridad Judicial y los funcionarios actuantes con el detenido o imputado, la prohibición que impone la LECrim de *"...hacerle recomendaciones sobre la elección de Abogado y comunicarán".* [585]

En cambio, si el detenido o imputado no designa Abogado, la Policía Judicial solicitará, del citado Colegio, que sea nombrado el correspondiente abogado de oficio. No obstante, en determinados provincias donde los Colegios de Abogados no cuentan con *"servicio del turno de oficio"* de 24 horas, se facilita a las unidades policiales un listado telefónico de los abogados que se encuentran de guardia, con

[584] Vid. Artículo 520.4 LECrim.

[585] Vid. Artículo 520.4 LECrim.

objeto de que las Fuerzas y Cuerpos de Seguridad procedan a su localización de modo directo.

Otro de los derechos que resulta de gran interés en la actuación de la Policía Judicial es el derecho de todo imputado o detenido a ser asistido gratuitamente por un intérprete, [586] cuando se trate de un extranjero que no comprenda o no hable el castellano. No obstante, este precepto ha de ser interpretado en el sentido amplio, de tal forma que abarca, igualmente, a los ciudadanos españoles que, por cualquier circunstancia, no conozcan el español. [587] En esta misma línea, se seguirá análogo proceder cuando se trate de sordomudos que no sepan leer ni escribir. [588]

Por lo que si en el transcurso de las diligencias es necesaria la presencia de un interprete, la Policía Judicial localizará a aquél más cercano que conste en el *"listado de personal adscrito al servicio de intérpretes"* que se encuentra a disposición de los Juzgados de Guardia, sin ser necesario que el designado tenga título oficial. [589]

Todas las actuaciones citadas hasta el momento, no son óbice para que la Policía Judicial comunique la detención a la Autoridad Judicial en el menor tiempo posible, como máximo dentro de las veinticuatro horas siguientes a la privación de libertad.

La intervención de la Policía Judicial se deberá ajustar a las circunstancias del hecho y autor. En referencia a éste último, existen unas formas de actuación específicas cuando en los hechos delictivos se encuentren implicados menores [590] o extranjeros [591] establecidas en la LO 5/2000, [592] de 12 de enero, reguladora de la

---

[586] Vid. Artículo 771.2ª, en concordancia con el artículo 520.2 e), ambos de la LECrim.

[587] Vid. STC núm. 74/1987.

[588] ALONSO PÉREZ Y OTROS; ob. Cit. Pág. 87.

[589] Vid. Artículos 440 y ss. LECrim, que regulan la utilización de intérprete para los testigos y que es de aplicación igualmente para los detenidos y los procesados.

[590] Vid., para un estudio en profundidad de la materia, SOLÍS NAVARRO Y OTROS; ob. Cit. Págs. 510 y ss.

591 Vid., para un estudio en profundidad de la materia, SOLÍS NAVARRO Y OTROS, ob. Cit. Págs. 523 y ss.

[592] Se debe de tener en cuenta que esta Ley fue modificada antes de su entrada en vigor por otras dos Leyes Orgánicas, más concretamente la LO 7/2000, de 22 de diciembre y la LO 9/2000, de la misma fecha y, posteriormente, por las LO 9/2002 y 15/2002.

Responsabilidad Penal del Menor [593] y en la LO 4/2000, [594] de 12 de enero, sobre Derechos y Libertades de los Extranjeros en España y su Integración Social, respectivamente.

Por lo tanto, en la actuación de la Policía Judicial, al decir menores, hay que fijarse en la franja de edad que va desde los 14 hasta los 18 años. [595] A los cuales, no se les puede considerar irresponsables e inimputables penalmente, porque sí tienen responsabilidad penal, aunque dada su edad y su incompleta formación y madurez, se excluye dicha responsabilidad de las normas penales de carácter general, es decir, del Código Penal, regulándose en normas específicas, acordes con el grado de desarrollo de su personalidad. Todo ello, tiene como fundamento criterios de *política-criminal,* de intervención educativa. [596]

Por lo que, los menores de 14 años, o también llamados "niños", son considerados inimputables penalmente, esto es, se consideran exentos de responsabilidad penal, con presunción *"iures et de iure"* de que carecen de la capacidad para comprender el carácter ilícito de su conducta o de obrar conforme a esa compresión, no pudiendo ser objeto de ninguna pena, sanción o mediada impuesta por Jueces o Tribunales penales. En este sentido, se puede afirmar tajantemente que los menores de 14 años se hallan *fuera del Derecho Penal* y de cualquier intervención del aparato judicial sancionador del Estado, siendo suficiente una respuesta de los servicios sociales. [597] Al no poder ser detenido, ya que no se le considera responsable penalmente, se le custodiará hasta la entrega a sus padres, representantes legales o en su defecto al Ministerio Fiscal.

3º/ Requerimiento de auxilios necesarios a otras Fuerzas y Cuerpos de Seguridad y puesta en conocimiento de los hechos a la Autoridad Judicial: [598]

---

[593] Vid., para la actuación con menores de 14 años la LO 1/1996 de 15 de enero, sobre Protección Jurídica del Menor.

[594] Modificada por la LO 8/2000 de 22 de diciembre y LO 11/2003 de 29 de septiembre.

[595] Vid., en este sentido, RECHEA ALBEROLA Y FERNÁNDEZ MOLINA; El reto de la nueva justicia de menores, Boletín criminológico, nº 47, mayo-junio 2000, pág. 1; Vid., igualmente, Artículo 1 LORPM.

[596] VÁZQUEZ GONZÁLEZ Y SERRANO TÁRRAGA (editores), Derecho Penal Juvenil, Editorial Dykinson, Madrid, 2005, pág. 238 y 239.

[597] VÁZQUEZ GONZÁLEZ Y SERRANO TÁRRAGA (editores); ob. Cit. Pág. 237.

[598] Vid. Artículo 772.1 LECrim.

Los miembros de la Policía Judicial, una vez personados en el lugar de los hechos y cuando necesiten en su actuación el auxilio de otros funcionarios de policía, podrán requerir su colaboración en el desempeño *"...de las funciones que por esta Ley se les encomiendan."*, de acuerdo a los principios de cooperación recíproca y de coordinación que deben presidir entre las Fuerzas y Cuerpos de Seguridad. [599] En este sentido, se debe tener en cuenta que si se hace caso omiso a la citada petición se puede cometer, por parte del funcionario policial requerido, delito de denegación de auxilio contenido en el artículo 412 del CP, tal y como ocurrió en la Sentencia del Tribunal Supremo Núm.793/2006 de 2 de julio cuyos hechos probados, por su importancia práctica para la Policía Judicial, se reproducen a continuación:

HECHOS PROBADOS: *"Se considera probado, y así se declara expresamente, que el día 15 de junio de 2003, sobre las 0,15 horas aproximadamente, se tuvo conocimiento de la existencia de un incendio en las inmediaciones de la vía de ferrocarril, en un tramo de paraje Vila Roig, cerca de la estación de ferrocarril, frente a la Avda. de Barcelona, en la localidad de Benicasim, Don C.A., en aquel momento Teniente Jefe del puesto principal de la guardia civil de Benicasim y que se encontraba al mando de un dispositivo especial de seguridad ciudadana, se desplazó al lugar donde tenía lugar el incendio, dirigiendo a varias patrullas de la guardia civil en las tareas de acordonamiento de la zona, inspección ocular, investigación del hecho y apoyo a los equipos de extinción de incendios, así como de apoyo al personal responsable de la circulación de trenes y de salvaguarda de la seguridad de los pasajeros y trenes que en aquellos momentos circulaban por la zona del incendio. Al lugar de los hechos también había acudido una patrulla de la policía local, la S-40, integrada por el acusado, que estaba de jefe de servicio del turno de la policía local de aquella noche, y el agente con carnet profesional nº NUM000.*

Una vez extinguido el incendio y cuando ya habían abandonado el lugar todos los efectivos de guardia civil, bomberos y policía local, sobre las 0,55 horas se volvió a tener noticia de la existencia de un fuego en la zona antes indicada, constituyéndose nuevamente en el lugar la patrulla de la policía local antes mencionada, así como el equipo de bomberos y el teniente de la guardia civil Sr. C.A.. El fuego tuvo lugar en esta ocasión no en los lugares en los que se había manifestado anteriormente, sino en una zona próxima que no había sido afectada por el fuego con anterioridad. Ante esa circunstancia, el teniente jefe del puesto de la guardia civil de Benicasim, tras escuchar las manifestaciones de los integrantes del cuerpo de bomberos, llegó al convencimiento de que el fuego estaba siendo provocado intencionadamente. Desde este entendimiento, el teniente jefe de la guardia civil decidió que un equipo camuflado de efectivos de

---

[599] Vid. Artículo 3 LOFCS, más concretamente, el artículo 45 LOFCS, que regula el mutuo auxilio e información recíproca en el ejercicio de sus funciones respectivas que deben tener las Fuerzas y Cuerpos de Seguridad del Estado y los Cuerpos de Policía de las Comunidades Autónomas.

la guardia civil se desplazara al lugar, con la finalidad de intentar sorprender al autor o autores del hecho caso de que estos volvieran a actuar. Para ello era necesario que se retiraran del lugar todo el personal uniformado y los vehículos oficiales de policía. Así lo hizo saber el teniente al jefe del equipo de bomberos y al acusado, una vez concluidas las labores de extinción de este segundo incendio, sobre las 1,20 horas. Sin embargo, el acusado, al tiempo que le daba la espalda al teniendo y se dirigía hacia dónde estaba el vehículo de la policía local, le dijo al teniente Sr. C.A., que él también había montado un dispositivo. Dado que con ello el teniente Sr. C.A. entendió que el acusado estaba mostrándose reticente a retirarse del lugar, aquel le ordenó a este que se retirara, y que no interfiriera la actuación de la guardia civil. El acusado volvió a insistir en que él tenia montado otro dispositivo policial en el lugar, ante lo que el teniente Sr. C.A. le volvió a reiterar de forma terminante las órdenes recién referidas.

Los efectivos de la guardia civil y de bomberos abandonaron el lugar; y aunque cuando el teniente Sr. C.A. abandonó el lugar todavía estaba allí el vehículo de la patrulla de la policía local del acusado, el Sr. C.A. se fue en la creencia de que dichos policías locales iban a abandonar inmediatamente el lugar.

El acusado no sólo no abandonó el lugar, sino que ordenó que se desplazara al lugar de los hechos la otra patrulla de la policía local que estaba de servicio aquella noche, al objeto de vigilar la presencia de posibles pirómanos. En concreto, al policía local con carnet NUM001 le encomendó que se dirigiera a la parte de detrás de la vía del tren; hacia donde se dirigió aquel con una linterna.

Al llegar al lugar (en un turismo camuflado) el equipo de la guardia civil que iba a desarrollar las tareas de investigación encomendadas (y que estaba integrado por el brigada D. Franco, y por los guardias civiles con T.I.P. números NUM002 e NUM003), vieron que allí había dos vehículos oficiales de la policía local y varios policías locales uniformados junto a los vehículos. Asimismo, vieron al policía local con carnet nº NUM001 deambular junto a la vía férrea con la linterna.

Al pasar el vehículo camuflado de la guardia civil junto al lugar en el que se encontraban los policías locales, el brigada de la guardia civil se dirigió a estos últimos, comentando que de nada servía que la guardia civil desplegara un dispositivo de vigilancia con vehículo camuflado mientras que allí permanecieran los dos vehículos oficiales de la policía local y varios efectivos uniformados de la policía local.

Dado que los miembros de la policía local no abandonaban el lugar, el brigada puso el hecho en conocimiento del teniente Sr. C.A., para indicarle que en esas circunstancias carecía de sentido continuar con la misión.

Desplazado nuevamente al lugar el teniente Sr. C.A., se acercó a pedir explicaciones al acusado, contestando éste "tu monta tu servicio, que yo monto el mío", o algo se semejante tenor, al tiempo que cuestionaba, negándolo, que le pudiera dar órdenes.

Ante tal circunstancia, el teniente Sr. C.A. llamó por teléfono al jefe de la policía local de

Benicasim, Sr. Capitán, para exponerle lo sucedido, y por si él podía hacer desistir al acusado de su conducta. Puesto al habla el Sr. Capitán con el teniente Sr. C.A. y con el acusado, aquel le ordenó a este último que todos los efectivos de la policía local abandonaran el lugar. Lo que así hicieron finalmente.

Aquella noche, en el orden del día de la policía local de Benicasim, el turno de noche tenía encomendadas la realización de las siguientes funciones: "realizar control de locales, ruidos, según ordenanza y horario, atendiendo a su categoría".

4º/ Comunicará los hechos acaecidos al Juzgado competente y extenderá el atestado correspondiente, cuya copia remitirá al Ministerio Fiscal: [600]

Los funcionarios de Policía Judicial, inmediatamente tuvieren conocimiento de un delito público, o un delito privado cuando fueren requeridos para ello, participarán al Juez de Instrucción los hechos acaecidos, siempre que se pudiera hacer sin cesar en la práctica de las diligencias de prevención, dejando constancia a través de la correspondiente diligencia, confeccionada al efecto. [601] No obstante, si esta circunstancia no fuera posible, se comunicará el hecho delictivo una vez finalizado las mencionadas diligencias y nunca más tarde de las primeras veinticuatro horas. [602]

La función de una Policía Judicial del siglo XXI, no puede quedar limitada a la puesta en comunicación de los hechos delictivos, sino que, se le debe exigir la elaboración de las diligencias necesarias para la averiguación del delito y detención de sus autores, así como la recogida de pruebas e instrumentos del delito. Todo ello, en la sabiduría de que alguna de esas diligencias, de no realizarse de forma inmediata, pueden desaparecer de forma definitiva, lo que puede llevar a la impunidad de la infracción penal.

Por consiguiente, la Policía Judicial de todas las diligencias que practique debe confeccionar el correspondiente atestado *"detallando los hechos averiguados, incluyendo las declaraciones e informes que hayan practicado y todas las circunstancias que pudiesen ser prueba o indicio del delito."* [603]

---

[600] Vid. Artículo 772.2 LECrim.
[601] Vid. Artículo 284 LECrim.
[602] Vid. Artículo 295 LECrim.
[603] ALONSO PEREZ Y OTROS; ob. Cit. Pág. 89.

En relación a este tema, se debe recordar que atestado se puede definir como *"el conjunto de investigaciones de la Policía Judicial previas a la apertura del sumario o de diligencias que lo sustituya"*, [604] cuya finalidad es que el Juez conozca la "noticia criminis" lo antes posible, a partir de cuyo momento se podrá hacer cargo de las diligencias y de los detenidos, si los hubiere, iniciándose así, la fase de instrucción propiamente dicha.

Por otro lado, independientemente de esta dación de cuentas a la Autoridad Judicial, no se debe olvidar que la Policía Judicial tiene la obligación de remitir copia de todo lo actuado al Ministerio Fiscal.

2.3.- Intervención del Ministerio Fiscal en el procedimiento abreviado:

El Ministerio Fiscal no está incardinado en ninguno de los tres poderes del Estado, se establece como una institución autónoma, que ejerce sus competencias a través de órganos propios a fin de que la justicia se realice. [605]

En el procedimiento penal abreviado, después de la entrada en vigor de la Ley 38/2002, [606] al Ministerio Fiscal se le aumentan las funciones con el objeto de consolidar el sistema acusatorio y acelerar la tramitación de la fase de instrucción. Sin embargo, pese a este aumento de funciones, no llega a convertirse en el "director de la investigación sumarial".

En concreto, las actuaciones y funciones del Ministerio Fiscal, en este procedimiento, aparecen definidas en el artículo 773 de la LECrim. [607] Así su apartado primero regula:

"El Fiscal se constituirá en las actuaciones para el ejercicio de las acciones penal y civil conforme a la Ley. Velará por el respeto de las garantías procesales del

---

[604] SOLÍS NAVARRO Y OTROS; ob. Cit. Pág. 199.

[605] ESCUSOL BARRA; El proceso penal por delitos: estudio sistemático del procedimiento penal abreviado, 2ª edición, Editorial Colex, Madrid, 1990, pág. 99.

[606] Ley 38/2002, de 24 de octubre, de reforma parcial de la LECrim, sobre procedimiento para el enjuiciamiento rápido e inmediato de determinados delitos y faltas y de modificación del procedimiento abreviado, completada por la LO 8/2002, de 24 de octubre, de modificación de la LOPJ.

[607] Vid., igualmente, la Ley 50/1981 que regula el Estatuto Orgánico del Ministerio Fiscal.

imputado y por la protección de los derechos de la víctima y de los perjudicados por el delito."

En este sentido, corresponde al Ministerio Fiscal, de manera especial en este procedimiento, impulsar y simplificar su tramitación sin merma del derecho de defensa de las partes y del carácter contradictorio del mismo, dando a la Policía Judicial instrucciones generales o particulares para el más eficaz cumplimiento de sus funciones, [608] interviniendo en las actuaciones, aportando los medios de prueba de que pueda disponer o solicitando del Juez de Instrucción la práctica de los mismos. Igualmente, podrá instar del órgano jurisdiccional, la adopción de medidas cautelares o su levantamiento y la conclusión de la investigación, [609] tan pronto como estime que se han practicado las actuaciones necesarias para resolver sobre el ejercicio de la acción penal.

El Fiscal General del Estado impartirá cuantas órdenes e instrucciones estime convenientes respecto a la actuación del Fiscal en este procedimiento y, en especial, respecto a la aplicación de lo dispuesto en el apartado 1 del artículo 780 de la LECrim:

"Si el Juez de Instrucción acordare que debe seguirse el trámite establecido en este capítulo, en la misma resolución ordenará que se dé traslado de las, originales o mediante fotocopia, al Ministerio Fiscal y a las acusaciones personadas, para que, en el plazo común de diez días, soliciten la apertura del juicio oral formulando escrito de acusación o el sobreseimiento de la causa o, excepcionalmente, la práctica de diligencias complementarias, en caso del apartado siguiente."

En el caso de que el Juez de Instrucción ordene la transformación del procedimiento abreviado en un procedimiento ante el Tribunal del Jurado, inmediatamente, se pondrá en conocimiento del Ministerio Fiscal, quien comparecerá e intervendrá en cuantas actuaciones se lleven a cabo ante aquél.

En este apartado, resulta de gran importancia para la Policía Judicial tener en

[608] Ello, debido a la dependencia funcional de la Policía Judicial que con respecto al MF recogen los artículos 126 CE, 31 LOFCS, 283 LECrim, 446 LOPJ, 2 RDPJ y 4.4 EOMF.

[609] Vid. Artículo 3.5 EOMF.

cuenta lo dispuesto en el artículo 773.2 de la LECrim, que regula lo siguiente:

"Cuando el Ministerio Fiscal tenga noticia de un hecho aparentemente delictivo, bien directamente o por serle presentada una denuncia o atestado, practicará él mismo u ordenará a la Policía Judicial que practique las diligencias que estime pertinentes para la comprobación del hecho o de la responsabilidad de los partícipes en el mismo. El Fiscal decretará el archivo de las actuaciones cuando el hecho no revista los caracteres de delito, comunicándolo con expresión de esta circunstancia a quien hubiere alegado ser perjudicado u ofendido, a fin de que pueda reiterar su denuncia ante el Juez de Instrucción. En otro caso instará del Juez de Instrucción la incoación del procedimiento que corresponda con remisión de lo actuado, poniendo a su disposición al detenido, si lo hubiere, y los efectos del delito."

Por otra parte, el Ministerio Fiscal tiene la posibilidad de hacer comparecer ante sí a cualquier persona en los términos establecidos en la Ley para la citación judicial, a fin de recibirle declaración, en la cual se observarán las mismas garantías señaladas en esta Ley para la prestada ante el Juez o Tribunal. [610]

Por último, el Ministerio Fiscal podrá practicar las diligencias que estime pertinentes, cesando tan pronto como tenga conocimiento de la existencia de un procedimiento judicial sobre los mismos hechos. [611]

3.- FASE DE INSTRUCCIÓN:

Una vez confeccionadas las diligencias policiales y entregadas a la Autoridad Judicial, así como copia al Ministerio Fiscal, se inicia la llamada "fase de instrucción", cuya competencia es, normalmente, de un Juez de Instrucción.

En este punto se debe recordar que los actos de instrucción del procedimiento penal abreviado tendrán el nombre de "diligencias previas" y así serán registradas en el órgano jurisdiccional, [612] que será quien las incoe. [613] La finalidad de las

[610] Vid. Artículo 773.2 LECrim.

[611] Vid. Artículo 773.2, in fine, LECrim.

[612] Vid. Artículo 774 LECrim

[613] DE LLANO RUBIO; El Procedimiento abreviado (Doctrina, Jurisprudencia, Formularios y Legislación), Editorial Tirant Lo Blanch, Valencia, 1998, pág. 53.

mismas es determinar la naturaleza y circunstancias del hecho, las personas que en él hayan participado, y el órgano competente para el enjuiciamiento. [614]

La **fase de instrucción** del nuevo procedimiento penal abreviado comprende las siguientes actuaciones, [615] que primero se citan y, posteriormente, son desarrolladas:

a) Información de derechos al acusado y al ofendido o perjudicado.

b) Práctica de diligencias para determinar el hecho delictivo y las personas presuntamente responsables.

c) Especialidades probatorias.

d) Resolución del Juez.

a) Información de derechos al acusado y al ofendido o perjudicado. [616]

En la primera comparecencia que tenga el imputado ante el Juez se le informará de los hechos que se le imputan y de los derechos que le asisten, [617] debiendo designar un domicilio en España al objeto de hacer las sucesivas notificaciones. También existe la posibilidad de efectuar estas notificaciones y comunicaciones a través de una persona designada por esta parte pasiva. En estas notificaciones el Juez debe expresar la posibilidad de la celebración del juicio en su ausencia de acuerdo con dispuesto en el artículo 786 de la LECrim. [618] Este inciso, supone una particularidad en el régimen general de notificaciones en la LECrim, ya que se exige al imputado que designe un domicilio en España, no necesariamente el suyo, o una persona, si lo desea, distinta a él, para recibir los actos de comunicación. [619]

---

[614] GÓMEZ DE LIAÑO; ob. Cit. Pág. 222.

[615] Vid, sobre el tema, MARTÍNEZ PARDO; El procedimiento abreviado: La fase de diligencias previas; 2000, consultado en página web www.uv.es, el 23 de noviembre de 2006.

[616] Vid. Artículos 775 y 776 LECrim.

[617] Vid. Artículo 775 LECrim

[618] MARTIN Y MARTIN; La nueva reforma procesal efectuada por la Ley 38/2002 y su complementaria, la Ley Orgánica 8/2002, Diario La Ley, Nº 5692, Año XXIV, Madrid, 2003, consultado en página web www.laley.net, el 20 de septiembre de 2006.

[619] MUERZA ESPARZA, en una obra realizada también por DE LA OLIVA SANTOS Y OTROS; ob. Cit. Pág. 621.

En este procedimiento el auto de procesamiento es sustituido por el acto de comparecencia mediante el cual se realiza la previa imputación judicial y se adquiere la ***condición formal de imputado***. Sin esta imputación judicial, no cabe la condena del sujeto pasivo, por ser una exigencia del Principio de Contradicción y de esta forma no producir indefensión. [620] La notificación de la inculpación es exigencia ineludible en la que ha de incluirse el hecho a la que aquélla se refiere, puesto que en aquel acto se concreta, en definitiva, el alcance de la instrucción. [621]

Los efectos de la imputación son, principalmente, los siguientes:

- El sujeto pasivo obtiene la condición de parte en el proceso.

- El nacimiento del derecho a la defensa y a la asistencia letrada. Tanto antes, como después de prestar declaración, se le permitirá entrevistarse reservadamente con su abogado, sin perjuicio de lo establecido en el apartado c) del artículo 527 de la LECrim y en los derechos fundamentales contenidos en el artículo 24 de la CE.

En cuanto al ofendido o perjudicado del hecho punible, según dispone el artículo 776 de la LECrim, se informará al ofendido y al perjudicado de sus derechos, en los términos previstos en el artículo 109 y 110 LECrim. Sin embargo, no será preciso el ofrecimiento de acciones ante el Juzgado, si previamente lo ha realizado de forma correcta y completa la Policía Judicial conforme se ha explicado en la fase de investigación preliminar.

La falta de instrucción al perjudicado de su derecho a personarse en la causa no impedirá la continuación del procedimiento, si bien, por el medio más rápido posible, incluso telegráficamente, se le realizará. [622] Lógicamente, en la actualidad, se admiten otros medios de comunicación más modernos, como puede ser el correo electrónico, el fax u otra forma telemática a través de internet.

---

[620] Vid. STC núm. 186/1990; Vid., además, SSTC de 3 de mayo de 1.993, de 17 de octubre de 1.994 y de 5 de marzo de 1.996.

[621] SÁNCHEZ DEL RIO Y SIERRA; «El estatuto del procesado y del imputado», en Comentarios a las Leyes Procesales Militares, Tomo II, Secretaria General Técnica del Ministerio de Defensa, Madrid 1.995, pág. 1537.

[622] MUERZA ESPARZA, en una obra realizada también por DE LA OLIVA SANTOS Y OTROS; ob. Cit. Pág. 622.

En los casos de delitos contra la propiedad industrial e intelectual, se deberá realizar la información de los derechos del perjudicado a las entidades que tengan la representación de los propietarios de los derechos vulnerados. [623]

b) Práctica de diligencias para determinar el hecho delictivo y las personas presuntamente responsables. [624]

De acuerdo al artículo 777 de la LECrim, el Juez de Instrucción ordenará a la Policía Judicial, o practicará por sí, las diligencias necesarias encaminadas a determinar la naturaleza y circunstancias del hecho, las personas que en él hayan participado y el órgano competente para el enjuiciamiento, dando cuenta al Ministerio Fiscal.

Igualmente, cuando por razón de residencia o por otro motivo se presuma que la prueba no vaya a poder practicarse en el juicio oral, el Juez de Instrucción, tomando al testigo o perjudicado, podrá realizar la prueba de forma inmediata y asegurando la contradicción de las partes, la cual se documentará, bien por medio de acta que intervenga el secretario judicial, bien grabando las mismas en soporte que sea susceptible de reproducción en el acto del juicio. En este apartado se hace expresa mención a la estudiada *"prueba anticipada"*. [625]

c) Especialidades probatorias. [626]

Con motivo de las últimas reformas aparecidas en el campo del procedimiento abreviado, existen unas determinadas especialidades probatorias y que a continuación se detallan:

a) *El informe pericial* podrá ser presentado por un único perito cuando el Juez lo considere suficiente. Ello, a diferencia de lo que ocurre en el procedimiento común, en cuyas normas se exigen dos peritos. [627]

---

[623] Vid. Artículo 771 LECrim.

[624] Vid. Artículo 777 LECrim.

[625] Vid., Lección 12 de la presente obra y MARTIN Y MARTIN; ob. Cit. La nueva reforma procesal efectuada por la Ley 38/2002 y su complementaria, la Ley Orgánica 8/2002, Diario La Ley, Nº 5692, Año XXIV, Madrid, 2003, consultado en página web www.laley.net, el 20 de septiembre de 2006.

[626] Vid. Artículo 778 LECrim.

[627] Vid. STS de 26 de febrero de 1.993.

En este orden de cosas, se debe hacer mención que en los casos de pericia hecha por gabinete oficial se debe presumir que la misma ha sido realizada por un "equipo", [628] aunque en la actualidad cuando se realiza un informe pericial en Unidades de criminalística policial se firman por dos peritos y se supervisa por los jefes de las mismas.

b) En las lesiones, no será preciso esperar a la sanidad del lesionado cuando fuera procedente el archivo o el sobreseimiento y pueda formularse el escrito de acusación, siendo obligatorio que el médico proporcione partes periódicos al Juez de Instrucción de las lesiones que vienen tratando al lesionado. La instauración de esta regla tuvo como objetivo contribuir a hacer realidad el Principio de Celeridad en el proceso penal, así como descongestionar los Juzgados y Tribunales de procesos cuya continuación carece de fin práctico. [629]

c) El Juez podrá acordar la obtención de muestras o vestigios cuyos análisis pudieran dar como resultado una mejor calificación del hecho.

d) En los casos de fallecimiento de una persona, el Juez podrá decidir que no se practique la autopsia cuando el médico forense dictamine, cumplidamente, las circunstancias y las causas de la muerte sin necesidad de practicar la citada diligencia. Todo ello, sin perjuicio de lo establecido en el artículo 343 de la LECrim, que obliga a la realización de la autopsia cuando hubiere una muerte violenta o sospechosa de criminalidad.

e) El Juez podrá ordenar que se preste asistencia sanitaria debida a los heridos, enfermos u otros que lo precisen, internados en un hospital, centro u organismo.

f) El Juez podrá autorizar que el médico forense asista en su lugar al levantamiento del cadáver, adjuntándose a las diligencias un informe del mismo. [630]

d) Resoluciones del Juez. [631]

---

[628] Vid. STS de 20 de junio de 1.999.

[629] MUERZA ESPARZA, La Reforma del Proceso Penal Abreviado y el enjuiciamiento Rápido de Delitos, Editorial Aranzadi, S.A., Cizur Menor (Navarra), 2003, pág. 77.

[630] Vid. Artículo 778.6 LECrim

[631] Vid. Artículo 779 LECrim

Llegados a este punto de la fase instructora, el Juez vistas las diligencias practicadas por la Policía Judicial y ordenadas por el mismo, adoptará, lo antes posible, alguna de las resoluciones recogidas en el artículo 779 de la LECrim:

1º/ *El sobreseimiento*, que puede ser a su vez: [632]

a) *Libre:* Supone el archivo definitivo de la causa y tiene los mismos efectos que una sentencia absolutoria. Se dictará cuando no existan indicios racionales de haberse perpetrado el hecho delictivo, cuando el hecho no sea constitutivo de delito y cuando aparezcan lo inculpados exentos de responsabilidad criminal.

b) *Provisional:* Supone la paralización y archivo temporal del proceso por no existir pruebas de cargo. Se dictará cuando no resulte justificada la perpetración del delito o cuando no haya motivo para acusar a determinadas personas.

c) *Total:* Afecta a todos los inculpados en la causa.

d) *Parcial:* Afecta a algunos inculpados, continuándose la causa para los demás.

2º/ Remisión de lo actuado al Juez competente, si el hecho es susceptible de calificarse como falta y no como delito.

3º/ Remisión de las actuaciones a la Jurisdicción Militar o a la Fiscalía de menores, si el hecho estuviese atribuido a una u otra jurisdicción. Aquí se debe tener en cuenta cuanto dispone los artículos 12 y 14 de la LO 4/1987 de la Competencia y Organización de Jurisdicción Militar.

4º/ Resolución en la que se acuerda la continuación del procedimiento abreviado, debido a que los hechos son constitutivos de delito de los contenidos en el artículo 757 de la LECrim. Con esta resolución, se abre la siguiente fase del procedimiento abreviado mediante auto, a saber, la *fase intermedia*. En este sentido, el Juez Instructor estima acreditados los hechos delictivos origen de las diligencias y supone que existe uno o varios responsables de esos hechos. Este

[632] Vid., en este tema, ORTEGA PÉREZ; Reflexiones sobre el «Juicio de Acusación » y la etapa intermedia del proceso penal, Diario La Ley, Nº 6090, Año XXV, Madrid, 2004, págs 4 y ss.

auto tiene su equivalente en el auto de procesamiento del procedimiento común y por lo tanto participa de sus mismos efectos y consecuencias jurídicas, que principalmente son determinar la legitimación pasiva mediante un relato de los hechos y la identificación de las personas presuntamente responsables. [633]

5º/ Incoación de *diligencias urgentes*, cuando el imputado asistido de su abogado hubiere reconocido los hechos a presencia judicial, siempre y cuando el hecho tenga una pena señalada con pena de hasta tres años de prisión, de multa cualquiera que sea su cuantía o con otra pena de distinta naturaleza cuya duración no exceda de diez años. [634] Las características de la regulación de la conformidad en este procedimiento, como en el de enjuiciamiento rápido, supone la atribución a los Jueces de Instrucción en servicio de guardia de una nueva competencia, no prevista en la regulación procesal hasta ahora vigente: Dictar sentencia de conformidad con la acusación en procedimientos por delito. Dicha sentencia contempla, además, otra solución inédita en nuestro sistema procesal, consistente en que la pena que se impone, en estos casos, es la pena solicitada reducida en un tercio, que incide en el principio de legalidad de las penas. [635]

4.- FASE DE PREPARACIÓN DEL JUICIO ORAL O INTERMEDIA:

Técnicamente conocida como *"fase intermedia o del juicio de acusación"*, [636] comienza, como ya se ha dicho, con la resolución judicial acordando seguir los trámites de este procedimiento [637] y tiene por finalidad decidir sobre la pertinencia de ordenar la apertura o no del juicio oral, acordado por el Juez de Instrucción por medio de auto. [638] Por lo que, este juicio de relevancia acerca de la apertura o no del juicio oral compete, con limitaciones, al propio Juez Instructor, a diferencia de lo que ocurre en el "proceso común" que es competencia del órgano de enjuiciamiento. [639]

---

[633] Vid. STS de 3 de mayo de 1.999.

[634] Vid. Artículo 801 LECrim.

[635] BARALLAT LÓPEZ, en una obra realizada por ALONSO PÉREZ Y OTROS; ob. Cit. Pág. 269.

[636] GIMENO SENDRA; ob. Cit. (Derecho Procesal Penal, 1ª edición, Editorial Colex, Madrid, 2004), pág. 793.

[637] Vid. Artículo 779.1.4º LECrim.

[638] Vid. Artículo 780 LECrim, en relación con el 787 LECrim.

[639] MORENO CATENA; en una obra realizada también por GIMENO SENDRA Y OTROS; ob. Cit. Pág. 512.

En esta fase quedan comprendidas las siguientes actuaciones: Petición de las partes de diligencias complementarias, sobreseimiento o solicitud de apertura del juicio oral, formulación del escrito de acusación y escrito de defensa y apertura del juicio oral. Estas tres últimas actuaciones, difieren de lo que sucede en el procedimiento común, las cuales se realizan en la fase de juicio oral. A continuación, se desarrollarán brevemente por el orden en el que se realizan:

1º) Las *diligencias complementarias:* Podrán ser solicitadas por el Ministerio Fiscal y las partes personadas cuando manifiesten la imposibilidad de formular el escrito de acusación por falta de elementos esenciales para la tipificación de los hechos. [640]

2º) El *escrito de acusación:* Su contenido se encuentra regulado en el artículo 781.1 de la LECrim [641] y ha de ser el siguiente:

a.- La solicitud de apertura del juicio oral ante el órgano competente.

b.- La identificación de la persona o personas contra las que dirige la acusación.

c.- La calificación de los hechos.

d.- La acusación de las faltas imputables, relacionadas con el delito.

e.- La cantidad en que se aprecien los daños y perjuicios causados por el delito

f.- La personas que aparezcan como responsables de los daños y perjuicios, es decir, los responsables civiles.

g.- La entrega o destino de cosas y efectos.

h.- La petición de la práctica de la prueba anticipada cuando se trate de diligencias de imposible realización durante las sesiones del juicio oral.

i.- La "proposición de las pruebas" a realizar en el juicio oral.

---

[640] Vid. Artículo 780.2 LECrim.

[641] Vid., en concordancia con el artículo 650 LECrim.

j.- La solicitud de adopción o modificación o suspensión de las medidas provisionales.

k.- La petición de que se impongan costas.

3º) Finaliza esta fase con el auto de apertura del juicio oral, dictado por el Juez de Instrucción, donde además de acordarse dicha apertura también se decide sobre la adopción, modificación o revocación de las medidas interesadas por el Ministerio Fiscal y demás partes personadas, así como cualquier otra que considere necesaria. Igualmente, este auto señalará el órgano competente para el enjuiciamiento y fallo de la causa donde se remitirán las actuaciones. [642]

4º) Notificado el auto de apertura del juicio oral, [643] se entrega al acusado el escrito de acusación que debe contestar con el escrito de defensa, en el plazo de diez días. En este escrito, la defensa puede pedir, entre otras cosas, que se practiquen determinadas pruebas de forma anticipada, solicitar la admisión de las que pretende valerse en juicio y manifestar su conformidad con la acusación.

Precluido el plazo para presentar el escrito de defensa sin haberlo realizado, el acusado únicamente podrá proponer la prueba que aporte en el momento de celebrarse el acto del juicio, sin perjuicio, eso sí, de poder incorporar hasta ese instante los informes, certificaciones y demás documentos que estime oportunos. [644]

5º) También cabe acordar el *sobreseimiento* de la causa, [645] en los mismos casos citados anteriormente.

6º) Presentado el escrito de defensa en plazo o terminado el mismo sin haberse presentado, el secretario judicial acordará remitir lo actuado al órgano competente para el enjuiciamiento, *"...salvo cuando el enjuiciamiento corresponda al Juez de lo Penal y éste se desplazara periódicamente a la sede del Juzgado Instructor para*

[642] Vid. Artículo 783.4º LECrim.

[643] Vid, en este sentido, MARTÍNEZ PARDO; La fase intermedia o de preparación del juicio en el procedimiento abreviado; 2000, consultado en página web www.uv.es, el 23 de noviembre de 2006.

[644] MUERZA ESPARZA, en una obra realizada también por DE LA OLIVA SANTOS Y OTROS; ob. Cit. Pág. 633.

[645] Vid. Artículo 783.3º LECrim.

la celebración de los juicios procedentes del mismo, en cuyo caso permanecerán las actuaciones en el Juzgado a disposición del Juez de lo Penal." [646]

5.- FASE DE JUICIO ORAL: Actividad probatoria y juicio.

Se desarrolla esta fase ante el Juez o Tribunal competente para el enjuiciamiento. En ella se lleva a cabo la actividad probatoria y juicio en virtud del cual se dicta sentencia, constituyendo la fase esencial del proceso penal. [647]

Una vez que los autos se encuentran en manos del Juez de lo Penal o Sala de lo Penal de la Audiencia Provincial, se estudian todas las pruebas que hayan propuesto las partes, admitiendo las pertinentes y rechazando las demás. En este sentido, se seguirá lo indicado por el artículo 793.2 de la LECrim, al decir que se podrán proponer nuevas pruebas hasta el momento de celebración de la "audiencia preliminar", también denominada *audiencia saneadora.* [648]

Por último, se debe señalar el día y la hora para celebrar el juicio oral al objeto de comunicárselo a las partes. Como novedad importante, en este momento procesal, introducida por la reforma de octubre de 2.002, [649] es la obligación judicial de notificar el acuerdo de celebración de la vista oral a las víctimas del proceso, aunque no estén formalmente personadas. [650]

El juicio oral requiere además preceptivamente la asistencia del acusado y del abogado defensor, su ausencia conllevará la suspensión del juicio y el archivo provisional de los autos. Sin embargo, en el procedimiento abreviado no será causa de suspensión la ausencia injustificada del acusado cuando la pena solicitada no exceda de dos años de privación de libertad o si fuera de distinta naturaleza hasta seis años, cuando el acusado haya sido citado personalmente o en el domicilio señalado o en la persona por él designada y se le hubiese advertido que se permite celebrar el juicio en su ausencia. Para ello, debe ser solicitada la

---

[646] Vid. Artículo 784.5º LECrim.

[647] MORENO CATENA, en una obra realizada también por GIMENO SENDRA Y OTROS; ob. Cit. Pág. 516.

[648] GÓMEZ COLOMER; ob. Cit. Pag. 396.

[649] Ley 38/2002, de 24 de octubre.

[650] Vid. Artículo 785.3 LECrim.

celebración del juicio oral por el Ministerio Fiscal y la parte acusadora.[651] Igualmente, si hubiere varios acusados, el Juez podrá acordar que se continúe el juicio para los restantes. [652]

También es preceptiva la presencia del tercero responsable civil, aunque su ausencia injustificada no es óbice para la suspensión del juicio. [653]

El juicio oral comenzará con la lectura por parte del secretario de los escritos de acusación y de defensa. A continuación, se abrirá el debate o audiencia preliminar donde se discuten las cuestiones de pronunciamiento previo, ordenando el Juez, en ese mismo acto, la continuación de las sesiones del juicio, su suspensión o el sobreseimiento. [654]

Después del debate o audiencia preliminar, que es un acto temporal diferenciado del juicio oral, se entra en el mismo pudiendo, en ese instante, el acusado mostrar su conformidad con el escrito de acusación del Ministerio Fiscal y solicitando que se dicte sentencia de acuerdo con el escrito de acusación que contenga pena de mayor gravedad o con el que se presente en este acto. [655] Para ello, la pena solicitada y conformada no debe de exceder de seis años de prisión, el Juez o Tribunal debe haber oído al acusado y entender que la calificación aceptada es correcta y la pena procedente.

La actuación procesal siguiente es la práctica de pruebas admitidas por el Juez o Tribunal. Este acto, debe realizarse concentradamente en las sesiones consecutivas que sean necesarias, lo que no impide que, excepcionalmente, pueda acordarse un aplazamiento de la sesión. [656]

Terminada la práctica de pruebas, el Juez requerirá al Fiscal, a la acusación y a la defensa con objeto de que se pronuncien sobre la ratificación o modificación de sus escritos de acusación y defensa y realicen la exposición oral sobre la

[651] Vid. Artículo 786.1 LECrim.
[652] Vid. Artículo 786.1 LECrim.
[653] Vid. Artículo 786 LECrim.
[654] Vid. Artículo 786.2 LECrim.
[655] Vid. Artículo 787.1 LECrim.
[656] Vid. Artículo 788.1 LECrim, en relación con el 746 LECrim.

valoración de la prueba y la calificación de los hechos. [657] Es lo que se denomina trámite de *"conclusiones definitivas".*

En este momento se vuelve a conceder la palabra a las partes personadas con la finalidad de que realicen los informes procedentes, donde *"...expondrán los hechos que consideren probados en el juicio, su calificación legal, la participación que en ellos hayan tenido los procesados y la responsabilidad civil que hayan contraído los mismos u otras personas, así como las cosas que sean su objeto, o la cantidad en que deban ser reguladas cuando los informantes o sus representados ejerciten también la acción civil."* [658]

Por último, se concederá la palabra a los acusados para que digan lo que estimen conveniente en su defensa, esto es el *"Derecho a la última palabra".* [659]

Del Juicio se levantará acta que firmarán el Juez, el Secretario, el Fiscal y los abogados de la acusación y defensa. [660]

6.- SENTENCIA Y RECURSOS.

En todo caso, la sentencia debe dictarse en el plazo de cinco días respetando los Principios de Celeridad y Eficacia y de Congruencia o de correlación entre la acusación y el fallo. En la misma, no podrá imponerse pena que exceda de la más grave solicitada por la acusación ni condenar por delito distinto, salvo que alguna de las partes acusadoras haya asumido los criterios del Juez citados en el artículo 788.3 de la LECrim. [661]

Todo el que tome parte en la votación de una sentencia, firmará lo acordado, aunque hubiere disentido de la mayoría; pero podrá, en caso de disentimiento anunciado en el momento de la votación o en el de la firma, formular *voto particular.* [662]

---

[657] Vid. Artículo 788.3 LECrim.
[658] Vid. Artículo 734 LECrim.
[659] Vid. Artículo 739 LECrim.
[660] Vid. Artículo 788.6 LECrim.
[661] Vid. Artículo 789.1 LECrim.
[662] ESCUSOL BARRA; ob. Cit. Pág. 202.

La sentencia se notificará por escrito además de a la acusación y a la defensa, a los ofendidos y perjudicados por el delito, aunque no se hayan mostrado parte en la causa. [663]

Contra la sentencia cabe la interposición de los correspondientes recursos. Con carácter general, se entiende por recurso el acto procesal a través del cual la parte en el proceso, frente a una resolución impugnable y que considera perjudicial, solicita un nuevo examen de la cuestión fáctica o jurídica, para que se sustituya aquélla por otra que le favorezca. [664]

En el caso de una sentencia dictada por el Juez de lo Penal, cabrá recurso de apelación ante la Audiencia Provincial o ante la Audiencia Nacional si fue dictado por el Juez Central de lo Penal. [665] En cambio, si fue dictada por la Audiencia Provincial o Audiencia Nacional no cabe recurso de apelación.

[663] Vid. Artículo 788.3 LECrim.

[664] MUERZA ESPARZA; ob. Cit. Pág. 136; Vid., además, MUERZA ESPARZA, en una obra realizada también por DE LA OLIVA SANTOS Y OTROS; ob. Cit. Pág. 649.

[665] Vid. Artículo 790 LECrim.

LECCIÓN XV

LOS PROCEDIMIENTOS PENALES (III)

1.- LOS JUICIOS RÁPIDOS:

Lo verdaderamente novedoso de la Ley 38/2002, de 24 de octubre, de reforma parcial de la LECrim, sobre procedimiento para el enjuiciamiento rápido e inmediato de determinados delitos y faltas, y de modificación del procedimiento abreviado, es la implantación definitiva y con profunda regulación del sistema de juicios rápidos, así como la importancia que se le da en la misma a la Policía Judicial. Fruto de esa importancia son las funciones y actuaciones que se regulan dentro de este nuevo procedimiento de *"juicios rápidos"*.

Por "juicio rápido", cabe entender un proceso especial aplicable a los delitos flagrantes o con instrucción sencilla, en los que su autor sea detenido o esté a disposición de la Autoridad Judicial, que haya sido incoado mediante atestado y se haya concentrado la instrucción en el Juzgado de Guardia, de tal suerte, que permita la inmediata conformidad del acusado o la celebración del juicio oral ante el Juez de lo Penal en un plazo no superior a quince días. [666] Con ello se pretende admitir la posibilidad de que una inmediata localización del presunto autor de los hechos permita la incoación y celebración de un juicio rápido. [667]

Bajo la expresión *"diligencias urgentes"* el capítulo III del título III del Libro IV de la LECrim regula la fase de instrucción de este procedimiento para el enjuiciamiento rápido de determinados delitos. La propia expresión, *"urgentes"*, permite afirmar que su principio informador es la celeridad, teniendo en cuenta, además, los plazos tan breves previstos para la práctica de las mismas del artículo 799 de la LECrim. [668]

2.- ÁMBITO DE APLICACIÓN:

Una de las cuestiones más importantes de los procedimientos de juicios rápidos es conocer su ámbito de aplicación. Por este motivo, a continuación, se detallan las condiciones necesarias para que pueda incoarse este tipo de procedimiento: [669]

[666] GIMENO SENDRA; ob. Cit. Pág. 825.
[667] LUACES GUTIÉRREZ; La Preinstrucción de la Policía Judicial en los Juicios Rápidos, Diario La Ley, Nº 6062, Año XXV, Madrid, 2004, pág. 2.
[668] MUERZA ESPARZA; ob. Cit. Pág. 175.
[669] SOLÍS NAVARRO Y OTROS; ob. Cit. Pags. 573 y ss.

1º/ Condiciones absolutamente necesarias: [670]

- Que se trate de delitos castigados con pena privativa de libertad que no exceda de cinco años o de distinta naturaleza únicas, conjuntas o alternativas, cuya duración no exceda de diez años, cualesquiera sea su cuantía.

- Que se inicie el proceso penal mediante atestado policial, bien con detenido, bien con imputado no detenido pero citado o, en su caso, imputado no detenido pero localizable en cinco días. Es decir:

* Que la persona presuntamente responsable de los hechos haya sido detenida por la Policía Judicial y puesta a disposición del Juzgado de Guardia.

* Que sin ser detenida haya sido denunciada en el atestado policial y citada en calidad de denunciado por la Policía Judicial ante el Juzgado de Guardia;

* Que pueda ser localizada en el periodo de cinco días siguientes al inicio del atestado. No obstante, si la localización no se llevara a efecto, se remitirá igualmente el atestado dentro de los cinco días siguientes, sin perjuicio de notificar los hechos acaecidos de forma inmediata al Juez de Guardia y al Ministerio Fiscal.

2º/ Condiciones que se pueden producir para que se inicie el "juicio rápido". Necesariamente se debe cumplir alguna de las siguientes:

- Se trate de delitos flagrantes, es decir, cuando la persona es detenida:

* En el momento de estar cometiendo el delito.

* Inmediatamente después de cometer el delito.

* Al ser sorprendida inmediatamente después de cometido un delito con efectos, instrumentos o vestigios que permita presumir su participación en él. Esta circunstancia es lo que la doctrina denomina *"sospecha de flagrancia"*. [671]

---

[670] Vid. Artículo 795 LECrim.
[671] ALONSO PÉREZ Y OTROS; ob. Cit. Pág. 98.

- Se haya producido alguno de los siguientes delitos:

* Delitos relacionados con la violencia en el ámbito familiar, como son los delitos de lesiones, coacciones, amenazas, violencia física o psíquica habitual, entre otros.

* Delitos de hurto.

* Delitos de robo.

* Delitos de hurto y robo de uso de vehículos.

* Delitos contra la seguridad del tráfico.

* Delitos de daños referidos en el artículo 263 del CP.

* Delitos contra la salud pública previstos en el artículo 368, inciso segundo, del CP.

* Delitos flagrantes relativos a la propiedad intelectual e industrial previstos en los artículos 270, 273, 274 y 275 del CP. [672]

- Se presuma de instrucción sencilla el hecho punible:

Este apartado, que se puede considerar como un auténtico cajón de sastre, no ha sido desarrollado ni por Ley ni por otras disposiciones que lo maticen. Por este motivo, se ha ido desarrollando el contenido, de este apartado tercero, por algunas Comisiones Provinciales de Coordinación de Policía Judicial, para aplicar el procedimiento de juicios rápidos a aquellos hechos delictivos iniciados por la Policía Judicial que tengan, verdaderamente, escasas diligencias que realizar.

Para cerrar el ámbito de aplicación que se acaba de exponer, hay que tener en cuenta dos últimas reglas que señala el artículo 795 apartado 2 y 3, respectivamente, de la LECrim: [673]

---

[672] Los tres últimos incisos han sido incluidos por la LO 15/2003 de 25 de noviembre, por la que se modifica la LO 10/1995 y la LECrim.

[673] MAGRO SERVET (coordinador); Guía práctica de la reforma procesal penal en materia de juicios rápidos, edita La Ley, Madrid, 2003, pág. 39.

- Por razones de enjuiciamiento conjunto, la Ley ordena la inaplicación del procedimiento a aquellos delitos que, dentro del ámbito que permitiría su enjuiciamiento rápido, son conexos con otros delitos que no están en este ámbito, remitiendo en este caso al procedimiento general para su enjuiciamiento.

- Por razones de seguridad, la Ley impide la aplicación de este procedimiento para los casos en el Juez ha declarado secretas las actuaciones conforme el artículo 302 de la LECrim., remitiendo al procedimiento general.

Por último, al regularse el procedimiento "de juicios rápidos" dentro del ámbito de aplicación general del procedimiento penal abreviado, las normas de éste son de carácter supletorio en todo lo no dispuesto en las normas que establecen y regulan el procedimiento para el enjuiciamiento rápido.

3.- INTERVENCIÓN DE LA POLICÍA JUDICIAL:

Si la actuación de la Policía Judicial resulta necesaria para la investigación de un hecho punible y la persecución y aseguramiento del delincuente en cualquier procedimiento, cuando del enjuiciamiento rápido de delitos se trata, el legislador le concede un protagonismo singular. [674] Por este motivo, se debe partir de la premisa de que las normas del procedimiento abreviado estudiadas en la lección anterior son de plena aplicación en los juicios rápidos. No obstante, al tratarse de otro procedimiento, se añaden nuevas funciones que en el mismo debe realizar la Policía Judicial en el tiempo imprescindible y, en todo caso, durante el tiempo de la detención. Para ello, seguidamente, se procede a examinar el artículo 796.1 de la LECrim en el que aparecen reguladas las siguientes actuaciones: [675]

---

[674] MUERZA ESPARZA; ob. Cit. Pág. 171.

[675] Vid. Artículo 796 LECrim: 1. Sin perjuicio de cuanto se establece en el Título III del Libro II y de las previsiones del capítulo II del Título II de este Libro, la Policía Judicial deberá practicar en el tiempo imprescindible y, en todo caso, durante el tiempo de la detención, las siguientes diligencias:

1ª. Sin perjuicio de recabar los auxilios a que se refiere el ordinal l. del artículo 770, solicitará del facultativo o del personal sanitario que atendiere al ofendido copia del informe relativo a la asistencia prestada para su unión al atestado policial. Asimismo, solicitará la presencia del médico forense cuando la persona que tuviere que ser reconocida no pudiera desplazarse al Juzgado de guardia dentro del plazo previsto en el artículo 799.

2ª. Informará a la persona a la que se atribuya el hecho, aun en el caso de no procederse a su

1º/ Solicitar copia del informe facultativo o sanitario y, si fuera necesario, recabar la presencia del médico forense.

2º/ Informar al imputado sobre la comparecencia del letrado ante el Juzgado de Guardia.

3º/ Citar al imputado no detenido, testigos, ofendidos y perjudicados y, en su caso, a las entidades que correspondan.

4º/ Enviar muestras aprehendidas para su análisis.

---

detención, del derecho que le asiste de comparecer ante el Juzgado de guardia asistido de abogado. Si el interesado no manifestare expresamente su voluntad de comparecer asistido de abogado, la Policía Judicial recabará del Colegio de Abogados la designación de un letrado de oficio.
3ª. Citará a la persona que resulte denunciada en el atestado policial para comparecer en el Juzgado de guardia en el día y hora que se le señale, cuando no se haya procedido a su detención. El citado será apercibido de las consecuencias de no comparecer a la citación policial ante el Juzgado de guardia.
4ª. Citará también a los testigos para que comparezcan en el juzgado de guardia en el día y hora que se les indique, apercibiéndoles de las consecuencias de no comparecer a la citación policial en el juzgado de guardia. No será necesaria la citación de miembros de las Fuerzas y Cuerpos de Seguridad que hubieren intervenido en el atestado cuando su declaración conste en el mismo. (Regla modificada por la Ley Orgánica 15/2003, de 25 de noviembre).
5ª. Citará para el mismo día y hora a las entidades a que se refiere el artículo 117 del Código Penal en el caso de que conste su identidad.
6ª. Remitirá al Instituto de Toxicología, al Instituto de Medicina Legal o al laboratorio correspondiente las sustancias aprehendidas cuyo análisis resulte pertinente. Estas entidades procederán de inmediato al análisis solicitado y remitirán el resultado al Juzgado de guardia por el medio más rápido y, en todo caso, antes del día y hora en que se hayan citado a las personas indicadas en las reglas anteriores. Si no fuera posible la remisión del análisis en dicho plazo, la Policía Judicial podrá practicar por sí misma dicho análisis, sin perjuicio del debido control judicial del mismo.
7ª. La práctica de los controles de alcoholemia se ajustará a lo establecido en la legislación de seguridad vial. No obstante, cuando se practicare un análisis de sangre u otro análogo, se requerirá al personal sanitario que lo realice para que remita el resultado al Juzgado de guardia por el medio más rápido y, en todo caso, antes del día y hora de la citación a que se refieren las reglas anteriores.
8ª. Si no fuera posible la remisión al Juzgado de guardia de algún objeto que debiera ser tasado, se solicitará inmediatamente la presencia del perito o servicio correspondiente para que lo examine y emita informe pericial. Este informe podrá ser emitido oralmente ante el Juzgado de guardia.

5º/ Practicar controles de alcoholemia.

6º/ Solicitar la presencia del correspondiente perito si algún objeto debiera ser tasado.

1º/ Solicitar copia del informe facultativo o sanitario y, si fuera necesario, recabar la presencia del médico forense: [676]

En primer lugar, este apartado recoge como novedad la solicitud, por parte de la Policía Judicial, de copia del informe confeccionado por el facultativo o personal sanitario al asistir al ofendido del hecho delictivo. De esta forma, el legislador ha regulado en el mismo precepto una obligación para los funcionarios de policía, la cual se cumple con la referida solicitud, y una obligación para el profesional facultativo o sanitario al tener que facilitar la citada copia. Al decir, facultativo o personal sanitario, se deben incluir, no únicamente los médicos, sino también los farmacéuticos y los ayudantes sanitarios. [677]

La negativa infundada de estos profesionales al cumplimiento de lo preceptuado podría ser constitutivo de un delito o falta de desobediencia a agentes de la autoridad, según ésta sea grave [678] o leve , [679] respectivamente.

En segundo lugar, se faculta a la Policía Judicial para solicitar la asistencia del médico forense a aquella persona que deba ser reconocida y no puede desplazarse al Juzgado de Guardia en el plazo señalado en el artículo 799 de la LECrim.

2º/ Informar al imputado sobre la comparecencia del letrado ante el Juzgado de Guardia: [680]

La Policía Judicial informará tanto al imputado detenido como al imputado no detenido, del derecho que tiene a ser asistido de abogado en su comparecencia

[676] Vid. Artículo 796.1.1º LECrim.
[677] Vid. ALONSO PÉREZ Y OTROS; ob. Cit. Pág. 102.
[678] Vid. Artículo 556 CP.
[679] Vid. Artículo 634 CP.
[680] Vid. Artículo 796.1.2º LECrim.

ante el Juzgado de Guardia. De esta forma, la asistencia letrada se puede llevar a cabo por un letrado elegido y de la confianza del detenido o imputado, sin embargo, cuando esta persona no realice una declaración expresa, porque no conozca a ningún profesional, se podrá realizar mediante un abogado de oficio. Esta diligencia se materializará mediante la petición que realice la Policía Judicial al Colegio de Abogados.

3º/ Citar al imputado no detenido, testigos, ofendidos y perjudicados y, en su caso, a las entidades que correspondan: [681]

Exclusivamente, en el procedimiento de "juicios rápidos", a los efectos de realizar las citaciones oportunas, el instructor del atestado verificará el cuadro o calendario, actualizado periódicamente, de comparecencias para los juicios rápidos del Juzgado de Guardia que por demarcación judicial le corresponde, al objeto de citar a los referidos en el artículo 796.1. 3º, 4º, 5º de la LECrim y que acudan al Juzgado en una determinada hora y fecha. [682]

No obstante, si por motivos de urgencia no resulta posible practicar las citaciones por escrito, se podrán efectuar por cualquier medio de comunicación, incluso verbalmente, sin perjuicio de dejar constancia de su contenido mediante diligencia en el atestado. [683]

En la práctica el instructor del atestado procederá a citar [684] ante el Juzgado de Guardia mediante cedula de citación: [685]

- A la persona imputada no detenida:

La Policía Judicial informará a esta persona, en el mismo momento de la citación, que de no comparecer ante el Juzgado de Guardia en el día y hora

---

[681] Vid. Artículo 796.1. 3º,4º,5º LECrim.

[682] Vid. Artículo 796.2 LECrim.

[683] Vid. Artículo 796.3 LECrim.

[684] Las citaciones deben realizarse cumpliendo los requisitos fijados en le Título VII del Libro II de la LECrim, que regula "De las notificaciones, citaciones y emplazamientos", artículos 166 a 182.

[685] Vid., en este tema, SOLÍS NAVARRO Y OTROS; ob. Cit. Págs 576 y 577; Vid, igualmente, ALONSO PÉREZ Y OTROS; ob. Cit. Pág. 105.

señalada, ni justificare causa legítima que se lo impida, la orden de comparecencia podrá transformarse en orden de detención. [686]

- *A los testigos:*

Igualmente, la Policía Judicial citará a los testigos que hubieren presenciado la comisión de un hecho delictivo con objeto de declarar lo que observaron o, en su caso, realizar la diligencia de reconocimiento en rueda. A través de esta citación se les apercibirán de las consecuencias de no comparecer a la citación policial en el Juzgado de Guardia, que, conforme a lo dispuesto en el artículo 420 de la LECrim son: [687] multa de 200 a 5.000 euros y, si persistiere en su resistencia, será conducido [688] en el primer caso a la presencia del Juez Instructor por los agentes de la autoridad, y perseguido por el delito de obstrucción a la justicia tipificado en el artículo 463.1 del Código Penal, y en el segundo caso será también perseguido por el de desobediencia grave a la autoridad. [689]

En este orden de cosas, no será necesario la citación de los miembros de las Fuerzas y Cuerpos de Seguridad que hubieren intervenido en el atestado, cuando su declaración conste en el mismo, de una forma detallada e individualizada de cada agente, con indicación de las diligencias y actuaciones realizadas por cada policía interviniente. No obstante, el Juez de Guardia, excepcionalmente y mediante resolución motivada, puede ordenar la comparecencia de estos agentes actuantes al objeto de tomarles una nueva declaración, cuando así lo considere imprescindible. [690]

Para el caso especial de testigos extranjeros y nacionales desplazados temporalmente en España, la Policía Judicial deberá realizar la citación con objeto de efectuar la prueba anticipada ante el Juzgado de Guardia correspondiente y, en todo caso, antes de su salida del territorio nacional.

---

[686] COMISIÓN NACIONAL DE COORDINACIÓN DE LA POLICÍA JUDICIAL; ob. Cit. Pág. 119; Vid., igualmente, artículo 487 LECrim.

[687] COMISIÓN NACIONAL DE COORDINACIÓN DE LA POLICÍA JUDICIAL; ob. Cit. Pág. 119.

[688] Vid. SOLÍS NAVARRO Y OTROS; ob. Cit. Págs. 507 y ss.

[689] Vid. Artículo 556 CP.

[690] COMISIÓN NACIONAL DE COORDINACIÓN DE LA POLICÍA JUDICIAL; ob. Cit. Pág. 119; Vid, en este sentido, artículo 797.1.8ª LECrim.

- A los ofendidos o perjudicados:

Únicamente se procederá a la citación de los ofendidos o perjudicados cuando además sean testigos del hecho delictivo, es decir, hubieran presenciado la comisión de la supuesta infracción penal. No obstante, si no se procede a su citación, la Policía Judicial hará constar por diligencia todos los datos necesarios para su posible citación por el Juzgado de guardia. [691]

En el caso de que dichos perjudicados presenten lesiones como consecuencia del hecho delictivo se les podrá citar para que sean reconocidos por el médico forense, siempre y cuando puedan desplazarse al Juzgado dentro del plazo que se extienda el servicio de guardia.

En los supuestos de ofendidos o perjudicados residentes en el extranjero la Policía Judicial deberá actuar conforme a lo explicado para el caso de los testigos, con la finalidad de realizar la prueba anticipada.

- A las aseguradoras:

Cuando, como consecuencia de la realización de un hecho tipificado en el Código Penal, exista alguna entidad o compañía aseguradora del riesgo producido, esto es, que tenga asumida una responsabilidad civil objetiva relacionada con los hechos que se investigan, igualmente, la Policía Judicial deberá citar al representante legal [692] de la misma en el Juzgado de Guardia, en la fecha y hora que corresponda.

En los casos de delitos contra la propiedad intelectual e industrial, los funcionarios policiales citarán a las sociedades representantes de los derechos que se ven afectados en estos hechos delictivos.

4º/ Enviar muestras aprehendidas para su análisis: [693]

Exclusivamente, para el procedimiento de "juicios rápidos", la Policía

---

[691] COMISIÓN NACIONAL DE COORDINACIÓN DE LA POLICÍA JUDICIAL; ob. Cit. Pág. 120.

[692] Vid. Artículo 117 CP.

[693] Vid. Artículo 796.1.6º LECrim.

Judicial deberá remitir las sustancias aprehendidas, cuyo estudio y análisis resulte pertinente, al Instituto de Toxicología, Instituto de Medicina Legal u otros Laboratorios oficiales pertinentes, [694] que procederá a enviar los resultados a la Autoridad Judicial en el plazo que se señale, que lógicamente coincidirá con la fecha de las citaciones a las personas referidas anteriormente.

En caso de imposibilidad de remisión del informe en el plazo que se solicita, se hará constar en diligencias, pudiendo ser practicados los correspondientes análisis por la Policía Judicial, sin perjuicio del debido control judicial del mismo. Este hecho parece indicar una cierta desconfianza hacia los laboratorios oficiales expresamente indicados en su actividad diligente para realizar los análisis correspondientes. [695]

En este sentido el artículo 788.2 de la LECrim recoge que: *"...tendrán **carácter de prueba documental** los informes emitidos por laboratorios oficiales sobre la naturaleza, cantidad y pureza de sustancias estupefacientes cuando en ellos conste que se han realizado siguiendo los protocolos científicos aprobados por las correspondientes normas."* Por lo que, sino se realizaran siguiendo estos protocolos, tendrían el mero valor de denuncia como sucede con el atestado. [696]

5º/ Practicar controles de alcoholemia: [697]

La Policía Judicial al efectuar cualquier control de alcoholemia debe ajustarse a lo establecido en la legislación de seguridad vial. [698] En este sentido, todos los conductores de vehículos tienen la obligación de someterse a las pruebas de

[694] COMISIÓN NACIONAL DE COORDINACIÓN DE LA POLICÍA JUDICIAL; ob. Cit. Pág. 120; Vid, igualmente, SOLÍS NAVARRO Y OTROS; ob. Cit. Pág. 577.
[695] ALONSO PÉREZ Y OTROS; ob. Cit. Pág. 108.
[696] GIMENO SENDRA Y LÓPEZ COIG; Los nuevos juicios Rápidos y de Faltas con doctrina, jurisprudencia y formularios, segunda edición, Editorial Centro de Estudios Ramón Areces, S.A., Madrid, 2004, pág. 19.
[697] Vid. Artículo 796.1.7º LECrim
[698] Vid., para profundizar en el tema, artículo 12.2 de la Ley sobre Tráfico, Circulación de Vehículos a Motor y Seguridad Vial, aprobada por Real Decreto Legislativo 339/1990, de 2 de marzo y el Reglamento general de circulación, aprobado por Real Decreto 1428/2003.

detección de posibles intoxicaciones alcohólicas y al derecho a una prueba de contraste realizada por un análisis de sangre u otros procedimientos similares; en cuyos casos, la Policía Judicial requerirá al personal sanitario a que los realice. Una vez obtenidas las muestras necesarias, el referido personal sanitario, [699] las remitirá al laboratorio correspondiente y dará cuenta del resultado al Juzgado de Guardia por el medio más rápido y, en todo caso, antes del día y hora de la citación de las personas indicadas anteriormente. [700]

6º/ Solicitar la presencia del correspondiente perito si algún objeto debiera ser tasado:

Si fuera necesario peticionar la asistencia del correspondiente perito para realizar el informe técnico pericial oportuno, o en el caso de imposibilidad de remisión al Juzgado de Guardia de algún objeto que debiera ser tasado, la Policía Judicial procederá a solicitar, mediante cedula de citación, la presencia del perito para que lo examine y emita el correspondiente informe. En casos urgentes, los funcionarios policiales podrán realizar la citación vía telefónica, sin perjuicio de dejar constancia de su contenido en la pertinente diligencia.

El citado informe pericial, que puede ser prestado por un único perito cuando el Juez lo considere suficiente, podrá ser emitido oralmente ante el Juzgado de Guardia. [701]

Como conclusión a la intervención de la Policía Judicial regulada en el comentado artículo 796 de la LECrim, se debe tener presente que tan pronto tenga conocimiento de la comisión de un hecho delictivo incurso en el ámbito de aplicación del procedimiento de "juicios rápidos", su actuación será la siguiente: [702]

---

[699] Vid., en este sentido, PERAY BARJÉS; La diligencia de alcoholemia, en la obra "la actuación de la policía judicial en el proceso penal", realizada por MARTÍN GARCÍA (director), Ed. Marcial Pons, ediciones jurídicas y sociales, S.A., Madrid, 2006, pág. 204.

[700] Igualmente, el personal sanitario deberá dar cuenta a los organismos periféricos de la Jefatura Central de Tráfico y cuando proceda, a las Autoridades Municipales competentes de acuerdo al artículo 12.2 párrafo tercero de la Ley sobre Tráfico, Circulación de Vehículos a Motor y Seguridad Vial, aprobada por Real Decreto Legislativo 339/1990, de 2 de marzo.

[701] COMISIÓN NACIONAL DE COORDINACIÓN DE LA POLICÍA JUDICIAL; ob. Cit. Pág. 121.

[702] MAGRO SERVET; ob. Cit. Pág. 15.

- La comparecencia inmediata en el lugar de los hechos.

- La práctica inmediata de las diligencias antes referidas.

- La agilidad en la práctica de estas diligencias y citaciones a los anteriormente indicados para que se practiquen las diligencias urgentes, como la emisión de informe médico, análisis de toxicología o drogas o la oportuna emisión de informe pericial. De esta agilidad, dependerá en gran medida el éxito del juicio rápido.

4.- CONFECCIÓN DEL ATESTADO.

En la elaboración del atestado, se deben tener en cuenta los artículos 292 a 297 de la LECrim, así como todo lo estudiado en la lección anterior al referirse al procedimiento abreviado. No obstante, resulta de gran interés en este apartado, el estudio de las clases de atestados que existen en el procedimiento para el enjuiciamiento rápido de delitos:

4.1. Atestado con detenido:

Esta clase de atestado presenta en su primera hoja la inscripción JRD, la cual significa "juicio rápido con detenido", debido a que es un atestado que se confecciona cuando se proceda a la entrega en el Juzgado de Guardia de la persona detenida junto con las diligencias instruidas.

Los atestados, con independencia de las diligencias necesarias para la averiguación de los hechos e instrucción de los derechos a los implicados, deberán contener, fundamentalmente, lo siguiente: [703]

1) *El delito por el que se instruye el atestado*, especificando si hay lesionados, desperfectos, si se han incautado efectos que deben ser tasados o sustancias que se hayan remitido al laboratorio para su análisis, identificando en este caso dicho laboratorio.

2) *La fecha y el lugar de comisión del hecho*, así como la circunstancia relativa a si el atestado es ampliación de otro u otros anteriores y el Juzgado al que se remitió.

---

[703] COMISIÓN NACIONAL DE COORDINACIÓN DE POLICÍA JUDICIAL; ob. Cit. Pág. 123.

3) *La diligencia de antecedentes policiales y judiciales* de las detenciones anteriores y de la existencia de las requisitorias para el llamamiento y busca del detenido, cuando así conste en las bases de datos policiales.

4) *Las citaciones efectuadas* conforme a lo explicado en el apartado anterior donde constarán la hora de la comparecencia.

5) *La filiación completa del detenido* que permita su localización, de acuerdo con el artículo 770.5ª de la LECrim, para facilitar su posterior citación por el Juzgado.

6) *Los idiomas hablados* por el imputado, víctima o testigo de los hechos.

4.2.- Atestado sin detenido:

Esta clase de atestado presenta en su primera hoja la inscripción JRSD, la cual significa "juicio rápido sin detenido", debido a que es un atestado que se confecciona cuando no se ha procedido a la detención de la persona imputada. Igualmente, se elabora este atestado cuando habiéndose producido la detención, se acuerde, por parte de la Policía Judicial, su puesta en libertad.

Estos atestados se realizarán con las mismas premisas que los referidos anteriormente, los atestados con detenido, incluyendo, la citación del imputado con la hora y, en su caso, la fecha de la citación ante el Juzgado de Guardia correspondiente siguiendo las reglas señaladas en la citación de víctimas y testigos.

Cuando se solicite designación de abogado de oficio, se comunicará al Ilustre Colegio de Abogados la hora y fecha de la citación ante el Juzgado de Guardia correspondiente, haciendo indicación expresa de que se trata de un procedimiento de enjuiciamiento rápido por delito con *imputado no detenido.* [704]

4.3.- Entrega del Atestado:

La Policía Judicial remitirá, a la mayor brevedad, el atestado y, en su caso,

[704] COMISIÓN NACIONAL DE COORDINACIÓN DE POLICÍA JUDICIAL; ob. Cit. Págs. 124 y 125.

entregará el detenido en el Juzgado de Guardia correspondiente. Igualmente, como sucede en otros procedimientos, los agentes instructores deben enviar copia del atestado al Ministerio Fiscal.

En estos tipos de atestados, debido al procedimiento en el que se encuentran incardinados, que se pretende, pueden ser confeccionados de acuerdo a la siguiente estructura:

- *Portada:* Según el caso con la inscripción JRD o JRSD.

- *Índice de todas las diligencias efectuadas.*

- *Documento resumen de atestado instruido.*

- *Diligencias de exposición de hechos.*

- *Acta de información de derechos al detenido o al imputado no detenido.*

- *Acta de información de derechos al perjudicado ofendido por delito.*

- *Cédula de citación para juicios rápidos por delito.*

- *Cédula de citación para responsable civil.*

- *Otras diligencias necesarias.*

- *Diligencia de entrega.*

- *Anexos: Actas, informes periciales y escritos.*

Una vez entregado el atestado en el Juzgado de Guardia correspondiente, el Juez de Instrucción dictará auto en forma oral, que deberá documentarse y no será recurrible, ordenando continuar el procedimiento, caso de considerar suficientes las diligencias practicadas hasta el momento. [705]

---

[705] Vid. Artículo 796 LECrim.

5.- CUADRO-RESUMEN DEL PROCEDIMIENTO DE "JUICIOS RÁPIDOS":

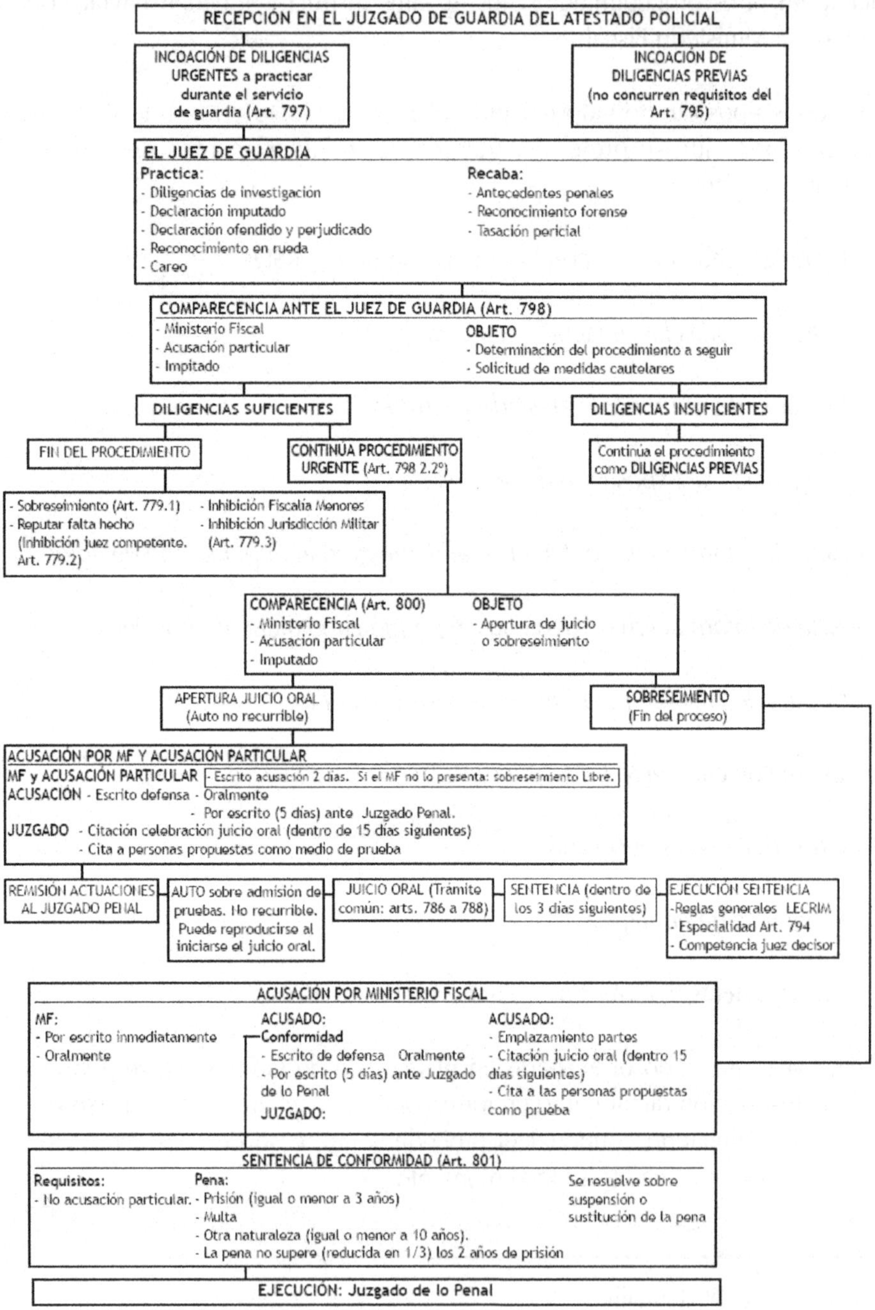

LECCIÓN XVI

LOS PROCEDIMIENTOS PENALES (IV)

1.- EL JUICIO DE FALTAS: ORDINARIO E INMEDIATO:

El Juicio de faltas es el proceso penal ordinario que tiene por objeto el enjuiciamiento de las infracciones tipificadas como tales en el Código Penal y en las leyes especiales. [706] Se trata, pues, de un procedimiento reservado por la Ley para el conocimiento de las infracciones penales de menor entidad, [707] regulado en los artículos 962 a 977 de la LECrim, los cuales contemplan un procedimiento sustancialmente acelerado y cuya principal *característica es la ausencia de fase instructora,* debido a que, en general, la simplicidad técnico-jurídica y la levedad de las faltas hacen innecesaria dicha fase. [708] Por este motivo, la acusación se formalizará en el acto del juicio. [709]

El Juicio de faltas es un procedimiento manifiestamente informado por el Principio de **Oralidad** y por los principios-consecuencia: Inmediación, Concentración y Publicidad. [710] Es decir, al carecer el juicio de faltas de fase instructora adquieren una mayor relevancia estos principios citados, ya que, según el artículo 962 de la LECrim, se concentra en el acto de la vista toda la actividad del proceso, obligando a practicar la prueba en ese momento procesal. [711]

a) Competencia:

La competencia objetiva la ostentan con un carácter compartido los Jueces de Instrucción y los de Paz, [712] correspondiendo a los primeros el conocimiento de todas las faltas, a excepción de las enumeradas en el artículo 14.1 de la LECrim que se reservan a los segundos:

---

[706] HINOJOSA SEGOVIA, en una obra realizada también por DE LA OLIVA SANTOS Y OTROS; ob. Cit. Pág. 663.

[707] HERNÁNDEZ GUIJARRO; Comentarios a la Ley de Enjuiciamiento Criminal y Ley del Jurado, 12ª ed., Editorial Colex, Madrid, 2001, pág. 557

[708] DELGADO MARTÍN, en una obra realizada también por ALONSO PERÉZ Y OTROS; ob. Cit. Pág. 290.

[709] ALONSO PÉREZ; Actuaciones de la Policía Judicial en los nuevos procesos por faltas; Diario La Ley, Nº 5971, Año XXV, Madrid, 2004, pág. 1.

[710] GIMENO SENDRA; ob. Cit. Pág. 815.

[711] Vid. STC núm. 76/1993, de 1 de marzo.

[712] MORENO CATENA, en una obra realizada también por GIMENO SENDRA Y OTROS; ob. Cit. Pág. 526; Vid., además, GIMENO SENDRA; Introducción al Derecho Procesal, 3ª edición, Editorial Colex, Madrid 2005, pág. 816.

"Para el conocimiento y fallo de los juicios de faltas, el Juez de Instrucción. Sin embargo, conocerá de los juicios por faltas tipificadas en los artículos 626, 630, 632 y 633 del Código Penal, el Juez de Paz del lugar en que se hubieran cometido. También conocerán los Jueces de Paz de los juicios por faltas tipificadas en el artículo 620.1 y 2, del Código Penal, excepto cuando el ofendido fuere alguna de las personas a que se refiere el artículo 173 del mismo Código".

De acuerdo a este apartado, trascrito íntegramente, el Juez de Instrucción será competente para el enjuiciamiento de todas aquellas faltas que no lo sean los Jueces de Paz. En este sentido, tendrán competencia los Jueces de Paz para el enjuiciamiento de las siguientes faltas:

- Deslucimiento bienes inmuebles.

- Abandono de jeringuillas o instrumentos peligrosos.

- Maltrato de animales.

- Desórdenes públicos leves.

- Amenazas, coacciones, injurias y vejaciones de carácter leve, a excepción de las personas referidas en el artículo 173 del CP.

Como excepción a lo indicado anteriormente, se encuentra la competencia para conocer de las faltas cometidas por los miembros de la Fuerzas y Cuerpos de Seguridad en el ejercicio de sus funciones, cuyo conocimiento corresponde a los Juzgados de Instrucción, independientemente de la falta cometida. [713]

b) Iniciación:

Las formas de iniciación de este procedimiento son las comunes a cualquier otro, si exceptuamos la iniciación de oficio realizada por el Juez. [714] No obstante, en la práctica, la forma de iniciación del juicio de faltas más frecuente es por conversión de las diligencias previas.

---

[713] Vid. Artículo 8.1 LOFCS.

[714] Vid. STC núm. 225/1988.

El inicio del juicio de faltas está exento de defensa técnica y representación procesal. En este sentido, el artículo 969.1º de la LECrim no exige la firma de abogado ni procurador a las querellas que tuvieren por objeto un juicio de faltas. [715]

c) Fases:

Como se ha apuntado anteriormente, una de las características principales del juicio de faltas es la ausencia de fase instructora. Pese a ello, lo cierto es que en la práctica se ha ido extendiendo el ámbito de la fase preparatoria, convirtiéndose en no pocas ocasiones en una autentica instrucción. [716] Por este motivo, se realiza la siguiente clasificación en tres fases:

1ª/ Fase preparatoria.

2ª/ Juicio Oral.

3ª/ Sentencia y recursos.

1º/ Fase preparatoria:

Como ya se ha citado, a pesar de la no existencia de la fase instructora, pues en ningún lugar de la LECrim se encuentra regulada esta fase, **en la práctica** existe una especie de "instrucción" que al menos contemple las diligencias encaminadas a evitar acusaciones infundadas, a poder oír al imputado con anterioridad a la apertura del juicio oral o a practicar determinadas diligencias necesarias para una más completa calificación de la notitia criminis.

Además, "oír al imputado" garantizará el derecho al conocimiento previo de la acusación y a la defensa, [717] pues en el inicio de la declaración se le debe ilustrar de sus derechos y en particular poner en su conocimiento el hecho imputado, dándole a conocer el acto de iniciación que motivó la apertura del procedimiento, [718] e

[715] Vid. STS de 9 de marzo de 1.991.

[716] DELGADO MARTÍN, en una obra realizada también por ALONSO PERÉZ Y OTROS; ob. Cit. Pág. 287

[717] Vid. Artículos 486 y ss. LECrim.

[718] Vid. Artículos 118 LECrim.

informándole de su derecho a defenderse por sí mismo o a valerse de un abogado de su elección y de que deberán acudir al juicio con los medios de prueba de que intenten valerse. [719]

Igualmente en esta fase se realizará la citación de las partes y del imputado, las cuales deben ser personales, sin que sea válida la citación por edictos, pues iría en contra del derecho a la Tutela Judicial Efectiva. [720]

2ª/ Juicio Oral:

En el juicio de faltas no existe fase intermedia alguna, por lo que el Juez, una vez constatada la existencia y tipicidad de la falta, tendrá que abrir el juicio oral, [721] el cual será público y se iniciará por la lectura de la querella o de la denuncia o, a falta de estas, debe ser el Ministerio Fiscal el que realice una exposición oral de la acusación con la calificación legal del hecho punible y la determinación de la identidad del supuesto autor del mismo.

Por ello, el Fiscal debe ser citado siempre que la falta sea perseguible de oficio o esté condicionada a la presentación de denuncia. En cambio, cuando se trate de faltas perseguibles "sólo a instancia de parte legítima", no será convocado a juicio, [722] pudiendo no asistir al mismo. Debido a ésto, el artículo 969.2º de la LECrim concede "valor de acusación" a la declaración del denunciante [723] en el juicio afirmando los hechos denunciados en aquellos casos en los que el Fiscal decida no acudir al juicio. [724]

3º/ Sentencia y recursos:

---

[719] MORENO CATENA, en una obra realizada también por GIMENO SENDRA Y OTROS; ob. Cit. Pág. 528; Vid., asimismo, artículo 967.1 LECrim.

[720] Vid. STC núm. 19/1993 y STC núm. 196/1989.

[721] Vid., en este sentido, DELGADO MARTÍN, en una obra realizada también por ALONSO PERÉZ Y OTROS; ob. Cit. Pág. 291.

[722] HINOJOSA SEGOVIA, en una obra realizada también por DE LA OLIVA SANTOS Y OTROS; ob. Cit. Pág. 668.

[723] Vid. Artículo 969.2 LECrim.

[724] El Fiscal General del Estado dictará las normas con objeto de contemplar los supuestos en los cuales los Fiscales pueden dejar de acudir a juicio, todo ello, en atención al interés público.

La sentencia será dictada por el Juez en el mismo acto de finalización del juicio o, si no fuera posible, dentro de los tres días siguientes. La sentencia debe ser congruente con las pretensiones, penales y civiles, es decir, el Juez debe tener en cuenta *"...las pruebas practicadas, las razones expuestas por el Fiscal y por las demás partes o sus defensores y lo manifestado por los propios acusados, y siempre que haga uso del libre arbitrio que para la calificación de la falta o para la imposición de la pena le otorga el Código Penal, deberá expresar si ha tomado en consideración los elementos de juicio que el precepto aplicable de aquél obligue a tener en cuenta."* [725]

Por otra parte, el artículo 975 de la LECrim, tras su nueva redacción producida por la LO 10/1992, de 30 de abril, posibilita las sentencias, *"in voce"*, ya que prohíbe el ejercicio de los recursos, si, conocido el fallo, las partes expresan su voluntad de no ejercitar recurso alguno. [726] Por lo que, en este mismo acto, el Juez declarará la firmeza de la sentencia, produciendo la totalidad de los efectos de la cosa juzgada. [727]

De no suceder el caso anterior, las partes podrán interponer los recursos [728] procedentes contra la resolución comunicada, en el plazo determinado para su presentación y ante el órgano judicial competente, [729] ya que el juicio de faltas está presidido por el Principio de Doble Instancia. Por esta razón, dispone el artículo 976 de la LECrim que contra las sentencias dictadas en estos juicios cabe recurrir en el plazo de cinco días, en recurso de apelación, ante la Sala de lo Penal Audiencia Provincial o ante el Juzgado de Instrucción, dependiendo de sí la sentencia ha sido dictada por un Juzgado de Instrucción o de Paz, respectivamente.

d) Criterios para la práctica de las diligencias:

La citada Ley 38/2002, de 24 de octubre, ha venido a crear *dos clases de*

---

[725] Vid. Artículo 973.1 LECrim.

[726] GIMENO SENDRA; ob. Cit. Pág. 822; Vid., igualmente, DELGADO MARTÍN, en una obra realizada también por ALONSO PERÉZ Y OTROS; ob. Cit. Pág. 297.

[727] Vid. STS de 12 de julio de 1985.

[728] Vid. STS núm. 150/1996.

[729] Vid. Artículo 973.2 LECrim.

procedimientos de juicios de faltas diferentes dependiendo de la falta que se trate. [730] Aunque, en la práctica, si se atiende a la distinta organización de la citación al juicio, al plazo para su celebración y el órgano ante el cual tiene lugar, pueden distinguirse *cuatro modalidades de juicios de faltas:* [731]

1. Juicio de faltas **inmediato**.

- Con fase preparatoria acelerada, mediante la anticipación de las citaciones por la Policía Judicial.

- Con fase preparatoria no acelerada, mediante la práctica de la citaciones por el Juzgado de Guardia.

2. Juicio de faltas **ordinario**.

- Con fase preparatoria acelerada, al realizar la práctica del señalamiento y de las citaciones por el Juzgado de Guardia.

- Con fase preparatoria ordinaria, cuando el señalamiento y las citaciones son realizadas por el propio Juzgado de Instrucción, fuera de las funciones de guardia, o por el Juzgado de Paz.

A/ Ámbito de aplicación:

De acuerdo con lo dicho anteriormente se pueden distinguir dos ámbitos de aplicación claramente diferenciados:

- Juicio de Faltas inmediato. [732]

Se enjuiciará por el procedimiento inmediato de faltas las siguientes faltas tipificadas en el Código Penal:

---

[730] Vid. Artículos 962 y 964 LECrim.

[731] DELGADO MARTÍN, en una obra realizada igualmente por ALONSO PÉREZ Y OTROS; ob, Cit, Pág. 291.

[732] Vid. Artículo 962 LECrim.

- Falta del artículo 617 del CP: Las lesiones, es decir aquellas que simplemente requieran una primera asistencia facultativa.

- Falta del artículo 623.1 del CP, siempre que sea fragante: El hurto.

- Falta del artículo 620 del CP, siempre que el ofendido sea alguna de las personas citadas en el artículo 173.2 del CP: Las amenazas (sin armas), las coacciones, las injurias o las vejaciones injustas. En este punto, se debe recordar que si estamos en *violencia de género*, las amenazas y las coacciones del hombre sobre la mujer es delito, por lo que no se sigue este procedimiento.

- Juicio de faltas ordinario. [733]

Se enjuiciará por el procedimiento ordinario el resto de las infracciones penales tipificadas como faltas en el Código Penal, no contenidas en los apartados anteriores.

Estas clases de procedimiento es obligado la confección del oportuno atestado por parte de la Policía Judicial, el cual deberá remitirse al Juzgado de Guardia correspondiente, conforme a lo dispuesto en los artículos 962.3 y 964.1 de la LECrim.

e) Intervención de la Policía Judicial en el juicio inmediato de faltas: [734]

Como sucede en los demás procedimientos, la Policía Judicial, en su función de averiguación y descubrimiento del hecho delictivo, así como del autor o autores del mismo, desde el preciso instante en que tenga noticia de alguna de las infracciones penales susceptibles del enjuiciamiento inmediato de faltas, procederá a realizar todas las gestiones necesarias para su esclarecimiento, dejando constancia de todo ello en las oportunas diligencias que se realicen al efecto, las cuales serán incluidas en el correspondiente atestado, en cuya primera hoja aparecerá la inscripción **"JIF"**, en la parte superior derecha, que hace referencia a **"Juicio Inmediato de Faltas"**. [735]

---

[733] Vid. Artículo 964.1 LECrim.

[734] Vid. Artículo 962 LECrim.

[735] COMISIÓN NACIONAL DE COORDINACIÓN DE LA POLICÍA JUDICIAL; ob. Cit. Pág. 129.

Una vez realizada esta primera valoración, se deben tener en cuenta en este procedimiento, las siguientes reglas de actuación de la Policía Judicial:

En primer lugar, cuanto se encuentre identificado el supuesto autor del hecho punible, la Policía Judicial podrá proceder a su detención o, únicamente, a su imputación de acuerdo a las normas recogidas en la Ley de Enjuiciamiento Criminal en relación con las faltas y que a continuación se examinan:

1º/ Imputación con detención:

De acuerdo al artículo 495 de la LECrim, si el denunciado o imputado por la falta penal no tuviese domicilio conocido y no diere fianza bastante, a juicio de los agentes actuantes, [736] la Policía Judicial podrá proceder a su detención, realizando en este momento las mismas actuaciones que se indicaron en la actuación de la Policía Judicial en el procedimiento abreviado y que se recuerdan a continuación.

En el lugar en el que se haya procedido a la detención se le informará, de forma inmediata, *"...lo que debe entenderse como el deber de la fuerza actuante de hacerlo lo más pronto posible, dentro del despliegue de su mayor diligencia",* [737] y de forma comprensible, los puntos dispuestos en el artículo 520.2 de la LECrim, es decir, de los hechos que se le imputan y las razones motivadoras de su privación de libertad, así como de los derechos que le asisten y especialmente los siguientes: [738]

a) Derecho a guardar silencio no declarando si no quiere, a no contestar alguna o algunas de las preguntas que le formulen, o a manifestar que sólo declarará ante el Juez.

b) Derecho a no declarar contra sí mismo y a no confesarse culpable.

c) Derecho a designar Abogado y a solicitar su presencia para que asista a las diligencias policiales y judiciales de declaración e intervenga en todo reconocimiento de identidad de que sea objeto. Si el detenido o preso no designara Abogado, se procederá a la designación de oficio.

---

[736] Vid. Artículo 495 LECrim.

[737] Vid. STS núm. 919/2004, de 12 de julio.

[738] Vid. Artículo 520.2 LECrim.

d) Derecho a que se ponga en conocimiento del familiar o persona que desee, el hecho de la detención y el lugar de custodia en que se halle en cada momento. Los extranjeros tendrán derecho a que las circunstancias anteriores se comuniquen a la Oficina Consular de su país.

e) Derecho a ser asistido gratuitamente por un intérprete, cuando se; trate de extranjero que no comprenda o no hable el castellano.

f) Derecho a ser reconocido por el Médico forense o su sustituto legal y, en su defecto, por el de la Institución en que se encuentre, o por cualquier otro dependiente del Estado o de otras Administraciones Públicas.

Igualmente, la Policía Judicial adoptará para el traslado del detenido a sede policial, todas aquellas medidas de seguridad que sean pertinentes y necesarias, al objeto de que el detenido no porte ningún tipo de arma u otro material peligroso para la integridad física de los agentes actuantes ni del privado de libertad.

Una vez en dependencias policiales, los funcionarios deben formalizar por escrito la información de los derechos que le asisten y que, anteriormente, han sido leídas en el mismo momento de la detención, que será firmado voluntariamente por el detenido. En el caso de que no deseara, no supiera o no pudiera firmar por alguna circunstancia, la Policía Judicial deberá hacer constar, en la misma información de derechos, el motivo por el cual no se ha estampado la firma.

Todas las actuaciones citadas hasta el momento, no son óbice para que la Policía dé cuenta de la detención, en el menor tiempo posible y como máximo dentro de las veinticuatro horas siguientes, a la Autoridad Judicial, verificando en el mismo acto, tanto el traslado del detenido a sede judicial como la fijación de día y hora de la comparecencia.

2º/ Imputación sin detención:

En cambio, si el denunciado o imputado por la falta penal tuviese domicilio conocido y diere fianza bastante, a juicio de los agentes actuantes, le informarán por escrito de los hechos que contra él existen, instruyéndole en los derechos que le asisten. Indicándole, al respecto, del derecho a comparecer ante el Juzgado de

Guardia asistido de abogado. Derecho que será practicado por escrito y que, aunque la ley no lo regula, deberá ser firmado por el interesado o, al menos, la Policía solicitará de éste que suscriba el documento, al objeto de que quede constancia de su cumplimiento, reflejándose en las actuaciones, en su caso, la negativa a firmar. [739]

La información, a que se hace referencia, debe ser "sucinta", es decir, breve, pero suficientemente detallada, al objeto de que el imputado comprenda perfectamente los hechos de que se le acusa. Por lo que no sería suficiente la mera indicación de la infracción concreta que se presume ha cometido. Con ello, la Ley quiere que se exteriorice una mayor concreción, del día, hora, lugar, y demás circunstancias de interés para el denunciado, cuyo derecho más fundamental es precisamente conocer los hechos que se le imputan y por los que va a ser enjuiciado. [740]

En segundo lugar, y por otra parte, en este procedimiento para el enjuiciamiento inmediato de determinadas faltas, se le debe practicar al ofendido o perjudicado por la infracción penal, el correspondiente *"ofrecimiento de acciones",* a través del cual la Policía Judicial instruye los derechos que le asisten. Se trata del mismo ofrecimiento de acciones que el indicado cuando se ha estudiado la persona ofendida o perjudicada en los anteriores procedimientos, a cuyas líneas se remite para un más completo análisis.

En tercer lugar, en el ámbito del procedimiento instaurado para el juicio de faltas, cuando existiera la necesidad por parte de los funcionarios policiales de recabar la asistencia de personal facultativo o sanitario, se aplica lo estudiado al tratar las actuaciones de la Policía Judicial en el enjuiciamiento rápido de determinados delitos, debiendo igualmente acompañar con el atestado copia del informe de la asistencia facultativa prestada en su caso. [741] En esta misma línea, la Policía Judicial *"...procederá de forma inmediata a citar ante el juzgado de guardia a los ofendidos y perjudicados, al denunciante, al denunciado y a los testigos que puedan dar razón de los hechos."* [742] Asimismo, podrá solicitar a un perito su

[739] ALONSO PÉREZ Y OTROS; ob. Cit. Pág. 121.
[740] ALONSO PÉREZ Y OTROS; ob. Cit. Pág. 121.
[741] SOLÍS NAVARRO Y OTROS; ob. Cit. Pág. 580.
[742] Vid. Artículo 962.1 LECrim.

presencia al objeto de la realización del correspondiente informe técnico pericial o incluso, sino es posible efectuar el mismo, le citará en forma para su comparecencia ante el Juez, pudiendo emitir el informe oralmente.

Para ello, el instructor del atestado verificará el cuadro o calendario, actualizado periódicamente, de comparecencias y citaciones para juicios rápidos o inmediatos del Juzgado de Guardia que por demarcación judicial le corresponde, dictaminando la hora o, en su caso, día de presentación en el mismo. Procediendo a citar ante el Juzgado a la hora fijada mediante cedula de citación, en la que se advertirá, que si no comparecen ni alegan justa causa para dejar de hacerlo, podrán ser sancionados con multa de 200 a 2.000 euros, conforme al artículo 967.2 de la LECrim. Las personas que pueden ser citadas en el presente procedimiento de enjuiciamiento inmediato de faltas son las siguientes:

- El perjudicado y ofendido.

- El testigo, perito o facultativo.

- El denunciante, denunciado o imputado.

En este procedimiento, la Policía Judicial debe citar, en su caso, a los compañeros que hayan intervenido en las actuaciones. Por tanto, no opera la excepción comentada en el procedimiento de juicio rápido, ya que en este supuesto, la citación es realizada con objeto de celebrar el juicio oral.

En cuarto lugar, la entrega del atestado, que sigue las mismas reglas citadas en el procedimiento de "juicios rápidos", por lo que una vez realizadas las diligencias oportunas, el instructor del atestado lo entregará en el Juzgado de Guardia correspondiente.

Estos atestados, con independencia de las diligencias necesarias para la averiguación de los hechos y el documento resumen correspondiente, deberán contener fundamentalmente los siguientes extremos: [743]

---

[743] COMISIÓN NACIONAL DE COORDINADIÓN DE LA POLICÍA JUDICIAL; ob. Cit. Pág. 129.

a) La falta por la que se instruye el atestado.

b) La fecha y lugar de comisión del hecho.

c) En su caso, la denuncia del ofendido.

d) Las citaciones practicadas a ofendidos, perjudicados, denunciantes, denunciados y testigos, con indicación del día y hora de comparecencia ante el Juzgado, mediante acta expresiva de citación verbal o copia de la citación escrita.

El contenido mínimo fundamental deberá ajustarse a los modelos de impresos normalizados existentes al efecto y que son:

- Portada.

- Documento resumen de atestado instruido.

- Acta de información de derechos: al denunciado o al detenido, en su caso.

- Acta de información de derechos al perjudicado ofendido por falta.

- Cédula de citación para juicios rápidos por falta.

Una vez recibido el atestado en el Juzgado de Guardia, o presentada denuncia directamente por el ofendido ante el mismo, este Juzgado celebrará de forma inmediata el juicio de faltas si, estando identificado el denunciado, fuere posible citar a todas las personas que deban ser convocadas para que comparezcan, mientras dure el servicio de guardia. Si no fuera posible el juicio inmediato, se celebrará el juicio en el día más próximo de los señalados para el mismo y nunca más lejos de siete días.

f) Intervención de la Policía Judicial en el juicio de faltas ordinario. [744]

La Policía Judicial, en su función de averiguación y descubrimiento del hecho delictivo, así como del autor o autores del mismo, desde el preciso instante en que

[744] Vid. Artículo 964.1 LECrim.

tenga noticia de alguna de las infracciones penales expresadas en el artículo 964 de la LECrim, procederá a realizar todas las gestiones necesarias para su esclarecimiento, dejando constancia de todo ello en las oportunas diligencias que se realicen al efecto, la cuales serán incluidas en el correspondiente atestado, teniendo en cuenta los criterios básicos estudiados en el atestado por falta de enjuiciamiento inmediato, *con la única especialidad de no tener que realizar las citaciones a las que se refiere el citado procedimiento.*

2.- LOS PROCEDIMIENTOS PENALES ESPECIALES:

Los procedimientos penales especiales se caracterizan por no fijar su objeto atendiendo a los criterios de gravedad del hecho punible, delito o falta, ni de la pena fijada en el Código Penal para el mismo, sino que toman en consideración la calidad del imputado, el objeto especial distinto de aquellas pautas, o ambos combinados a la vez. [745]

Debido a las especialidades referidas, resulta de gran interés el estudio de las principales características de los procedimientos penales especiales que, a continuación, se desarrollan:

2.1.- El Procedimiento de habeas corpus:

La institución del "hábeas corpus" surge, básicamente, ante la necesidad de establecer un control frente a la posible arbitrariedad de los poderes públicos, e incluso de los particulares, en el ámbito de la libertad individual. [746] Y constituye un procedimiento para la confirmación o revisión de los presupuestos y requisitos de una medida cautelar de naturaleza personal, cual es la detención.

En este sentido, el artículo 17.4 de la CE anuncia que la ley regulará un procedimiento de habeas corpus para producir la inmediata puesta a disposición judicial de toda persona detenida ilegalmente. Mandato constitucional que se cumplió por la LO 6/1984, de 4 de mayo, al establecer el habeas corpus como un

---

[745] GÓMEZ COLOMER; ob. Cit. Pág. 401.

[746] DÍEZ CIFUENTES Y GARCÍA ITURRIAGA (elaboración); El Derecho a la asistencia letrada y el Hábeas Corpus, 1ª edición, Secretaria General Técnica del Ministerio del Interior, Imprime Artegraf, Madrid 1.985, pág. 377.

procedimiento especial y preferente por el cual se solicita del órgano jurisdiccional competente el restablecimiento del derecho constitucional a la libertad. Constituyendo, de esta forma, una garantía frente a cualquier privación de libertad ilegítima y a través de él se trata de *"determinar la licitud o ilicitud de la detención"*. [747]

Como notas esenciales de este procedimiento hay que destacar las siguientes:

1) *Es un procedimiento especial,* no es ni un recurso [748] ni un proceso sumarial, donde el órgano jurisdiccional no aplica el ius puniendi, es decir, no declara la existencia o inexistencia de un delito, no declara la culpabilidad o inocencia de un sujeto. [749]

2) *Es un procedimiento sustancialmente acelerado,* que pretende una resolución judicial acerca de la situación de pérdida de libertad en que se encuentra una persona, al objeto de decretar su libertad, el cambio de custodia o la confirmación de la detención. [750]

3) *Su presupuesto material ha de ser una detención ilegal,* cometida por un particular o persona perteneciente a los poderes públicos, distintos al Poder Judicial.

4) *La parte actora ha de ser una persona física,* que puede ser nacional o extranjera, ya que, incluso, se puede presentar el habeas corpus en los procedimientos de expulsión.

Para que pueda prosperar la solicitud de "habeas corpus", ha de tratarse de una *detención ilegal* realizada por persona distinta de la autoridad judicial. Entendiendo por detención, cualquier forma de *privación de libertad*

---

[747] Vid. STC núm. 288/2000, de 27 de noviembre.

[748] MARCHAL ESCALONA; ob. Cit. Pág. 397, apud MORONDA FRUTOS Y TENA FRANCO; El procedimiento de habeas Corpus, Revista General de Derecho nº 606, pág. 1636.

[749] HINOJOSA SEGOVIA, en una obra realizada también por DE LA OLIVA SANTOS Y OTROS; ob. Cit. Pág. 715.

[750] GIMENO SENDRA; El proceso de «Habeas Corpus», Editorial Tecnos, Madrid, 1.985, pág. 52.

deambulatoria del individuo, como es la detención a efectos de identificación de la Ley Orgánica de Seguridad Ciudadana, la sanción disciplinaria y el arresto domiciliario, así como las detenciones especiales en la que destacan los internamientos de incapacitados. En este orden de cosas, la detención se calificará de *"ilegal"*, cuando concurra alguno de los siguientes requisitos:

1) Detención sin que concurran los presupuestos legales, ya sea inexistencia de supuesto habilitante o ausencia de los requisitos exigibles o vulneración de los derechos y formalidades previstas.

2) Privación de libertad ilícita, bien por carecer de cobertura legal o ser ésta insuficiente, bien por producirse en centro o bajo autoridad distintos de los legalmente establecidos. [751]

3) Transcurso del tiempo legalmente establecido para la detención. [752]

4) Vulneración de los derechos sustanciales o procesales del privado de libertad.

La *competencia objetiva* para resolver el habeas corpus presentado, corresponde, con carácter general, a los Juzgados de Instrucción, ahora bien, en los proceso de competencia de la Sala de lo Penal de la Audiencia Nacional los Juzgados Centrales de Instrucción son los que conocen de los procedimientos especiales de habeas corpus y en las detenciones y otras privaciones practicadas en el ámbito de la jurisdicción penal y la aplicación del régimen disciplinario de las Fuerzas Armadas y la Guardia Civil, son los Juzgados Togados Militares los competentes para resolver la interposición del repetido recurso.

En cuanto a la *competencia territorial,* recae en el Juez del lugar de custodia del detenido; si no constare, será el lugar donde se practicó la detención y, en defecto de ambos, el lugar donde se hayan tenido noticias sobre el paradero del detenido.

El procedimiento de habeas corpus, se puede iniciar de oficio por el propio Juzgado, ordenando la entrega inmediata del detenido, o a *instancia de parte,* en la que se incluye al detenido, a familiares y a representantes legales. Igualmente

[751] Vid. STC núm. 139/2001, de 16 de julio.

[752] Vid. STC núm. 224/2002 de 25 Noviembre.

pueden y deben actuar cuando crean que se dan las condiciones, el Ministerio Fiscal, el Defensor del Pueblo y, de acuerdo a la última jurisprudencia del Tribunal Constitucional, también el abogado defensor, puede interponer un recurso de Habeas Corpus en representación de la persona detenida. [753]

Las formas de iniciación están presididas por el principio antiformalista, pudiendo presentarse por escrito o verbalmente. En el caso del detenido, es suficiente con que manifieste su deseo de que sea judicialmente revisada su situación, siendo independiente la terminología que utilice al efecto. Si se inicia a instancia de parte, debe constar la identidad del solicitante y del detenido, el lugar de custodia y la fundamentación o motivo de la solicitud, debiendo la persona que tenga en custodia el privado de libertad la obligación de ponerlo en conocimiento del Juez inmediatamente, incurriendo en responsabilidad en caso contrario. [754]

Seguidamente, el Juez examinará la solicitud, dará traslado al Ministerio Fiscal, y resolverá, debiendo en caso denegatorio motivar y fundar la resolución en el correspondiente auto de denegación. Sin embargo, si el Juez accede a lo solicitado, mediante auto, puede requerir la entrega del detenido, llamado "requerimiento de manifestación" [755] o, en cambio, personarse en el lugar de custodia, debiendo los agentes de la autoridad cesar en las diligencias de prevención que estuvieren practicando, entregando éstas, los efectos relativos al delito y al detenido. [756]

Para la resolución de este procedimiento la Ley concede un plazo de veinticuatro horas. Pudiendo el Juez deducir testimonio por detención ilegal, proceder por delito de denuncia falsa o simulación de delito y cargar las costas contra el solicitante en caso de temeridad.

2.2.- El Procedimiento por delito privado:

Como delitos privados se establecen en el CP, las *injurias y calumnias proferidas*

---

[753] Vid. STC núm. 61/2003, de 24 de marzo, en el mismo sentido que la anterior STC núm. 224/1988.

[754] Vid. Artículo 5 de la LO 6/1984, de 4 de mayo, que regula el procedimiento de Habeas Corpus.

[755] GIMENO SENDRA; (1.985) ob. Cit. Pág, 156.

[756] Vid. Artículo 286 LECrim.

contra particulares o contra personas públicas fuera del ejercicio de su cargo. Tales hechos sólo pueden ser perseguidos a instancia de parte ofendida por el delito o de su representante legal, por lo que, el Ministerio Fiscal únicamente puede intervenir en caso de incapacidad de la víctima.

En este sentido, el legislador ha establecido un procedimiento diferenciado en los artículos 804 y ss de la LECrim, dando una plenitud de disposición al particular, como un derecho exclusivo del ofendido por el delito para intentar la acusación penal. [757] De ahí, que para iniciarse el procedimiento por delito privado se debe realizar mediante la presentación de querella de la persona ofendida por el delito o por su representante legal, precedida del acto de conciliación con el querellado o del intento de haberlo celebrado sin efecto, [758] salvo cuando la ofensa se realice contra funcionarios públicos, donde será suficiente la interposición de la denuncia. Igualmente, es preceptiva la autorización del Juez o Tribunal en el caso de que las injurias se hubieran inferido en juicio. [759]

Las injurias o calumnias pueden ser causadas por escrito o verbalmente. Según suceda de una forma o de otra, el tratamiento procesal será diferente:

- Si se hubiesen inferido por **escrito**, habrá de presentarse, a ser posible, el documento que las contenga. [760] Una vez reconocido este documento por la persona responsable, y comprobado si ha existido o no publicidad, se da por terminado el sumario, procesando al querellado. [761]

- Si se hubiesen inferido **verbalmente**, el Juez instructor convocará a juicio verbal, al querellante, querellado y testigos. Si el querellado no asistiera al juicio tras ser citado en forma, se suspenderá [762] el mismo.

Por otra parte, en este procedimiento penal especial, se debe hacer mención de

---

[757] ARAGONESES ALONSO; ob. Cit. Pág. 157.
[758] Vid. Artículo 804 LECrim.
[759] Vid. Artículo 805 LECrim.
[760] Vid. Artículo 806 LECrim.
[761] GÓMEZ DE LIAÑO; ob. Cit. Pág. 247, de acuerdo al artículo 807 LECrim.
[762] GÓMEZ DE LIAÑO; ob. Cit. Pág. 247, en relación con el artículo 814 LECrim.

la denominada "exceptio veritatis", es decir, probar que es verdad el delito que se imputa, la cual opera en la calumnia con carácter general, pero también afecta a la "injuria" cuando es cometida contra un funcionario público por hechos concernientes al ejercicio de su cargo o suponga la imputación de un delito no perseguible de oficio. [763] Si concurre la "excepcio veritatis" se produce exención de la pena. [764]

Para finalizar, la sentencia en que se declare la calumnia o la injuria se publicará o divulgará, a costa del condenado por tales delitos, en el tiempo y forma que el órgano sentenciador considere más adecuado a este fin.

En este sentido, si el acusado se retracta, es decir, reconoce ante la Autoridad Judicial la falsedad de las imputaciones, conllevará aparejada la aplicación de la pena inferior. Si, en cambio, el acusado consigue el perdón del ofendido, producirá la exención de la responsabilidad criminal.

2.3.- El Procedimiento Ordinario con especialidades procesales:

2.3.1.- Por razón de las personas:

a) DIPUTADOS O SENADORES:

Según el artículo 71.1 de la CE, los Diputados gozan de inviolabilidad por las opiniones manifestadas en el ejercicio de sus funciones. Por ello, durante el ejercicio de su mandato, disfrutarán de inmunidad y únicamente podrán ser detenidos en caso de flagrante delito, no pudiendo ser inculpados ni procesados sin la previa autorización de la Cámara respectiva, denominada *"suplicatorio"*. La negativa, expresa o tácita, de dicha autorización impide inculpar o procesar a un Diputado o Senador o iniciar ulterior proceso por los mismos hechos, continuando la causa contra los demás procesados, si los hubiere. [765]

El suplicatorio, o necesidad de previa autorización de la Cámara respectiva,

---

[763] Vid. Artículo 810 LECrim.

[764] Vid. HINOJOSA SEGOVIA, en una obra realizada también por DE LA OLIVA SANTOS Y OTROS; ob. Cit. Pág. 710.

[765] Vid. Artículo 754 LECrim.

para inculpar a un Diputado o Senador es la principal nota característica de este tipo de procedimiento. Afecta al proceso en el sentido de que mientras no se reciba respuesta de la correspondiente Cámara, la causa queda en "suspenso" y si se deniega "el suplicatorio", se dispone el sobreseimiento libre.

Igualmente, en este apartado conviene tener muy presente, como diferencia esencial, que la *inviolabilidad* supone la irresponsabilidad jurídica absoluta en todos los órdenes y perpetua, es decir, ilimitada temporalmente, por aquellas opiniones orales y escritas manifestadas en el ejercicio de sus funciones parlamentarias, constituyendo una causa de exención funcional. En cambio, la *inmunidad* supone un reforzamiento de las garantías procesales, siendo temporal, es decir, opera exclusivamente *durante el período del mandato* como miembro de la Cámara. Por ello, la protección dispensada por esta garantía no alcanza sino a la conducta de su titular en tanto que es miembro del órgano colegiado, cesando cuando el sujeto despliegue su conducta, incluso con trascendencia "política", al margen de su función parlamentaria. [766]

La inmunidad responde al interés superior de la representación nacional de no verse alterada ni perturbada, ni en su composición ni en su funcionamiento, por eventuales procesos penales que puedan incoarse frente a sus miembros, por actos producidos tanto antes como durante su mandato, en la medida en que de dichos procesamientos o inculpaciones puede resultar la imposibilidad de un parlamentario de cumplir efectivamente sus funciones. [767]

Una importante consecuencia procesal de la inmunidad parlamentaria es la no sujeción de los parlamentarios a los Juzgados y Tribunales ordinarios, en las causas instruidas contra ellos por asuntos relacionados con el ejercicio de su función, es lo que se denomina *aforamiento.* Por lo que la competencia para la instrucción y el fallo le corresponde a la Sala de lo Penal del Tribunal Supremo, sin posibilidad de segunda instancia. Esto es, porque determinadas personas gozan, ex constitucione, en atención a su cargo, de una especial protección que contrarresta la imposibilidad de acudir a una instancia superior, pudiendo afirmarse que estas particulares garantías que acompañan a Senadores y Diputados disculpan la falta

[766] Vid. HINOJOSA SEGOVIA, en una obra realizada también por DE LA OLIVA SANTOS Y OTROS; ob. Cit. Pág. 710, de acuerdo al artículo 71.2 CE.
[767] Vid. STC de 27 de noviembre de 1992.

de un segundo grado jurisdiccional, por ellas mismas y porque el órgano encargado de conocer en las causas en que pueden hallarse implicados, es el superior en la vía jurisdiccional ordinaria. [768]

El aforamiento se mantiene durante todo el período del mandato, desde la proclamación de la elección de parlamentario hasta la disolución de las Cámaras. Igualmente, se extiende para los miembros, titulares o suplentes, de la Diputación Permanente. Materialmente, el aforamiento comprende tanto las infracciones penales cometidas durante el mandato que sean enjuiciadas en ese período como las cometidas con anterioridad no prescritas.

Por último, los trámites para llevar a cabo el enjuiciamiento de un Diputado o Senador serán los del procedimiento que tenga señalado por razón de la pena o de la materia y con aplicación de las especialidades previstas en los artículos 750 y ss. de la LECrim destinados a regular el *modo de proceder cuando fuere procesado un Senador o Diputado a cortes.*

b) PRESIDENTE O MIEMBROS DEL GOBIERNO:

El artículo 102 de la Constitución Española establece un aforamiento absoluto respecto de cualquier infracción penal, cometida o no en el ejercicio del cargo, ante la Sala de lo Penal del Tribunal Supremo, cuando se trate de depurar la responsabilidad criminal del Presidente y demás miembros del Gobierno, que seguirán los trámites del procedimiento ordinario que corresponda. Sin embargo, cuando se trate de exigir la responsabilidad de éstos por *delitos de traición o contra la seguridad del Estado* cometidos en el ejercicio de sus funciones se exige una legitimación especial y restringida para el planteamiento de la acusación, que se materializan en las siguientes condiciones de procedibilidad:

- Iniciativa por escrito de al menos la cuarta parte de los miembros del Congreso de los Diputados.

- Aprobación de la iniciativa por la mayoría absoluta del Congreso.

---

[768] Vid. STC de 10 de abril de 1985.

- Ejercicio efectivo de la acusación ante la Sala Segunda del Tribunal Supremo.

Además, la posibilidad de indulto no será aplicable a las condenas impuestas al Presidente y demás miembros del Gobierno, en los referidos delitos, de acuerdo al apartado 3 del artículo 102 de la CE:

"La prerrogativa real de gracia no será aplicable a ninguno de los supuestos del presente artículo."

c) CONTRA MIEMBROS DE LOS FUERZAS Y CUERPOS DE SEGURIDAD:

Como el propio titulo de la LO 2/1986 de Fuerzas y Cuerpos de Seguridad indica, esta especialidad, afecta a los miembros de Policía de los tres niveles administrativos: central, autonómico y local.

Hasta la STC núm. 55/1990 de 28 de marzo, cuando se seguían actuaciones penales en las que existan indicios racionales de criminalidad por parte de miembros de las Fuerzas y Cuerpos de Seguridad en el ejercicio de sus funciones, los Jueces de Instrucción se inhibían en la Audiencia Provincial correspondiente, que era la competente para la instrucción, conocimiento y fallo. Tras la citada sentencia del constitucional, se declara inconstitucional el párrafo 2º del apartado 1 del artículo 8 de la citada LO 2/1986:

"Iniciadas unas actuaciones por los jueces de instrucción, cuando estos entiendan que existen indicios racionales de criminalidad por la conducta de miembros de las Fuerzas y Cuerpos de Seguridad, suspenderán sus actuaciones y las remitirán a la Audiencia Provincial correspondiente, que será la competente para seguir la instrucción, ordenar, en su caso, el procesamiento y dictar el fallo que corresponda."

De modo que, desde entonces, la instrucción corresponde a los Jueces de Instrucción y el enjuiciamiento sigue siendo competencia de la Sala de lo Penal de la Audiencia Provincial para los delitos cometidos por los miembros de las Fuerzas y Cuerpos de Seguridad en el ejercicio de sus funciones. De esta forma, se cumple lo establecido constitucionalmente del Derecho al Juez Ordinario Predeterminado por la Ley y lo declarado en la citada sentencia del Tribunal Constitucional núm.

55/1990 de 28 de marzo. [769] Igualmente, con ello, se logra evitar la denominada *"contaminación inquisitiva"*, es decir, el Juez que instruye no puede ser el mismo que el que falla. No obstante, en el ámbito de las faltas sí que será competente para conocer y fallar el Juez de Instrucción, siempre que se encuentren los funcionarios policiales en el ejercicio de sus funciones.

Otra especialidad del procedimiento seguido contra los miembros de las Fuerzas y Cuerpos de Seguridad, es el cumplimiento de la prisión en los establecimientos penitenciarios ordinarios con *separación* del resto de detenidos o presos. Sin embargo, en el caso del Cuerpo de la Guardia Civil, debido a su naturaleza militar, cabe la posibilidad de aplicar el artículo 219 de la Ley Procesal Militar en el que se regula que la prisión preventiva acordada por un órgano de cualquier jurisdicción respecto de un militar en la situación de actividad o reserva se sufrirá en establecimiento penitenciario militar. En caso de que no existiere establecimiento de esta clase en la plaza o inmediaciones, se llevará a efecto en el acuartelamiento, base o buque militar que designe la Autoridad Militar.

2.3.2.- Por razón de la materia:

a) BANDAS ARMADAS:

El artículo 55.2 de la Constitución Española permite, bajo determinadas garantías y controles, como es la regulación mediante Ley Orgánica, la intervención judicial o el control parlamentario, la suspensión de determinados derechos reconocidos, la ampliación de la duración de la detención preventiva, la inviolabilidad del domicilio y el secreto de las comunicaciones.

En este sentido, los agentes actuantes podrán proceder de propia autoridad, en casos de excepcional y urgente necesidad, a la inmediata detención de los presuntos responsables de los delitos cometidos por personas integradas o relacionadas con

[769] Establece en su fallo: 1.º Estimar parcialmente la cuestión de inconstitucionalidad 487/1986 y, en consecuencia, declarar inconstitucional y, por tanto, nulo el art. 8.1, segundo, de la Ley Orgánica 2/1986, de 13 Mar., de Fuerzas y Cuerpos de Seguridad, en cuanto que atribuye la competencia para seguir la instrucción y ordenar, en su caso, el procesamiento de los miembros de las Fuerzas y Cuerpos de Seguridad por delitos cometidos en el ejercicio de sus funciones a la Audiencia correspondiente.

bandas armadas o individuos terroristas o rebeldes, cualquiera que fuese el lugar o domicilio donde se ocultasen o refugiasen, así como al registro que, con ocasión de aquella, se efectúe en dichos lugares y a la ocupación de los efectos e instrumentos que en ellos se hallasen y que pudieran guardar relación con el delito perseguido. Dando cuenta inmediata al Juez competente, con indicación de las causas que lo motivaron y de los resultados obtenidos en el mismo, con especial referencia a las detenciones que, en su caso, se hubieran practicado. Asimismo, se indicarán las personas que hayan intervenido y los incidentes ocurridos. [770]

En la misma línea de actuación, el Ministro del Interior o, en su defecto, el Director de la Seguridad del Estado, [771] podrá en caso de urgencia ordenar la observación de las comunicaciones postales, telegráficas o telefónicas, *"...comunicándolo inmediatamente por escrito motivado al Juez competente, quien, también de forma motivada, revocará o confirmará tal resolución en un plazo máximo de setenta y dos oras desde que fue ordenada la observación".* [772] A pesar de las posibilidades apuntadas en los dos últimos párrafos, se puede afirmar que estas facultades, en la práctica, son remotamente utilizadas por la Policía Judicial en el cumplimiento de las misiones que tiene constitucional y legalmente encomendadas.

Otra característica importante en este procedimiento, se encuentra en la opción de poder ser prolongada la detención por otras cuarenta y ocho horas, previa Autorización Judicial. Para ello se debe solicitar al Juez en las primeras cuarenta y ocho horas y ser autorizado por éste en las veinticuatro horas siguientes, [773] a la vez que puede conceder la incomunicación durante la detención. [774]

En cuanto a la competencia de este procedimiento, corresponde, a partir de la LO 4/1988 que derogó la LO 9/1984 de legislación antiterrorista específica, la instrucción a los Juzgados Centrales de Instrucción de la Audiencia Nacional, y conocimiento y fallo al Juzgado Central de lo Penal o Sala Penal de la Audiencia Nacional dependiendo de la pena que tenga señalado el delito enjuiciado.

---

[770] Vid. Artículo 553 LECrim.

[771] Hoy Secretario de Estado de Seguridad.

[772] Vid. Artículo 579.4 LECrim.

[773] Vid. Artículo 520 bis 1. LECrim.

[774] Vid. Artículo 520 bis 2. LECrim.

b) POR DELITOS COMETIDOS POR MEDIO DE IMPRENTA, GRABADO U OTRO MEDIO MECÁNICO DE PUBLICACIÓN:

La razón de la especialidad del procedimiento que se sigue por los delitos cometidos con medios o soportes de difusión mecánicos u otros, es debido a que el uso de tales medios agrava considerablemente los efectos del delito. Por ello, nuestra LECrim, [775] pretende atajar rápida y eficazmente las consecuencias que acarrea su difusión mediante la adopción de medidas precautorias, que se concretan en el secuestro de los ejemplares existentes del impreso, de la estampa, o del molde de ésta donde quiera que se hallaren. [776] En este sentido, como posible medida análoga existe la prohibición de difundir o proyectar el medio a través del cual se produjo la actividad delictiva.

En cuanto a la *legitimación* pasiva por estos delitos responderán únicamente los autores, quedando inpunes no sólo los cómplices, sino también quienes los hubieren favorecido personal o realmente. De esta forma, al objeto de evitar la impunidad cuando se hubieran utilizado personas que están fuera del alcance de la justicia penal, las personas que responden de forma escalonada, excluyente y subsidiaria, según el orden siguiente: [777]

- Los que realmente hayan redactado el texto o producido el signo de que se trata, y quienes les hayan inducido a realizarlo.

- Los directores de la publicación o programa.

- Los directores de la empresa editora, emisora o difusora.

- Los directores de la empresa grabadora, reproductora o impresora.

c) CONTRA LOS DERECHOS Y LIBERTADES FUNDAMENTALES DE LAS PERSONAS.

---

[775] Vid. Artículos 816 y ss. LECrim.

[776] HINOJOSA SEGOVIA, en una obra realizada también por DE LA OLIVA SANTOS Y OTROS; ob. Cit. Pág. 711; de acuerdo con el artículo 816 de la LECrim.

[777] Vid. Artículo 30 CP.

Conforme al artículo 53.2 de la Constitución Española, los derechos y libertades fundamentales de la persona especialmente protegidos [778] seguirán *"un procedimiento ante los Tribunales ordinarios basado en los principios de preferencia y sumariedad y, en su caso, a través del recurso de amparo ante el Tribunal Constitucional."*

Sin embargo, este procedimiento de especial protección no ha sido aún desarrollado, aunque la garantía quedó cubierta con la Ley 62/1978 de protección jurisdiccional de los derechos fundamentales de la persona, promulgada el 26 de diciembre, es decir, tres días antes que la Constitución Española.

Sin embargo, la referida Ley, que establecía tres garantías: Penal, Contencioso-administrativa y Civil, ha sido sucesivamente derogada por la ley 38/2002, de 24 de octubre, de reforma parcial de la LECrim, sobre el procedimiento para el enjuiciamiento rápido e inmediato de determinados delitos y faltas, y de modificación del procedimiento abreviado, por la ley 29/1998, de 13 de julio, reguladora de la Jurisdicción Contencioso-Administrativa y por la ley 1/2000 de 7 de enero, de Enjuiciamiento Civil, que sustituyen, respectivamente, las mencionadas garantías por procedimientos especiales de defensa de los derechos fundamentales basados en los principios de preferencia y sumariedad, [779] tal y como establece el artículo 53.2 de la CE.

d) ESTADOS DE EXCEPCIÓN Y SITIO. [780]

En lo que se refiere al estado de excepción, será declarado por el Gobierno mediante decreto acordado en Consejo de Ministros, previa autorización del Congreso de los Diputados. La autorización y proclamación del estado de excepción deberá determinar expresamente los efectos del mismo, el ámbito

---

[778] Vid. Artículos 14 a 29 CE.

[779] A pesar de lo dicho, se debe aclarar que la Ley 38/2002 no ha establecido ningún procedimiento especial, ya que se limitó a derogar los artículos 1 al 5 de la Ley 62/1978. No obstante, se ha de entender aplicable lo establecido por el artículo 53.2 CE, en el sentido de que todos los procedimientos que tengan como objeto la protección de los derechos fundamentales deberá ser "preferentes", es decir, de tramitación prioritaria con respecto al resto de procedimientos, y "sumario", esto es, presidido por el Principio de Celeridad y Eficacia.

[780] Vid. LO 4/1981, de 1 de junio, reguladora de los estados de alarma, excepción y sitio.

territorial a que se extiende y su duración, que no podrá exceder de treinta días, prorrogables por otro plazo igual, con los mismos requisitos. [781]

Como consecuencia de lo regulado en el artículo 55 de la Constitución Española, al recoger la posibilidad de suspender determinados derechos, cuando así se acuerde en la declaración del estado de excepción, en lo que al campo procesal penal, se podrán:

1) Producir detenciones gubernativas por un período máximo de diez días. [782]

2) Autorizar inspecciones y registros domiciliarios por la autoridad gubernativa. [783]

3) Autorizar, por la autoridad gubernativa, la intervención de las comunicaciones. [784]

El *estado de sitio* será declarado por la mayoría absoluta del Congreso de los Diputados, a propuesta exclusiva del Gobierno. El Congreso determinará su ámbito territorial, duración y condiciones. En este sentido, además de las limitaciones indicadas para el estado de excepción, se pueden suspender temporalmente las garantías jurídicas del detenido, cuando así se haya determinado expresamente en la declaración. Igualmente, podrá variarse la competencia material de determinados delitos y atribuírselos a la jurisdicción militar. [785]

e) EXTRADICIÓN Y ORDEN EUROPEA DE DETENCIÓN Y ENTREGA: [786]

El presente apartado se dedica a la extradición "activa", esto es, al acto por el

---

[781] Vid. Artículo 116.3 CE.

[782] Vid. Artículo 16 LO 4/1981, de 1 de junio, reguladora de los estados de alarma, excepción y sitio.

[783] Vid. Artículo 17 LO 4/1981, de 1 de junio, reguladora de los estados de alarma, excepción y sitio.

[784] Vid. Artículo 18.2 LO 4/1981, de 1 de junio, reguladora de los estados de alarma, excepción y sitio.

[785] Vid. Artículo 33.1 LO 4/1981, de 1 de junio, reguladora de los estados de alarma, excepción y sitio.

[786] Vid., más profundamente, artículos 826 a 833 LECrim, Ley de extradición pasiva 4/1985, de 21 de marzo y Ley 3/2003, de 14 de marzo, sobre la orden europea de detención y entrega.

que el Estado español solicita a otro Estado la entrega de una persona para ser juzgada o cumplir condena en España. [787] En este sentido, la competencia de la solicitud de entrega la tiene el Juez o Tribunal que conozca de la causa en que estuviese procesado esa persona [788] y en el que se haya dictado el auto motivado de prisión o sentencia firme condenatoria del mismo. [789]

El Juez o Tribunal competente podrá proceder a la petición de extradición, en aquellos casos recogidos en los Tratados vigentes con la potencia en cuyo territorio se hallare el individuo reclamado o, en defecto de Tratado, se estará al derecho escrito o consuetudinario vigente en el territorio a cuya nación se pida la extradición o, en defecto de los dos casos anteriores, el Juez o Tribunal debe actuar según el principio de reciprocidad. [790]

Una vez estudiado si se está ante alguna de estas circunstancias, el Juez o Tribunal acordará su solicitud mediante resolución fundada, bien de oficio bien a instancia de parte, desde el mismo momento en que sea necesario [791] y siempre que se trate de: [792]

1.- Españoles que habiendo delinquido en España se hayan refugiado en país extranjero.

2.- Españoles que habiendo atentado en el extranjero contra la seguridad exterior del Estado, se hubiesen refugiado en país distinto del en que delinquieron.

3.- Extranjeros que debiendo ser juzgados en España se hubiesen refugiado en un país que no sea el suyo.

La petición de extradición se debe hacer en forma de suplicatorio dirigido al Ministro de Justicia o quien haga esas mismas funciones, salvo que el Juez o

---

[787] GONZÁLEZ-CUELLAR Y OTROS; Ley de Enjuiciamiento Criminal y Ley del Jurado, 15ª edición, Editorial Colex, Madrid, 2005, pág. 578.

[788] Vid. Artículo 828 LECrim.

[789] Vid. Artículo 825 LECrim.

[790] Vid. Artículo 827 LECrim.

[791] Vid. Artículo 829 LECrim.

[792] Vid. Artículo 826 LECrim.

Tribunal pueda realizar la solicitud directamente al existir un Tratado vigente con la nación en cuyo territorio se hallare el procesado. [793]

En estos casos, es importante resaltar que la Policía Judicial cuando proceda a la detención para extradición, el plazo máximo para la puesta a disposición de la persona privada de libertad al Juzgado Central de Instrucción es de 24 horas.

En otro orden de cosas, se debe hacer mención brevemente a la existencia de una modalidad de extradición diferente y en sentido inverso a la estudiada, esta es la extradición pasiva, a través de la cual otro Estado es el que solicita al Estado español la entrega de una determinada persona, cuyo procedimiento se sustanciará ante la Sala de lo Penal de la Audiencia Nacional. [794]

La regulación del procedimiento de extradición en la LECrim, ha sido el mecanismo tradicional para realizar la entrega de determinadas personas, cumpliendo los requisitos citados, entre los diferentes Estados ya fueran Europeos o terceros Estados. Pero en el marco de la Comunidad Europea se iba proclamando, cada vez con más intensidad, la necesidad de una cooperación judicial basada en el principio de reconocimiento mutuo, que, a su vez, sea reflejo de la confianza que debe presidir entre los Estados partes y permitir la ejecución, prácticamente automática, de las resoluciones dictadas por las Autoridades Judiciales de los demás Estados, agilizando de esta forma el procedimiento, al remitir directamente [795] la Autoridad Judicial de emisión de la orden europea a la Autoridad Judicial de ejecución, [796] sin necesidad de que intervenga la autoridad central, es decir, en el caso de España, la Sala de lo Penal Audiencia Nacional.

Por este motivo emerge la Ley 3/2003, de 14 de marzo, sobre la orden europea de detención y entrega, la cual regula un nuevo procedimiento puramente judicial de entrega de las personas sospechosas de haber cometido algún delito o que eluden la acción de la justicia después de haber sido condenadas por sentencia

[793] Vid. Artículo 831 LECrim.

[794] Vid. Artículo 65.4 LOPJ.

[795] Vid. Artículo 6.1 de la Ley 3/2003, de 14 de marzo, sobre la orden europea de detención y entrega.

[796] Vid. Artículo 1 de la Ley 3/2003, de 14 de marzo, sobre la orden europea de detención y entrega.

firme y que, en el ámbito territorial de la Unión Europea, sustituye al de extradición.

En este sentido, la orden europea de detención y entrega puede ser emitida por cualquier Juez o Tribunal español que solicite la entrega de una persona a otro Estado miembro para el seguimiento de actuaciones penales o para el cumplimiento de una condena impuesta. De la misma forma, la Autoridad Judicial competente en España deberá proceder a la entrega cuando sea requerida por la Autoridad Judicial de otro Estado miembro. [797]

Todo este procedimiento se realizará de forma prácticamente automática, sin que el Estado requerido tenga que volver a examinar la solicitud ni verificar si es conforme con su Derecho interno, todo ello en aplicación del referido principio de reconocimiento mutuo. Únicamente, la Autoridad Judicial podría negar la ejecución de la orden de detención y entrega por los casos tasados en esta Ley. [798]

De esta forma, recibida una orden europea por la Autoridad Judicial por alguno de los tipos delictivos relacionados en la Ley 3/2003, [799] y siempre que supere un determinado umbral de pena, [800] ésta deberá proceder a la ejecución con independencia de que su ordenamiento penal recoja tal figura delictiva.

Por lo que en estos casos la Policía Judicial procederá a la detención y puesta a disposición de la Autoridad Judicial [801] de la persona afectada por la orden europea de detención y entrega, la cual debe ser practica en la forma y con los requisitos y garantías previstos por la LECrim, cumpliendo el plazo máximo de 72 horas tras su detención y entrega al Juez Central de Instrucción de la Audiencia Nacional.

---

[797] Exposición de motivos de la Ley 3/2003, de 14 de marzo, sobre la orden europea de detención y entrega.

[798] Vid. Artículo 12 de la Ley 3/2003, de 14 de marzo, sobre la orden europea de detención y entrega.

[799] Vid. Artículo 9 de la Ley 3/2003, de 14 de marzo, sobre la orden europea de detención y entrega.

[800] Vid. Artículo 5 de la Ley 3/2003, de 14 de marzo, sobre la orden europea de detención y entrega.

[801] En la práctica se viene realizando esta puesta a disposición directamente al Juzgado Central de Instrucción cuando la detención se efectúa en el entorno de l Comunidad de Madrid, y en los demás casos se entrega el detenido al Juez de Instrucción de guardia competente por razón de lugar.

Para la entrega de la persona se seguirá el procedimiento señalado en esta Ley, tomando la correspondiente decisión el Estado ejecutor de la orden, teniendo en cuenta los siguientes plazos:

- *Diez días* cuando exista, por parte de la persona reclamada, consentimiento a la entrega. [802]

- Sesenta días cuando esta persona no consienta en la entrega. [803]

No obstante, la entrega deberá producirse en ambos casos en los diez días siguientes a la adopción de la decisión. Pero si no se pudiera adoptar la decisión en los plazos indicados anteriormente, se podrán prorrogar *"...por otros 30 días, comunicando a la autoridad judicial de emisión tal circunstancia y sus motivos, manteniendo entretanto las condiciones necesarias para la entrega"*. [804] Si, transcurrieren los plazos referidos sin haber sido entregada la persona reclamada por el Estado de emisión de la orden europea, será puesta en libertad, *"...sin que ello sea fundamento para la denegación de la ejecución de una posterior orden europea basada en los mismos hechos."* [805]

f) CONTRA REOS AUSENTES: [806]

Con la denominación de "reo ausente", la LECrim se quiere referir a aquellos procesados declarados rebeldes, cuya situación ocurre cuando estas personas no comparecen ante la Autoridad Judicial en el plazo fijado, o cuando no han sido localizadas para ser presentadas ante esta Autoridad. [807] Y esto es debido a que existe la obligación jurídica de comparecencia personal que se le impone al acusado en general, colocándose en una situación

---

[802] Vid. Artículo 19.2 de la Ley 3/2003, de 14 de marzo, sobre la orden europea de detención y entrega.

[803] Vid. Artículo 19.3 de la Ley 3/2003, de 14 de marzo, sobre la orden europea de detención y entrega.

[804] Vid. Artículo 19.4 de la Ley 3/2003, de 14 de marzo, sobre la orden europea de detención y entrega.

[805] Vid. Artículo 20.4 de la Ley 3/2003, de 14 de marzo, sobre la orden europea de detención y entrega.

[806] Vid. Artículos 834 a 846 LECrim.

[807] Vid. Artículo 834 LECrim.

anómala respecto al proceso y perturba gravemente el desarrollo del procedimiento. [808]

Por este motivo, el Juez o Tribunal que esté conociendo del proceso mandará expedir la correspondiente requisitoria para el llamamiento y busca del procesado siempre que se encuentre en alguno de los siguientes casos: [809]

1.- El procesado que al ir a notificársele cualquier resolución judicial no fuere hallado en su domicilio por haberse ausentado, si se ignorase su paradero, y el que no tuviese domicilio conocido.

2.- El que se hubiere fugado del establecimiento en que se hallase detenido o preso.

3.- El que hallándose en libertad provisional, dejare de concurrir a la presencia judicial el día que le esté señalado o cuando sea llamado.

La citada requisitoria deberá dejar constancia del *"...nombre y apellidos, cargo, profesión u oficio, si constaren, del procesado rebelde, y las señas en virtud de las que pueda ser identificado, el delito por que se le procesa, el territorio donde sea de presumir que se encuentra..."*, [810] así como la cárcel donde deba ser conducido si se hubiere decretado la prisión o detención del procesado. Igualmente deberá contener la circunstancia, de las referidas en el anterior párrafo, que ha dado lugar a la expedición de la requisitoria y el plazo temporal en el que el procesado debe presentarse *"...bajo apercibimiento de que en otro caso será declarado rebelde y le parará el perjuicio a que hubiera lugar con arreglo a la Ley."* [811]

Si no aparece el declarado rebelde, se archivarán los autos, suspendiéndose el procedimiento que se estuviera tramitando, salvo que existieran otros procesados no declarados en rebeldía, que en tal caso continuará respecto de estos últimos. [812]

---

[807] Vid. Artículo 834 LECrim.
[808] Vid. STC de 27 de julio de 1984.
[809] Vid. Artículo 835 LECrim.
[810] Vid. Artículo 513 LECrim.
[811] Vid. Artículo 837 LECrim.
[812] Vid. Artículo 842 LECrim.

No obstante, si el declarado rebelde aparece, se abrirá nuevamente la causa, continuándola en el estado que se hubiere suspendido. [813]

g) OTROS:

Además, existen otros procedimientos especiales, que, en nuestra opinión, más bien, se pueden considerar procedimientos con determinadas especialidades, por ello, no serán objeto de estudio en la presente obra. Son a modo de ejemplo, los procedimientos por delitos en materia de contrabando, por delitos electorales o por los delitos de propiedad Intelectual, entre otros.

[813] Vid. Artículo 846 LECrim.

LECCIÓN XVII

EL JUICIO ORAL

1.- REGULACIÓN Y FINALIDAD:

La fase de juicio oral es concebida como la fase reina del proceso penal, debido a que, en la misma, se enjuicia la conducta del procesado por parte del órgano judicial competente, generalmente el Juez de lo Penal o la Sala de lo Penal de la Audiencia Provincial, con objeto de declarar su culpabilidad o inocencia. En definitiva, es la forma de terminar normalmente con el procedimiento, pues al final de la fase del juicio oral debe darse la sentencia. [814]

El juicio oral, regulado en la LECrim en el Libro III, artículos 646 y siguientes, debe desarrollarse en una o varias sesiones, que en todo caso deben ser continuadas con objeto de respetar el llamada Principio de Concentración. Pero no es la única regulación que existe sobre la fase de plenario, pues las distintas clases de procedimientos estudiados tienen, además, regulación específica que se aplica con preferencia a la citada. Sin embargo, para aquellas cuestiones no reguladas específicamente, las normas del procedimiento común tienen consideración de reglas supletorias para todos los demás procedimientos.

Por lo tanto, en la actualidad existen diferentes regulaciones según el procedimiento penal en el que se encuentre incardinado el hecho delictivo acaecido y, como se ha estudiado en las anteriores lecciones, en todos ellos se hace referencia a la importancia de la fase de juicio oral, ya que es donde se deben respetar con la máxima eficacia, los Principios de Oralidad, Publicidad, Contradicción, Igualdad, de Acusación y de Defensa, todos ellos vistos en las primeras lecciones de esta obra. Como es sabido, estos procedimientos son:

- El procedimiento común: Artículos 649 a 749 de la LECrim

- El procedimiento abreviado: Artículos 785 al 789 de la LECrim

- Los juicios rápidos: Artículos 802 de la LECrim

- El juicio de faltas: Artículos. 962 a 977 de la LECrim

- El Tribunal del Jurado: Artículos. 42 a 51 de la LOTJ.

---

[814] Vid. Artículo 742 LECrim.

El juicio oral se puede definir como aquella fase que tiene por objeto la finalización del procedimiento a través de una resolución, la sentencia. Es, por otra parte, donde se van a traer todas las actuaciones realizadas en la fase de instrucción y realizar otras para obtener la convicción del Juez o Tribunal. La decisión de este Juez o Tribunal será la verdad formal del procedimiento, es decir, lo que, desde el punto de vista jurídico, sucedió el día de autos demostrado gracias a las pruebas practicadas.

La fase de juicio oral es considerada, por la mayoría de la doctrina, la fase principal del procedimiento, independientemente de que sea el abreviado, el común, el de juicios rápidos o el del Tribunal del Jurado, y en mayor medida en el procedimiento de faltas, donde, como se ha dicho, el juicio oral opera como única fase.

Para finalizar esta introducción sobre el juicio oral, no se debe dejar de mencionar una de sus principales notas características: el cambio de Autoridad Judicial competente para el desarrollo de esta fase de decisión. Ello, como consecuencia del principio de imparcialidad objetiva [815] que rige en el sistema acusatorio mixto, entendido dicho principio como la necesidad de que el Juez que instruye no puede fallar la causa.

Estos órganos encargados de enjuiciar se pueden clasificar en base principalmente a dos criterios:

a) Dependiendo de la pena:

- Los Juzgados de lo Penal conocerán del enjuiciamiento para las causas por delitos a los que la Ley señale pena privativa de libertad de duración no superior a cinco años o pena de multa cualquiera que sea su cuantía, o cualesquiera otras de distinta naturaleza, bien sean únicas, conjuntas o alternativas, siempre que la duración de éstas no exceda de diez años, así como por faltas, sean o no incidentales, imputables a los autores de estos delitos o a otras personas, cuando la comisión de la falta o su prueba estuviesen relacionadas con aquellos, el Juez de lo Penal de la circunscripción donde el delito fue cometido

[815] Vid., en este sentido, RUIZ VADILLO; ob. Cit. Págs. 1640 y ss.

- Las Salas de lo Penal de las Audiencias Penales, conocerán de todas las demás causas por delito.

b) Dependiendo de la especialidad del delito cometido:

- El Juez Central de lo Penal que conocerá del enjuiciamiento de los delitos competencia de la Audiencia Nacional y dentro de los límites de pena señalado para los Juzgados de lo Penal. [816]

- La Sala de lo Penal de la Audiencia Nacional, que conocerá del enjuiciamiento de los delitos de en el ámbito que le es propio en todos los demás casos. [817]

- El Tribunal del Jurado, competente para el enjuiciamiento de todos los delitos de su competencia señalados por el artículo 1 de la LOTJ.

- El Juez de Instrucción de Guardia del lugar de comisión del delito para dictar sentencia de conformidad, en el ámbito de conocimiento de los juicios rápidos [818] y en los términos establecidos en el artículo 801 de la LECrim.

2.- LAS FASES DEL JUICIO ORAL:

En la fase de juicio oral se desarrolla a través de hitos o subfases a los que conviene estructurar con objeto de su estudio. Todo ello, sin olvidar que, dentro de esas subfases, que a continuación se relacionan, la más importante es la celebración de la "vista oral", en cuyo seno se práctica la fase probatoria:

- Auto de apertura del juicio oral.

- Artículos de previo pronunciamiento.

- La calificación provisional.
- La conformidad del acusado.

[816] Vid. Artículo 89 bis LOPJ.
[817] Vid. Artículo 65 LOPJ.
[818] Vid. Artículo 795 LECrim.

- La vista oral.

- Causas de suspensión del juicio oral.

- Sesiones del Juicio Oral: La práctica de la prueba.

- Conclusiones definitivas e informes.

- Derecho a la última palabra y sentencia.

2.1.- El auto de apertura:

Se ha estudiado en lecciones anteriores que una de las finalidades de la fase de instrucción, en general, y de la fase intermedia, en particular, es acordar la decisión de abrir o no el juicio oral. Esto se realiza por medio del llamado "Auto de Apertura del Juicio Oral" dictado por la Autoridad Judicial competente en cada caso. Dicha Autoridad dependerá del procedimiento del que se esté hablando.

Esta decisión se tomará cuando se den en el caso dos requisitos: el primero la existencia de indicios que apunten a que los hechos investigados son constitutivos de infracción penal y en segundo lugar, cuando existe alguien determinado como presuntamente responsable de los citados hechos. [819]

Si no concurrieran dichos presupuestos, el órgano jurisdiccional dispondrá, bien el sobreseimiento libre, bien sobreseimiento provisional, por no encontrar indicios delictivos en los hechos o por no encontrar la persona responsable de los mismos, respectivamente.

El auto de apertura de juicio oral ocasiona en el procedimiento toda una serie de importantes efectos que conviene estudiar: [820]

- Cierra las puertas a la entrada de nuevas partes acusadoras en el proceso. El auto de conclusión impide la revocación del sumario y con ella la posibilidad de

---

[819] Vid. Artículo 649 LECrim.

[820] GIMENO SENDRA Y OTROS; ob. Cit. Pág. 350.

entrada de material fáctico en la instrucción, sobre el cual han de fundamentar las partes su pretensión. [821]

- Se debe acordar la publicidad del procedimiento relativa, [822] de tal forma que si hasta entonces las partes no han tenido conocimiento de lo actuado debido a que se declaró el "secreto de sumario"; a partir de este momento deben conocer todo lo actuado. [823] Publicidad que se hará general para la sociedad con la celebración de las sesiones del juicio oral so pena de nulidad. [824]

- Por último, abre para las partes en el procedimiento común dos posibilidades procesales:

a) Plantear un "artículo de previo pronunciamiento".

b) Formalizar el escrito de calificación provisional o de acusación, según el caso.

Formalmente, el auto de apertura abre el juicio oral, sin embargo, en la práctica forense, aún no comienza, realmente, dicha fase, ya que el auto de apertura se adopta al final de la fase intermedia en el caso del procedimiento abreviado o con anterioridad al inicio de las sesiones del juicio oral, en el procedimiento común. De esta forma, el acto procesal que, en la práctica, abre el plenario es la lectura del escrito de calificación provisional de la parte acusadora, seguido por su correlativo de la parte acusada. Prueba de ello, es que hasta esa lectura de los escritos de calificación provisional, existe la posibilidad de dictar el auto de sobreseimiento, si prosperase algún artículo de previo pronunciamiento.

2.2.- Artículos de previo pronunciamiento:

Por un defecto sistemático que se viene arrastrando desde la promulgación de la LECrim, y no subsanado por las sucesivas reformas producidas en la misma, dentro del juicio oral, se pueden plantear las llamadas cuestiones previas. [825]

---

[821] Vid. Artículo 650 LECrim.

[822] Vid. Artículo 649.2 LECrim.

[823] Vid. Artículo 302 LECrim.

[824] Vid. Artículo 680.1 LECrim.

[825] Vid. Artículos 666, 786.2 LECrim y para el proceso del Tribunal del Jurado el artículo 36 LOTJ.

En realidad, dichas *cuestiones previas*, deberían estar situadas con anterioridad a la apertura del juicio oral, precisamente en la fase intermedia, es decir, la que tiene por función principal decidir si se abre o no el juicio oral.

Los artículos de previo pronunciamiento, también, como se ha citado, llamados *"cuestiones previas"*, se pueden definir como las cuestiones que son planteadas con carácter previo al juicio oral y que debe ser resueltas antes de su celebración. Están reguladas en el artículo 666 de la LECrim que establece las siguientes:

a) Declinatoria de jurisdicción: [826]

Al amparo de esta cuestión puede evidenciarse la ausencia de los siguientes supuestos procesales:

- La falta de *jurisdicción* de los tribunales españoles para conocer del hecho punible [827] o de la Jurisdicción ordinaria frente a la castrense a los efectos de suscitar el oportuno conflicto de jurisdicción. [828]

- Cuestiones de *competencia territorial* entre órganos jurisdiccionales jerárquicamente iguales.

- La incompetencia *objetiva por razón de la persona,* cuando el imputado obstenta algún tipo de aforamiento.

- Incompetencia *objetiva por razón de la materia y procedimiento inadecuado,* cuando el procedimiento llevado a cabo no sea el correspondiente al delito investigado.

b) La Cosa Juzgada: [829]

Es el caso de que exista una sentencia o un auto de sobreseimiento libre firme,

---

[826] Vid. Artículo 666.1 LECrim.

[827] Vid. Artículo 23 LOPJ.

[828] Vid. Artículos 38 y 39 LOPJ.

[829] Vid. Artículo 666.2 LECrim y Vid., para mayor profundidad, TOMÉ TAMAME; La cosa juzgada formal y la cosa juzgada material, Diario La Ley, Nº 5951, Año XXV, Madrid, 2004.

siempre que, se den a su vez, identidad de sujeto pasivo y de hecho punible. Al mismo tiempo, se deben de dar otros dos requisitos añadidos por la jurisprudencia del Tribunal Supremo: que exista identidad de acción y que la sentencia haya sido dictada por un Tribunal competente. [830]

c) Prescripción del delito: [831]

Aunque en la mayoría de las ocasiones la prescripción a la que se refiere literalmente el artículo 666.3 de la LECrim, es la prescripción del delito, no existe ninguna dificultad en entender también incluida la prescripción de la pena, contenida en los apartados 6 y 7 del artículo 112 del Código Penal. Esta cuestión previa puede y debe ser adoptada por el Juez o Tribunal competente.

d) Amnistía e indulto: [832]

La amnistía y el indulto son causas de extinción de la responsabilidad penal y suponen el perdón u olvido total del delito y la remisión total o parcial de la pena impuesta, respectivamente.

Al estar abolidos los indultos generales en la actualidad, el único indulto a que puede referirse el apartado 4º del repetido artículo 666 de la LECrim, es el indulto particular. No obstante, como se ha dicho el indulto exige sentencia firme previa, por lo que es difícil que este caso concreto se pueda dar en la práctica. [833]

e) Falta de autorización administrativa para procesar: [834]

Presupuesto únicamente aplicable para los miembros de las Cámaras legislativas, Congreso y Senado, para quienes es necesario pedir el suplicatorio y que la Cámara respectiva lo conceda como requisito previo al enjuiciamiento. [835]

---

[830] Vid. STS 19 de febrero de1991.
[831] Vid. Artículo 666.3 LECrim.
[832] Vid. Artículo 666.4 LECrim.
[833] Vid. Artículo 62.i) CE, la Ley de 18 de junio de 1870, el Decreto de 22 de abril de 1930 y la Ley 1/1988, de 14 de enero, sobre regulación del indulto.
[834] Vid. Artículo 666.5 LECrim.
[835] Vid. Artículo 71.2 CE y Reglamento del Congreso de los Diputados, y del Senado, de 10 de enero de 1982 y de 26 de mayo de 1982, respectivamente.

f) Nulidad de actuaciones:

Las cuestiones de previo pronunciamiento no tienen una lista cerrada en los apartados contenidos en el artículo 666 de la LECrim. Muy al contrario, la jurisprudencia del Tribunal Supremo está abriendo la posibilidad de que otras cuestiones no contenidas en dicho artículo puedan ser alegadas antes de la apertura del juicio oral.

Uno de estos casos es la petición de "nulidad de actuaciones", cuestión que se plantea cuando ha habido en el procedimiento infracción de normas imperativas, causantes de indefensión. [836]

2.2.1.- Procedimiento:

Las cuestiones previas que hasta la apertura del juicio oral, podían interponerse de oficio, una vez iniciado el mismo, deben proponerse a *instancia de parte.* [837]

Lo natural es que sea precisamente la parte defensora, la más interesada en que prospere alguna cuestión previa, la que interponga y defienda su admisión, pero ello, no quiere decir que la parte activa, incluido el Ministerio Fiscal, [838] pueda promoverlas si en su derecho conviniere.

Una vez planteada la cuestión previa, se abre un procedimiento incidental, es decir, un procedimiento dentro del que se lleva a cabo, para determinar si prospera o no el artículo de previo pronunciamiento.

En este procedimiento incidental se distinguen la fase de alegaciones, la fase de prueba [839] y vista.

En el proceso penal abreviado, las cuestiones previas no están reguladas, no obstante se pueden plantear *oralmente al inicio de las sesiones del juicio oral,*

---

[836] Vid. SSTS de 31 mayo 1982, de 22 abril de 1983 y de 20 febrero y 7 diciembre de 1984.

[837] Vid. Artículos 667 y 668 LECrim.

[838] Pues en su calidad de defensor de la legalidad, ha de estar tan interesado en la condena del culpable como en la absolución del inocente.

[839] Con prohibición de la práctica de la prueba documental.

siendo resueltas por el Juez de lo Penal o la Audiencia Provincial, según el caso. [840]

2.2.2.- Resolución:

El Juez o Tribunal ante el que se le presentara una cuestión dilatoria deberá dictar resolución sobre la misma, como máximo, al día siguiente de su planteamiento.

La resolución, como es lógico, podrá ser de sentido negativo o positivo, pero si es de este último sentido, los efectos que tiene en el procedimiento dependerán de la clase de cuestión previa planteada.

Si lo que se ha planteado es una cuestión previa de las llamadas *procedimentales,* declinatoria de Jurisdicción y falta de autorización administrativa para procesar, por ejemplo; la resolución acordará el traslado al Juzgado o Tribunal competente para el caso o acordará la apertura del procedimiento para solicitar la autorización a las Cortes, respectivamente.

El procedimiento de suplicatorio lleva consigo la suspensión de la causa hasta que la Cámara conceda la autorización, en cuyo caso se remitirá lo actuado al órgano competente para conocer de las causas contra Diputados y Senadores, a saber, la Sala de lo Penal del Tribunal Supremo. Si por el contrario, la autorización para procesar no se concede, habrá de decretarse la nulidad de las actuaciones y pronunciar un auto de sobreseimiento libre. [841]

Por otra parte, si lo que se ha planteado, es una cuestión previa de las llamadas materiales, todas las demás contenidas en el artículo 666 de la LECrim, la admisión de cualquiera de ellas lleva consigo el "sobreseimiento libre".

Si se plantearan varias cuestiones previas a la vez, las primeras que han de resolverse son las relacionadas con la competencia del Juez o Tribunal, como la declinatoria de jurisdicción, luego todas las demás.

---

[840] Vid. Artículo 782 LECrim.

[841] Vid. Artículo 677.1° y 2° LECrim.

En lo que respecta a los efectos de los autos resolutorios de tales cuestiones previas, sólo producirán efectos materiales de cosa juzgada si fueren estimatorios de las mismas y distintos a la "declinatoria de jurisdicción".

2.3.- La calificación provisional.

Siguiendo con los actos procesales desarrollados dentro de la fase del juicio oral, en la misma se encuentran regulados los escritos de calificación provisional, cuya lectura, como se dijo, inicia esta fase.

La calificación provisional es la realizada por las partes en sus escritos de calificación, que se corresponden con los escritos de acusación y defensa en el procedimiento abreviado. Consiste, fundamentalmente, en la calificación de los hechos punibles que resulten del sumario, aunque estos escritos deben contener además: [842]

- La calificación legal de los mismos hechos, determinando el delito que constituyan.

- La participación que en ellos hubieren tenido el procesado o procesados, si fueren varios.

- Los hechos que resulten del sumario y que constituyan circunstancias atenuantes o agravantes del delito o eximentes de responsabilidad criminal.

- Las penas en que hayan incurrido el procesado o procesados, si fueren varios, por razón de su respectiva participación en el delito.

Si se ejerce además la pretensión civil, sea por el acusador privado en su caso o por el Ministerio fiscal, expresarán además:

- La cantidad en que aprecien los daños y perjuicios causados por el delito, o la cosa que haya de ser restituida.

- La persona o personas que aparezcan responsables de los daños y perjuicios o

---

[842] Vid. Artículo 649 LECrim.

de la restitución de la cosa, y el hecho en virtud del cual hubieren contraído esta responsabilidad.

- La solicitud de admisión de pruebas de que intenten valerse para demostrar sus respectivas pretensiones. [843]

La interposición de los escritos de calificaciones provisionales supone un claro ejemplo de que el proceso penal español rige el principio acusatorio. Dicho principio exige que la acusación sea sostenida por un órgano distinto a la Autoridad Judicial, bien el Ministerio Fiscal, bien otro de los acusadores estudiados.

Tanto es así, que la apertura del juicio oral, es supeditada a la presentación de los escritos de acusación, en los que se interponen las pretensiones de las partes. Además, por otro lado, se hace efectivo, en toda su extensión, el derecho fundamental del procesado a "ser informado de la acusación formulada", [844] la dirección del ataque y las pruebas propuestas por la parte acusadora.

2.4.- La conformidad del acusado:

La conformidad, en el proceso común, se sitúa en dos estadios claramente diferenciados: En el plazo conferido a la defensa para formular su calificación provisional y al inicio de las sesiones del juicio oral.

a) *En el plazo conferido a la defensa para formular su calificación provisional:* Esta conformidad la presta, en primer lugar, el abogado defensor y después ha de ratificada por su patrocinado. En este caso, la conformidad es, formalmente, a la petición de pena. El plazo para la evacuación de este trámite es de cinco días a partir de la notificación del escrito de calificación provisional de la parte acusadora. [845]

b) *Al inicio de las sesiones del juicio oral:* Debe realizarse una vez realizadas las preguntas generales de la Ley, preguntará el presidente a cada uno de los

[843] Vid. Artículo 656 LECrim.
[844] Vid. Artículo 24.2 CE.
[845] Vid. Artículo 655 LECrim.

acusados si se confiesa reo del delito que se le haya imputado en el escrito de calificación. En este caso el procedimiento es inverso al caso anterior, es decir, primero se le pregunta al acusado y posteriormente es ratificado por su defensor. Por otra parte, formalmente, la conformidad no lo es a la pena pedida por los acusadores, sino que el acusado debe reconocer los hechos, esto es, responsable del delito. [846]

2.5.- Las sesiones del Juicio Oral:

En el juicio oral se practican las pruebas que son **pertinentes y necesarias**, que al final el órgano judicial valorará de acuerdo con lo establecido en el artículo 741 LECrim, apreciándolas según su conciencia. Ello, significa la aplicación del Principio de Libre Valoración de la Prueba, es decir, la valoración de la prueba conforme el criterio de la experiencia, la sana crítica y el buen juicio. El órgano judicial, para ello, valora sólo las pruebas practicadas en el juicio y aquellas otras que tienen la consideración de prueba anticipada.

Esta subfase se inicia con la formalización o lectura de los escritos de calificaciones provisionales o escritos de acusación y defensa. La finalización del juicio oral, a partir de este momento, debe, necesariamente, resolverse por sentencia, sin que se pueda a partir del trámite de calificación, usar la fórmula del sobreseimiento. [847]

Pero, como se ha insistido suficientemente, lo más importante que se produce dentro de la vista, es la actividad probatoria, pues, de ella depende el sentido de la futura sentencia.

No obstante, no es lo único que se desarrolla en la vista oral, pudiéndose distinguir, adicionalmente, los actos preparatorios al juicio, las conclusiones definitivas, los informes, el ejercicio de la última palabra y sentencia.

Una de las primeras decisiones que debe adoptar el Juez o Tribunal, es la decisión sobre si las sesiones del juicio oral van a ser públicas o se van a llevar a cabo "a puerta cerrada". Teniendo en cuenta que, la publicidad es la regla general

---

[846] Vid. Artículos 688y 694 LECrim.

[847] Vid. Artículos 144 y 742.1 LECrim.

y que, únicamente se acordará la celebración a "puerta cerrada", cuando se den los presupuestos necesarios para ello. [848]

A continuación, se pondrán de manifiesto en los estrados las piezas de convicción y el acusado o acusados y el presidente declarará abierta la sesión. [849]

Una vez preguntado al acusado por las preguntas generales de la ley, se le interrogará sobre su conformidad con los delitos de los que se le acusa y la pena que se le pide, caso de entrarse dentro de los límites legales para ello.[850] Posteriormente, se le concederá la palabra al Ministerio Fiscal, a los acusadores particulares, a la defensa del acusado y por último al responsable civil si lo hubiere.

Antes de entrar a estudiar la fase de ejecución de la prueba vamos a analizar las distintas causas de suspensión del juicio oral que establece la LECrim.

2.6.- Causas de suspensión del juicio oral:

La suspensión del juicio oral se encuentra regulada para el procedimiento común en los artículos 744 y siguientes de la LECrim, donde se establecen las causas legales de suspensión de esta fase. No hay que olvidar, que por directa aplicación del Principio de Concentración, el juicio debería abordarse en una sesión o sesiones continúas y por ello, la regla general es la no suspensión de las sesiones, salvo que exista alguna de las siguientes causas: [851]

- Cuando el Tribunal tuviere que resolver durante los debates alguna cuestión incidental que por cualquier causa no pueda decidirse en el acto.

- Cuando de acuerdo con la LECrim, el Tribunal o alguno de sus individuos tuviere que practicar alguna diligencia fuera del lugar de las sesiones y no pudiere verificarse en el tiempo intermedio entre una y otra sesión.

---

[848] Vid. Artículos24 y 120 CE y los artículos 680 y 682 LECrim.

[849] Vid. Artículo 688 LECrim.

[850] Vid. El apartado anterior y los Artículos 688 y 700 LECrim.

[851] Vid. Artículo 746 LECrim.

- Cuando no comparezcan los testigos de cargo y de descargo ofrecidos por las partes y el Tribunal considere necesaria la declaración de los mismos. Podrá, sin embargo, el Tribunal acordar en este caso la continuación del juicio y la práctica de las demás pruebas; y después que se hayan hecho, suspenderlo hasta que comparezcan los testigos ausentes. Si la no comparecencia del testigo fuere por imposibilidad, el Presidente designará a uno de los individuos del mismo para que, constituyéndose en la residencia del testigo, si la tuviere en el lugar del juicio, puedan las partes hacerle las preguntas que consideren oportunas.

- Cuando algún individuo del Tribunal o el defensor de cualquiera de las partes enfermare repentinamente hasta el punto de que no pueda continuar tomando parte en el juicio ni pueda ser reemplazado el último sin grave inconveniente para la defensa del interesado.

- Cuando enfermare alguno de los procesados, en términos de que no pueda estar presente en el juicio.

- Cuando revelaciones o retractaciones inesperadas produzcan alteraciones sustanciales en los juicios, haciendo necesarios nuevos elementos de prueba o alguna sumaria instrucción suplementaria.

- Un último supuesto de suspensión del juicio oral es el contenido en el artículo 745 LECrim., cuando las partes por motivos independientes a su voluntad, no tuviesen preparadas las pruebas ofrecidas en sus respectivos escritos.

No prevé, sin embargo, la LECrim plazo máximo concreto de suspensión, cuyo alcance supondría la nulidad de la parte del juicio celebrada. Se le da, en este caso, libertad al Juez o Tribunal para que en el auto de suspensión del juicio establezca la fecha de reiniciación del juicio suspendido. [852] Ello, a diferencia de lo que ocurre en el procedimiento abreviado, en donde se prevé un plazo de treinta días, fuera del cual supondría la referida nulidad. [853]

Por su parte, la jurisprudencia del Tribunal Supremo ha afirmado reiteradamente que no siempre la imposibilidad sobrevenida de practicar algún medio de prueba

---

[852] Vid. Artículo 748 LECrim.
[853] Vid. Artículo 788 LECrim.

debe conducir a la suspensión del juicio oral; sólo procede la suspensión cuando dicho medio de prueba sea necesario, posible y su no realización provoque indefensión a la parte proponente, que son los llamados requisitos materiales de suspensión. [854]

Al mismo tiempo se deben dar los siguientes requisitos formales para la suspensión del juicio oral: [855]

- Que la diligencia probatoria que no haya podido celebrarse por la denegación de la suspensión del juicio hubiese sido solicitada por la parte recurrente en tiempo y forma.

- Que tal prueba hubiese sido declarada pertinente por el Tribunal y en consecuencia programada procesalmente.

- Que ante la decisión de no suspensión se hubiese dejado constancia formal de la protesta, en momento procesal oportuno, con el adecuado reflejo en el acta, esto último para poder formalizar el posterior recurso.

De los seis supuestos recogidos en el artículo 746 de la LECrim, los supuestos 1º, 2º, 4º y 5º, se pueden acordar tanto solicitados a instancia de parte, como de oficio. Sin embargo, las demás causas de suspensión únicamente pueden ser acordadas por el Juez o Tribunal cuando alguna de las partes, normalmente la parte acusadora, lo hubiere solicitado.

En relación con la ausencia del imputado, si bien tradicionalmente ha sido "condictio sine qua nom" para la celebración del juicio, de tal forma que no se podía celebrar el juicio en ausencia del imputado. Las últimas reformas han ido modificando esta cuestión y en la actualidad existe la posibilidad de celebrar el juicio sin la asistencia del acusado, es decir en rebeldía, en los supuestos en los que aquel hubiese sido citado personalmente o en el domicilio o en persona en la primera comparecencia ante el Juez de Instrucción, [856] y siempre que la pena no exceda de dos años de privación de libertad o de seis años siendo de otra naturaleza.

[854] Vid. STS de 15 de abril de 1997.
[855] Vid. STS de 18 marzo de 1996.
[856] Vid. Artículo 786.1 LECrim.

La suspensión se decreta por **medio de auto**, en el que se decreta la duración de la suspensión y que no admite recurso alguno. [857]

Por último, cabe destacar que cuando la suspensión del juicio se prevé pueda prolongarse de forma indefinida, en los supuestos nº 4, 5 y 6 del art. 746 LECrim, el órgano judicial lo que hace es declarar sin efecto todo lo actuado en el juicio y convocar la apertura de uno nuevo una vez hayan desaparecido las causas que motivaron la suspensión.

2.7.- Sesiones del Juicio Oral: La práctica de la prueba.

Con carácter previo se deben realizar los llamados "actos preparatorios del juicio oral" que tienen **por finalidad** obtener la concentración de la sesión o sesiones del juicio oral y abarcan la proposición, admisión y práctica anticipada de la prueba, la recusación de peritos, el señalamiento del juicio oral y las citaciones de testigos y peritos.

Con respecto a la proposición de la prueba ha de efectuarse en los escritos de calificación provisional, en los que se especificarán tanto los medios de prueba, como las listas de testigos y peritos, indicando la parte proponente si deben o no ser citados de oficio. [858]

Interpuestas las calificaciones, el Juez o Tribunal declarará realizada la calificación de la causa y procederá al examen de las pruebas para su admisión. Si las pruebas propuestas por las partes se declaran pertinentes y necesarias, deben admitirse, siendo rechazadas en caso contrario. [859]

Precisamente, en el auto de admisión de la prueba es donde se fija el día de celebración del juicio oral. Para ello, se ha de tener en cuenta, el llamado principio de celeridad y eficacia, que como se estudió en los primeros temas de este libro, es el derecho de todo procesado a que su causa se vea en un plazo razonable, principio que debe ser escrupulosamente respetado, sobre todo cuando se trata de los plazos máximos de prisión provisional.

---

[857] Vid. Artículo 748 LECrim.

[858] Vid. Artículos 656 y 657 LECrim.

[859] Vid. Artículos 658 y 659 LECrim.

Cabe la posibilidad de que el juicio oral se celebre en distinto lugar que la sede del Tribunal si así se acuerda motivadamente. [860]

El orden de la ejecución de la prueba dentro de esta fase, es primero "la declaración del imputado", a continuación la prueba "documental" seguida de la "pericial", "la documental" y por último la inspección ocular.

Para finalizar esta fase, el **presidente del Tribunal** puede ordenar que se realicen "el careo" entre testigos o acusados y otras pruebas que considere pertinentes y necesarias para el total esclarecimiento de los hechos y que no hayan sido propuestas por las partes. [861] Por otra parte, dentro de las posibilidades que tiene el Juez o Tribunal puede éste formular preguntas a los testigos para un mejor descubrimiento de la verdad o solicitarles alguna aclaración sobre alguna cuestión que considere discordante con otras manifestaciones o hechos obrantes en el sumario. [862]

Realizada la fase de ejecución de la prueba se pasa a la siguiente que tiene dos importantes actos procesales, las conclusiones y los informes.

2.8.- Conclusiones e Informes:

Las conclusiones tienen por objeto fijar de una manera definitiva las pretensiones que al inicio del juicio oral se hicieron con las calificaciones provisionales o los escritos de acusación o defensa, según se esté hablando del procedimiento ordinario o abreviado, respectivamente. [863]

Una vez realizadas las pretensiones definitivas por las partes, éstas realizarán el trámite de informes por el siguiente orden: Ministerio Fiscal, otras acusaciones, y los defensores.

Los informes se deben realizar de forma oral y consisten en una defensa de las conclusiones definitivas antes realizadas a través de la valoración de la prueba y la

---

[860] Vid. Artículo 665 LECrim.
[861] Vid. Artículo 729 LECrim.
[862] Vid. Artículo 708 LECrim.
[863] Vid. Artículos 732 y ss LECrim.

calificación jurídica de los hechos, es decir enlazando los hechos que consideren probados con lo afirmado y pedido en sus escritos de calificación definitiva.

El informe debe ser claro y conciso. Debe estar dotado de una estructura organizada en su narración que permita mayor claridad en su comprensión, así como mayor convicción. Después de realizar los informes únicamente se permitirá a las partes la rectificación de hechos y conceptos.

2.9.- Derecho a la última palabra y Sentencia:

El presidente del Tribunal deberá, una vez finalizados los informes, preguntar al procesado si tiene algo más que manifestar, y en el caso de que éste conteste afirmativamente, le será concedida la palabra, para que diga lo que en su derecho convenga. Es un derecho de tipo "personalísimo", por lo que debe ser el procesado quien lo ejerza, sin que sea válido el ejercicio de este derecho realizado por el abogado.

Es lo que se ha venido a llamar el **"Derecho a la "última palabra"**, cuya no concesión a pesar de no causar indefensión, sí puede causar la nulidad del juicio, debiéndose celebrar de nuevo, en caso de no respetar este derecho. [864]

Es como ha declarado el Tribunal Constitucional, [865] parte del derecho a la defensa que comprende además de la asistencia de letrado, el derecho a defenderse personalmente, [866] no tratándose de una mera formalidad, siendo la raíz profunda de este derecho de defensa consecuencia directa del principio de que nadie puede ser condenado sin ser oído, resultando la viva voz del condenado un elemento personalísimo y esencial para su defensa en el juicio.

A continuación el presidente declarará concluso el juicio para sentencia, [867] la cual habrá de redactarse por escrito y publicarse dentro de los tres días siguientes. [868]

---

[864] Vid. STS de 9 de diciembre de 1.997

[865] Vid. STC núm. 181/1994.

[866] Vid. Artículo 6.3 a) del CEDH y Art. 14.3 d) del PIDCP.

[867] Vid. Artículo 740 LECrim.

[868] Vid. Artículo 203 LECrim.

Según el artículo 742 de la LECrim, [869] en la sentencia se resolverán todas las cuestiones que hayan sido objeto del juicio, condenando o absolviendo a los procesados, no sólo por el delito principal y sus conexos, sino también por las faltas incidentales conocidas en la causa, sin que pueda el Tribunal emplear en este estado la fórmula del sobreseimiento respecto de los acusados a quienes crea que no debe condenar.

También se resolverán en la sentencia todas las cuestiones referentes a la responsabilidad civil que hayan sido objeto del juicio.

3.- LA INTERVENCIÓN DE LA POLICÍA JUDICIAL EN LA FASE PROBATORIA:

En los puntos anteriores de la presente lección se han estudiado las distintas fases del juicio oral, ahora se trata de estudiar cuando, cómo y con que valor interviene la Policía Judicial en esta fase fundamental del proceso penal.

Con carácter previo se ha de recordar en primer lugar que la sentencia será conclusión de lo actuado en el juicio o lo que es lo mismo que el Juez o Tribunal, apreciando según su conciencia, las pruebas practicadas, las razones expuestas por la acusación y la defensa y lo manifestado por los mismos procesados, dictará sentencia. [870] Y en segundo lugar, consecuencia de lo trascrito, es que el Principio de la Libre Valoración de la Prueba es el aplicado en el proceso penal, conforme al cual, cabe recordar, las pruebas no tienen una valoración expuesta en la Ley, sino que le corresponde al Juez o Tribunal dar valor a cada una de las pruebas practicadas en el juicio. Por último, no se debe olvidar que en el proceso penal se les permite a las partes solicitar la práctica de aquellos medios de prueba que en su derecho convengan, sin que se les puedan limitar con carácter general, salvo que sean improcedentes o no tengan relación con el asunto.

En lo que se refiere a la intervención de la Policía Judicial en el acto del juicio oral puede realizarse de dos formas, principalmente: como testigo y como perito. Evidentemente, esto en lo que se refiere a las pruebas y al juicio oral, porque no hay que olvidar que la intervención más reseñable de la Policía Judicial es la

---

[869] Vid. Artículo 789 LECrim, para el procedimiento abreviado.

[870] Vid. Artículo 741 LECrim.

confección del atestado, el cual, como se ha dicho, tiene la virtualidad de iniciar el procedimiento y tiene el valor de denuncia. [871]

Cuando el Policía Judicial actúa como testigo, como dice la LECrim, *las demás declaraciones que prestaren tendrán el valor de declaraciones testificales en cuanto se refiera a hechos de conocimiento propio.* [872] Normalmente, son traídos al proceso como testigos propuestos de la parte acusadora, por regla general el Ministerio Fiscal, pero ello no es óbice para que puedan ser propuestos por la defensa. En uno u otro caso, lo que debe quedar meridianamente claro, es que las declaraciones de los agentes cuando son de conocimiento propio, tienen el valor de prueba testifical una vez realizadas en el acto del juicio oral con todas las garantías. Tanto es así, que aunque únicamente existiera esa prueba en contra del procesado el Juez o Tribunal podrá destruir la presunción de inocencia en base a la misma. Dicho de una forma más categórica, la prueba testifical de los agentes actuantes puede constituirse en *prueba de cargo.*

El TS ha tenido ocasión de explicarlo en numerosas ocasiones: *"Se equivoca el recurrente cuando afirma que la declaración de los inspectores de policía sólo tienen el carácter de simple denuncia porque cuando los componentes de la policía, y en general de los cuerpos de seguridad, comparecen ante el tribunal sentenciador y declaran sobre lo que oyeron, vieron o percibieron, su condición alcanza la condición de prueba de esta naturaleza, es decir, testifical, que con toda obviedad es apreciable por el tribunal con arreglo a lo que se establece en el artículo 741 de la Ley de Enjuiciamiento Criminal, después de haber podido ser contradicha y puesta en tela de juicio por las partes* [873]*. Bien que por las características del testimonio de los agentes de la Policía Judicial, completamente imparcial y desinteresado, generalmente muy profesionalizado, la ley permite dotarlas de gran capacidad de convicción (reglas del criterio racional), llegando a decir nuestra jurisprudencia, tanto ordinaria,* [874] *como constitucional* [875] *que los tribunales, en caso de declaraciones contradictorias, tienen facultades para escoger aquella manifestación que les ofrezca mayor fiabilidad y credibilidad."*

---

[871] Vid. Artículo 297 LECrim; igualmente, SOLÍS NAVARRO Y OTROS; ob. Cit. Págs. 280 y ss.

[872] Vid. Artículos 297, in fine, y 717 LECrim.

[873] Vid. STS 20 de junio de 1989.

[874] Vid. SSTS de 15 y 6 de abril de 1994.

[875] Vid. SSTC núm. 140/1991, de 20 de junio y núm. 82/1988, de 28 de abril.

A mayor abundamiento, SOLÍS NAVARRO [876] explica que *las declaraciones de los agentes de la Policial Judicial, como cualquier otro sector de la Administración Pública, sirven con objetividad los intereses generales, con sometimiento pleno a la Ley y al Derecho, y tiene como misión proteger el libre ejercicio de los derechos y libertades y garantizar la seguridad ciudadana (arts. 103.1 y 104.1 CE); tal es el marco constitucional en el que se deben desenvolver todos los miembros de la Policía Judicial, siendo inaceptable la descalificación genérica de un testimonio por el hecho de proceder de uno de sus miembros, tales testimonios, en definitiva, sólo cabe cuestionarlos en los mismos casos y por las mismas causas y razones que cualquier testimonio, exigiendo un examen individualizado, caso por caso, conforme a las reglas de la sana crítica.*

Por tanto, la verosimilitud [877] de lo declarado, otro de los requisitos que deben tener las declaraciones testificales, esto es, creíbles por no ofrecer ningún carácter de falsedad y que hayan sido mínimamente corroboradas por diligencias objetivas, también es un requisito que se debe cumplir en las declaraciones de los agentes de la Policía Judicial para ser consideradas *pruebas de cargo*. No siendo de esta forma, la prueba testifical directa, aunque sea de los agentes de la Policía Judicial actuantes, no podrá constituirse de "cargo". [878]

Ahora bien, el valor de las declaraciones de la Policía Judicial visto hasta ahora es, como se ha expuesto, cuando los policías son *testigos directos* [879] de una situación importante para la causa. Distinto será, por lo tanto, cuando el Policía Judicial no sea más que un testigo indirecto [880] de la información, entonces no se podrá aplicar lo dicho hasta ahora. Para tal caso, aún sin negar del todo la naturaleza probatoria como prueba indirecta, se puede decir que por sí sola, una declaración de un testigo indirecto o de referencia, no es suficiente para destruir la presunción de inocencia. Para que estos testimonios de referencia puedan ser válidos, deben ser ratificados por el testigo origen. No obstante, podría aceptarse la

[876] Vid. SOLÍS NAVARRO Y OTROS; ob. Cit. Págs. 246 y 247.

[877] Vid. Lección 12 de esta obra.

[878] Vid., como ejemplo, la STC núm. 136/2005, de 23 de mayo.

[879] Son directos aquellos testigos que declaran sobre hechos conocidos por ellos de ciencia propia, percibidos por los mismos.

[880] El testigo indirecto o de referencia es aquel que únicamente da razón de sus manifestaciones en función de otro medio de prueba por mediación del cual le llegó su contenido [881] Vid. STS de 19 de julio de 1995.

testifical indirecta, como prueba indiciaria, cuando exista la imposibilidad de declarar del testigo directo.

Un clásico testigo indirecto en la actuación policial, es el "secretario" de un atestado que cumple exclusivamente esta función. En este caso, como dice el Tribunal Supremo, [881] el Secretario del atestado policial seria sólo un testigo de referencia no directo, y el art. 297.2 de la Ley de Enjuiciamiento Criminal da valor a la declaración testifical de policías *en cuanto se refieran a hechos de conocimiento propio,* lo que no ocurre en ese caso, por lo que su incomparecencia en el juicio oral no era útil ni imprescindible ni supuso indefensión, añadiendo que si la prueba no tiene influencia decisiva para cambiar su resultado, su denegación no vulnera el derecho de defensa. [882]

Conforme a lo dicho, se puede hacer un resumen en el que se intente expresar gráficamente el valor de las declaraciones testificales en el juicio:

- Debe tratarse de una declaración de un testigo directo, es decir, no de referencia. En tal caso las declaraciones de los policías como testigos en el plenario deben ser apreciables, como el resto de las declaraciones testificales según las reglas del criterio racional. [883]

- La valoración de la prueba testifical, en virtud de los Principios de Inmediación y de la Libre Valoración de la Prueba exclusivamente es competencia del Tribunal de instancia, por ello, no puede ser revisada por los Tribunales de apelación o casación, salvo que sea arbitraria, absurda o ilógica, es decir, por falta de motivación.

- Tiene la naturaleza de prueba de cargo, esto es que, las declaraciones, de los policías judiciales, realizadas con todas las garantías son valoradas por el Juez o Tribunal y, en consecuencia, pueden destruir la presunción de inocencia. [884]

- Las declaraciones de los agentes deben ser ratificadas en el acto del juicio oral

---

[882] Vid. SSTC nums. 51/1985, 89/1986, 158/1988 y 51/1990.

[883] Vid. SSTS de 3 de junio de 1992, de 10 de mayo de 1995, de 10 de junio de 1995 y de 19 de julio de 1995.

[884] Vid. STC núm. 303/1993, de 23 de octubre y SSTS de 8, 11 y 21 de marzo de 1994.

ante el Juez o Tribunal que conoce de la causa, como exigencia de los Principios de Contradicción e Inmediación, salvo que se haya realizadazo anticipadamente por darse los requisitos de la prueba anticipada. [885]

En relación con este último requisito se pueden dar tres casos interesantes de analizar:

a) **Total incomparecencia:** Si los testigos policías eran localizables y el tribunal disponía de los medios para lograr su comparecencia en un futuro señalamiento de la vista, además habían sido propuestos por el Fiscal como verdaderos testigos presenciales del hecho delictivo juzgado, y no obstante su incomparecencia, el tribunal no suspendió el juicio, tal y como le pidió la acusación pública, su actuación es atentatoria a los principios de un juicio justo y equitativo, dentro del cual el derecho a interrogar a los propios testigos aparece como elemento esencial, consagrado por los artículo 6.3.d) del Convenio de Roma y artículo 14.2.e) del Pacto de Nueva York, por lo que deberá decretarse la nulidad del juicio celebrado. [886]

b) **Asistencia parcial:** Sucede cuando únicamente alguno o algunos de los policías citados a instancias de la acusación acuden al acto del juicio oral, dejando de comparecer otros. La jurisprudencia se ha ocupado de estos casos, dando plena validez a lo declarado por el policía presente e incorporando la declaración del ausente por vía del artículo 730 de la Ley de Enjuiciamiento Criminal; y señalando más específicamente que el testimonio del policía ausente no era imprescindible porque compareció en el caso uno de los agentes intervinientes en la detención, quien declaró sobre lo ocurrido, lo que hace suponer que si hubiera acudido el otro agente, la declaración hubiera sido la misma, pues así consta en el atestado. [887]

c) **Dificultad de la comparecencia policial:** Este es el caso de que un agente de la Policía Judicial, una vez instruido un atestado, es destinado al extranjero. [888] Por ello, su declaración fue introducida por medio de la lectura en el juicio de las diligencias practicadas en el sumario que, por causas independientes de la

[885] Vid. Lección 12 de esta obra.
[886] Vid. SSTS de 29 de enero y 21 de julio de 1992 y 15 de septiembre de 1993.
[887] Vid. STS de 12 de enero de 1990.
[888] Vid. STS de 23 de mayo de 1991.

voluntad de las partes, no pudieran ser reproducidas en el juicio oral, habida cuenta, como dice, el Tribunal, de las dificultades que su declaración en España comporta. Estos casos, han de tener igual solución que los casos de incomparecencia por imposibilidad de reproducción de la prueba en el juicio oral, es decir dar lectura de lo actuado en el sumario para que tenga la validez que estime pertinente el Tribunal.

La segunda de las posibilidades de actuación de la Policía Judicial en el acto del juicio oral, adelantada, es a través de la realización de un informe pericial, que puede verse convertido en prueba pericial. El perito, frente al testigo, posee conocimientos técnicos, científicos, artísticos o prácticos, anteriores e indiferentes al proceso, siendo por ello sustituible, y lo que justifica su intervención es, precisamente, la razón de su ciencia, ocupando una posición activa en relación con el examen de lo que constituye el objeto de la pericia. El testigo, sin embargo, declara sobre hechos pasados relacionados con el proceso y percibidos por el mismo sensorialmente, siendo por ello insustituible, teniendo una posición pasiva en cuanto es él mismo objeto de examen.

Es cada día más frecuente que la Policía Judicial actúe como peritos, pues con el paso del tiempo el personal de la policía y de la Guardia Civil, se han ido especializando en varias ramas de la ciencia que tienen relación con su labor fundamental, la averiguación de los delitos y la localización de los culpables. Esto ha hecho que la Policía Judicial esté cumpliendo con su función de auxiliar a los Jueces y Tribunales de una nueva forma, el auxilio pericial que como dice el artículo 456 de la LECrim, lo pedirá el Juez *"cuando, para conocer o apreciar algún hecho o circunstancia importante en el sumario, fuesen necesarios o convenientes conocimientos científicos o artísticos."* Entre las pericias que se suelen realizar por la Policía Judicial, se pueden citar como ejemplos más significativos, el informe dactiloscópico, la documentoscopia, [889] los informes balísticos, [890] análisis químicos sobre productos que afecta a la salud pública [891] y más recientemente el informe sobre comparaciones de muestra de ADN.

Estos informes periciales se pueden realizar por peritos titulares, que son los que tienen un título oficial que respalda sus conocimientos, o por *peritos no titulares*

[889] Vid. STS de 7 de julio de 2000.

[890] Vid. SSTS de 22 de junio de 2002, de 20 de octubre de 1989 y de 26 de abril de 1990.

[891] Vid. Artículo 796 LECrim.

que son los que tienen conocimientos para los cuales no existen titulo oficial o que tienen conocimientos por razones distintas a haber cursado estudios oficiales.

En cualquier caso, lo importante aquí como en la testifical, es determinar el valor de los informes periciales realizados por peritos en general y por la Policía Judicial, en particular. En este sentido cabe decir, que la prueba pericial es una prueba más de las admitidas en el proceso penal español, como tal, es susceptible de ser valorada por el Juez o Tribunal en virtud, una vez más, del Principio de la Libre Valoración de la Prueba. En consecuencia, la prueba pericial si cumple con los requisitos establecidos por la LECrim, en general para la práctica de pruebas y en particular para la prueba pericial, puede, por sí misma, destruir la presunción de inocencia y ser base de una sentencia condenatoria. [892]

Una de las últimas pruebas de lo dicho, es una nueva pericia que ha surgido en el proceso penal español que tiene por objeto, principalmente, la investigación e instrucción de procesos contra organizaciones delictivas, lo que comúnmente se conoce como la lucha contra el crimen organizado, terrorista o de otro tipo. Esto es, la **prueba pericial de inteligencia o prueba de análisis de información o de "inteligencia policial"** está reconocida en nuestro sistema penal pues, en definitiva, no es más que una variante de la pericial a que se refieren tanto los artículos 456 de la LECrim como el 335 de la LEC, cuya finalidad no es otra que la de suministrar al Juzgado una serie de conocimientos técnicos, científicos, artísticos o prácticos cuyo objeto es fijar una realidad no constatable directamente por el Juez y que, obviamente, no es vinculante para él, sino que como el resto de pruebas, quedan sometidas a la valoración crítica, debidamente fundada en los términos del artículo 741 de la LECrim. [893]

Esta especial clase de prueba es de *exclusiva utilización*, hasta el momento, por Unidades de Policía Judicial especialistas en la lucha contra el crimen organizado, pero nada existe en contra que se puedan utilizar en el futuro por otras unidades policiales y yendo más allá, podría incluso utilizarse por los detectives privados de seguridad, porque en definitiva es lo que se plasma en el informe realizado por estos.

---

[892] Vid. SSTS de 5 de abril de 1988 y 7 de julio de 2002.

[892] Vid., en tal sentido, SSTS núm. 2084/2001, de 13 de Diciembre y núm. 786/2003, de 29 de mayo.

GLOSARIO DE TÉRMINOS

GLOSARIO DE TÉRMINOS

A posteriori	Posteriormente.
Ad hoc	A, o para esto.
Ad quem	Hasta el cual.
Condictio sine qua nom	Condición sin la cual.
Carta Magna	Constitución.
Ex constitucione	Fuera de la Constitución.
Exceptio veritatis	Excepción de la verdad.
Estatus	Estado.
Forum commissi delicti	Fuero de la Comisión del lugar del delito
In dubio pro reo	Los casos de duda a favor del reo.
In fine	Al final.
In fraganti	Flagrante.
In voce	A viva voz.
Iter	Camino.
Iure et de iure	No existe prueba en contrario.
Ius puniendi	Derecho a penar o a imponer penas.
Ius ut procedatur	Derecho de acceso al Proceso.
Nemo iudex sine actores	Ningún juez sin demandante. La iniciación de un juicio depende de la iniciativa de la parte.
Notitia criminis	Noticia Criminal.
Nulla poena sine indicio	No hay pena sin juicio.
Nulla poena sine lege	No hay pena sin ley.
Nullum crimen sine lege	No hay crimen (hecho delictivo) sin ley.
Nullum crimen nulla poena sine lege	No hay crimen (hecho delictivo) ni pena sin ley.
Periculum in mora	Peligro de fuga.
Persona non grata	Persona aprobada. Persona rechazada.
Probatio diabólica	Cuando se desplaza la carga de la prueba al imputado para demostrar su inocencia.
Ratione personae	Por razón de la persona.
Rationae materiae	Por razón de la materia.
Reformatio in peius	Rectificación a peor.
Res de qua agitar	Objeto del proceso. Asunto acerca del que se plantea la reclamación.
The fruit of the poisonous tree doctrine	La doctrina del fruto del árbol envenenado.

BIBLIOGRAFÍA

BIBLIOGRAFÍA

Alonso Pérez F., 2000; "Algunas reflexiones en torno al Estatuto de Roma de la Corte Penal Internacional" *Diario La Ley, Ref.º D-148, Tomo 4,* Madrid.

Alonso Pérez F., Barallat López J., Pastor Motta L. y Delgado Martín J. (Coordinador), 2002; *Los Juicios Rápidos; Análisis de la nueva Ley sobre procedimiento abreviado, juicios rápidos y juicios de faltas,* Editorial Colex, Madrid.

Alonso Pérez F. (Coordinador), Cabanillas Sánchez, J., Escalante Castarroyo, J., Fa Maluenda J., Marchal Escalona A.N., San Román Plaza C.J., 2002, *Manual del Policía,* Editorial La Ley, Madrid.

Alonso Pérez F., 2004; Actuaciones de la Policía Judicial en los nuevos procesos por faltas; *Diario La Ley, Nº 5971, Año XXV,* Madrid.

Aragoneses Alonso P., 1979 (2ª edición); *Instituciones de Derecho Procesal Penal I,* Editorial Gráficas Encinas, Madrid.

Aragoneses Alonso P., 1980 (2ª edición); *Instituciones de Derecho Procesal Penal I,* Imprime Sáez Hierbabuena, Madrid.

Armando Figueredo C., 1997; "El secreto de Instrucción", *en Revista electrónica Venezuela analítica nº 15, consultado en página web www.analitica.com,* el 20 de noviembre de 2006.

Aramenta Deu T., 2004 (2ª edición); *Lecciones de Derecho Procesal,* Editorial Marcial Pons, ediciones jurídicas y sociales, S.A., Madrid, 2004.

Armenteros León M., 2006; *"Algunas cuestiones que plantea la competencia de los Juzgados de Violencia sobre la mujer", Diario La Ley, Nº 6399, Año XXVII,* Madrid.

Arrieta Gallegos M., 1994; *Lecciones de Derecho Penal,* Editorial Jurídica Salvadoreña, San Salvador.

Carnelutti F., 1950; *Lecciones Sobre el Proceso Penal,* Vol. I (Segunda Parte de la Estructura del Proceso Penal, Continuación), Ediciones Jurídicas Europa-América, Bosch y Cía. Editores, Colección Ciencia del Proceso Nº 10, Buenos Aires, Argentina. Traducción de Santiago Sentís Melendo.

Chumillas Moya M., 2002: "Motivación de las resoluciones judiciales", *Revista Internauta de Práctica Jurídica, Núm. 10, julio-diciembre.*

Comisión Nacional de Coordinación de la Policía Judicial; 2005 (reimpresión 2006); *Criterios para la práctica de diligencias por la Policía Judicial y sobre los "juicios rápidos"*, Secretaría General Técnica del Ministerio del Interior, Madrid.

Conde-Pumpido Ferreiro C., 1989; "La investigación por el Ministerio Fiscal y la utilización de la oportunidad reglada en el proceso penal", *en el poder judicial en Europa, II*, Madrid.

Cuerda Riezu A. y Ruíz Colomé M.A. 1999; "Observaciones sobre el Estatuto del Tribunal Penal Internacional", *Diario La Ley, Ref.º D-29, Tomo 1*, Madrid.

Dedes C., 2002; "Sobre el origen del principio «nullum crimen nulla poena sine lege»", *en Revista de Derecho Penal y Criminología, 2ª Época, núm. 9*, Madrid. Traducción María Carmen Alastuey Dobón.

Diccionario Básico Jurídico, 1997, (5ª edición); Editorial Comares S.L., Granada.

Díez Cifuentes A. y García Iturriaga M.. (elaboradores),1985 (1ª edición); *El Derecho a la asistencia letrada y el Hábeas Corpus*, Secretaria General Técnica del Ministerio del Interior, Imprime Artegraf, Madrid.

Díez Picazo Giménez I.; 1996; "Garantías procesales" *en Comentarios a la Constitución española de 1978, Tomo III, (Director Oscar Alzaga Villaamil), Editorial Edersa*, Madrid.

Echarri Casi F.J., 2003; "La «prueba» de la prueba: a propósito de la sentencia del Tribunal Constitucional 207/2002, de 11 de noviembre", *Diario La Ley, Nº 5710, Año XXIV*, Madrid.

Escusol Barra E., 1990 (2ª edición); *El proceso penal por delitos: estudio sistemático del procedimiento penal abreviado*, Editorial Colex, Madrid.

Espina Ramos J.A., 2004; "El Ordenamiento jurídico español y la Corte Penal Internacional", *Diario La Ley Nº 5972, Año XXV, Ref.º D-61*, Madrid.

Espina Ramos J.A., 2002; "Algunas reflexiones sobre la instrucción por el Ministerio Fiscal", *en artículos doctrinales de Derecho Procesal Penal, Noticias Jurídicas, 2002, consultado en la página web http.//noticias juridicas.com,* el 25 de noviembre de 2006.

Etxberria Guridi J.F., 2004; "Los análisis de ADN en la Ley de Enjuiciamiento Criminal (Reformada por la Ley Orgánica 15/2003, de 25 de noviembre)", *Diario La Ley, Nº 4, año I,* Madrid.

Garberí Llobregat J., 1992; *La ausencia del acusado en el Proceso Penal, especial referencia al Proceso Penal Abreviado (LO. 7/1988, de 28 de diciembre),* Editorial Colex, Madrid.

García Ramírez S., 1993 (2ª edición); *Proceso Penal y Derechos Humanos,* Editorial Porrua S.A., México.

Gimeno Sendra V., 2004 (1ª edición); *Derecho Procesal Penal, Editorial Colex,* Madrid.

Gimeno Sendra V., 2005 (3ª edición); *Introducción al Derecho Procesal,*Editorial Colex, Madrid.

Gimeno Sendra V., 1985; *El proceso de «Habeas Corpus»,* Editorial Tecnos, Madrid.

Gimeno Sendra V., Conde-Pumpido Tourón C., y Garberí Llobregat J., 2000; *Los Procesos Penales, comentarios a la Ley de Enjuiciamiento Criminal, con formularios y jurisprudencia,* Editorial Bosch, Barcelona.

Gimeno Sendra V., Moreno Catena V., Almagro Nosete J., y Cortés Domínguez V., 1991 (3ª edición); *Derecho Procesal, Tomo II, El Proceso Penal,*Editorial Tirant Lo Blanch, Valencia.

Gimeno Sendra V. y López Coig J.C., 2004 (2ª edición); *Los nuevos juicios Rápidos y de Faltas con doctrina, jurisprudencia y formularios,* Editorial Centro de Estudios Ramón Areces, S.A., Madrid.

Gimeno Sendra V., Moreno Catena V. y Cortés Dimíguez, V., 2001 (1ª edición); *Lecciones de Derecho Procesal Penal,* Editorial Colex, Madrid.

Goldschmidt W., 1958; *La Ciencia de la Justicia,* Editorial Aguilar, Madrid.

Gómez Benitez, J.M., 2001; "La Corte Penal Internacional como órgano de jurisdicción universal", *Curso de la UIA titulado "El principio de justicia universal en la persecución de los crímenes contra la humanidad", La Rábida (Huelva), consultado en la página web, www.abogarte.com.ar,* el 31 de octubre de 2006

Gómez Colomer J.L., 1997 (2ª edición); *El Proceso Penal Español (Para Agentes de la Autoridad, Criminólogos y no Juristas en general),*Editorial Tirant Lo Blanch, Valencia.

Gómez Colomer J.L. 1997; "La instrucción del proceso penal por el Ministerio Fiscal: Aspectos estructurales a la luz del Derecho Comparado", *Revista de la asociación de Ciencias Penales de Costa Rica, año 9, núm. 13, consultado en página web www.poder-judicial.go.cr*, el 22 de noviembre de 2006.

Gómez Colomer J.L., Artz G., Roxin K. y Tiedemann K., 1989; *Introducción al Derecho Penal y al Derecho Penal Procesal,* Editorial. Ariel Derecho, Barcelona.

Gómez de Liaño F., 1989 (2ª edición); *El Procesal Penal,*Editorial Forum, Oviedo.

Gómez de Liaño F., 2004 (7ª edición); *El Procesal Penal, tratamiento jurisprudencial,* Editorial Forum, Oviedo.

Gómez Orbaneja E. y Herce Quemada V., 1946; *Lecciones de Derecho Procesal, Vol.II, Derecho Procesal Penal,* Gráfica Administrativa Rodríguez San Pedro, Madrid.

Gónzález-Cuéllar A., López Barja de Quiroga J., Paz Rubio J.M., Puente Segura L. y Rodríguez Ramos L., 2005 (15ª edición); *Ley de Enjuiciamiento Criminal y Ley del Jurado,*Editorial Colex, Madrid.

Hernández Guijarro J.J., 2001 (12ª edición); *Comentarios a la Ley de Enjuiciamiento Criminal y Ley del Jurado,* Editorial Colex, Madrid.

Jaen Vallejo M.; "Los principios de la prueba en el proceso penal español", *consultado en la página web www.defensoriapenal.cl,* el día 25 de noviembre de 2006

López Barja de Quiroga J., 1983; "El principio 'el que instruye no debe juzgar' desde un punto de vista axiológico", *Revista del Poder Judicial,* Madrid.

López-Muñoz y Larraz G., 1995; *Comentarios a la Ley Orgánica 5/1995 del Tribunal del Jurado,* Editorial Dykinson, Madrid.

López Ortega J.J., 2000; *Los principios constitucionales del proceso penal,* editorial Justicia de Paz C.S.J., San Salvador.

Lorca Navarrete A.M., 2004; "La praxis de la motivación del veredicto en la más reciente teoría y jurisprudencia", *Diario La Ley, Nª 6031, Año XXV,* Madrid.

Luaces Gutiérrez A.I., 2004; "La Preinstrucción de la Policía Judicial en los Juicios Rápidos", *Diario La Ley, Nº 6062, Año XXV,* Madrid.

Llano Rubio, de, J., 1998; *El Procedimiento abreviado (Doctrina, Jurisprudencia, Formularios y Legislación)*, Editorial Tirant Lo Blanch, Valencia.

Llera Suárez-Barcena de, E., 1997 *(2ª edición); Derecho Procesal Penal (Manual para Criminólogos y Policías)*, Editorial Tirant Lo Blanch, Valencia.

Manzini V., 1952; *Tratado de Derecho Procesal Penal, Tomo II*, Ediciones Jurídicas Europa-América, Buenos Aires, Argentina, 1952. Traducción de Santiago Sentís Melendo y Marino Ayerra Redín

Magro Servet V., (coordinador), 2003; *Guía práctica de la reforma procesal penal en materia de juicios rápidos*, edición especial para la Dirección General de la Guardia Civil, Editorial La Ley, Madrid.

Majada Planelles A., 1990 (5ª edición); *Práctica Procesal Penal, Procedimiento Abreviado, Disposiciones Generales, Volumen 1*,Editorial Bosch, Barcelona.

Marchal Escalona A.N., 2003 (4ª Edición); *El atestado, inicio del proceso penal*,Imprime artes gráficas COYVE, S.A., Madrid.

Martín García P., 2006 (director); *La actuación de la policía judicial en el proceso penal*, Editorial Marcial Pons, ediciones jurídicas y sociales, S.A., Madrid.

Martín y Martín J.A.., 2003: "La nueva reforma procesal efectuada por la Ley 38/2002 y su complementaria, la Ley Orgánica 8/2002", *Diario La Ley, Nº 5692, Año XXIV*, Madrid, consultado en página web www.laley.net, el 20 de septiembre de 2006.

Martínez Parso V.J., 2000; "El procedimiento abreviado: La fase de diligencias previas", *consultado en página web www.uv.es*, el 23 de noviembre de 2006.

Martínez Pardo V.J., 2000; "La fase intermedia o de preparación del juicio en el procedimiento abreviado", *consultado en página web www.uv.es*, el 23 de noviembre de 2006.

Martínez Pardo V.J., 2006; "La detención de extranjeros menores de edad", *Diario La Ley, Nº 6470, año XXVII*, Madrid.

Martínez Pérez R., 2001; *Policía Judicial y Constitución*, Editorial Aranzadi en edición compartida con la Secretaría Técnica del Ministerio del Interior, Navarra.

Montero Aroca J., Gómez Colomer J.L., Ortells Ramos y Monton Redondo A.,1991; *Derecho Jurisdiccional III, Proceso Penal*, Editorial J.M. Bosch Editor S.A., Barcelona.

Montón Redondo, A. 2003; "Apuntes en sobre la Corte Penal Internacional en el marco de la justicia universal", *Diario La Ley Nº 5892, Año XXIV,* Ref.º D-253, Madrid.

Moreno Catena V., Almagro Nosete J., Cortés Domínguez V. y Gimeno Sendra V.,1988 (3ª edición); *Derecho Procesal, Tomo II (Vol. II), El Proceso Penal (2),* Editorial Tirant Lo Blanch, Valencia.

Muerza Esparza J., 2003; *La Reforma del Proceso Penal Abreviado y el Enjuiciamiento Rápido de Delitos,* Editorial Aranzadi, S.A., Cizur Menor (Navarra).

Muñoz Conde F. y García Arán M., 2004 (6ª edición); *Derecho penal, Parte General,* Ed. Tirant lo blanch, Valencia.

Oliva Santos de la A., Aragoneses Martínez S., Hinojosa Segovia R., Muerza Esparza J. y Tomé García J.A., 1994; *Derecho Procesal Penal,* Colección Ceura, Editorial Centro de Estudios Ramón Areces, S.A., Madrid.

Ormazabal Sánchez G., 2004 (2ª edición); *Introducción al Derecho Procesal,* Editorial Marcial Pons, ediciones jurídicas y sociales, S.A., Madrid.

Ortega Pérez F., 2004; "Reflexiones sobre el «Juicio de Acusación » y la etapa intermedia del proceso penal", *Diario La Ley, Nº 6090, Año XXV,* Madrid.

Pedraz Penalva E., 1990; "Sobre el Poder Judicial y la LOPJ", *en Constitución, Jurisdicción y Proceso, Editorial. Akal/Iure,* Madrid.

Pedraz Penalva E., 1995; "Organización Judicial y Ministerio Fiscal", *Revista de Derecho (Valdivia), vol. VI,* Valdivia.

Pérez Gil J., 1998; *La acusación popular,* Editorial. Comares, Granada.

Prieto-Castro y Ferrándiz L. y Gutiérrez de Cabiedes y Fernández de Heredia E., 1982; *Derecho Procesal Penal,* Editorial Tecnos, Madrid.

Ragués i Vallés R., 2001; "El Tribunal Penal Internacional. La última gran institución del siglo XX", *Diario La Ley, Ref.º D-90, Tomo 3,* Madrid.

Rechea Alaberola C. y Fernández Molina E., 2000; "El reto de la nueva justicia de menores", *Boletín criminológico, nº 47, mayo-junio.*

Rey González C., 1998; *La prescripción de la infracción penal* (En el Código de 1995), Ed. Marcial Pons, ediciones jurídicas y sociales S.A., Madrid.

Roberge, M. C., 1998; "El nuevo Tribunal Penal Internacional. Evaluación Preliminar", en *Revista Internacional de la Cruz Roja.*

Ruiz Vadillo E., 1996; "La independencia y la imparcialidad de los jueces en la CE", *Diario La Ley, núm. 6,* Madrid.

Sánchez Del Rio y Sierra J., 1995; "El estatuto del procesado y del imputado", en *Comentarios a las Leyes Procesales Militares, Tomo II,* Secretaria General Técnica del Ministerio de Defensa, Madrid.

Serrano Gómez A., 1987 (1ª edición); *El costo del delito y sus víctimas en España,* Universidad Nacional de Educación a Distancia, Imprime EGRF, S.A., Madrid.

Serrano Gómez, A., 2003; *La prescripción del delito (Tres Cuestiones),* Editorial Dykinson, Madrid.

Serrano Gómez A. y Serrano Maíllo A., 2006; *Derecho Penal, Parte especial,* Editorial Dykinson, Madrid.

Serrano Maíllo A., 1999; *Ensayo sobre el Derecho Penal como ciencia, acerca de su construcción,* Editorial Dykinson, Madrid.

Soriano R., 1985; *El nuevo jurado español,* Editorial Ariel S.A., Barcelona.

Solís Navarro P., Moure Colón F., Vargas Camacho P.A. y García Borrego J.A., 2005 (2ª edición); *Actuaciones de la Policía Judicial para el Proceso Penal,*Edita Secretaría General Técnica del Ministerio del Interior, Madrid.

Vázquez González C. y Serrano Tárraga M.D., 2005; *Derecho Penal Juvenil,* Editorial Dykinson, Madrid.

Tomé Tamame J.C., 2004; "La cosa juzgada formal y la cosa juzgada material", *Diario La Ley, Nº 5951, Año XXV,* Madrid.

Urbano Castrillo de, E. 2002; "El principio de contradicción, en el proceso penal", *Diario La Ley, Nº 5474, Año XXIII,* Ref.º D-35, Madrid.

Vélez Mariconde A., 1986 (3º edición); *Derecho Procesal Penal,* Tomo I, 2º reimpresión (actualizada por los Doctores Manuel N. Ayán y José I. Cafferata Nores) Marcos Lerner Editora Córdoba SRL, Córdoba, Argentina.

Villa-Real Molina R. y Del Arco Torres M.A., 1999; *Diccionario de Términos Jurídicos,* Editorial Comares S.L., Granada.

Made in the USA
Las Vegas, NV
06 April 2026

44940047R10197